国际组织与全球治理丛书

浙江大学国际组织精英人才培养计划

国际公务员
素质建设与求职指南

主　编　宋允孚

副主编　徐亚男　王纪元

BECOMING AN INTERNATIONAL

CIVIL SERVANT:

A PRACTICAL GUIDE

浙江大学出版社

图书在版编目(CIP)数据

国际公务员素质建设与求职指南/宋允孚主编. —
杭州:浙江大学出版社,2019.7(2023.9重印)
ISBN 978-7-308-19136-4

Ⅰ.①国… Ⅱ.①宋… Ⅲ.①公务员—素质教育—
中国—指南 Ⅳ.①D630.3-62

中国版本图书馆 CIP 数据核字(2019)第 083179 号

国际公务员素质建设与求职指南

宋允孚 主编

责任编辑	董 唯
文字编辑	陆雅娟
责任校对	董齐琪 杨利军
封面设计	续设计
出版发行	浙江大学出版社
	(杭州市天目山路 148 号 邮政编码 310007)
	(网址:http://www.zjupress.com)
排 版	杭州林智广告有限公司
印 刷	广东虎彩云印刷有限公司绍兴分公司
开 本	710mm×1000mm 1/16
印 张	15.25
字 数	250 千
版 印 次	2019 年 7 月第 1 版 2023 年 9 月第 4 次印刷
书 号	ISBN 978-7-308-19136-4
定 价	58.00 元

序　言
服务世界人民，贡献中国智慧

　　当前，世界正处于大发展、大变革、大调整时期。联合国是世界上最具普遍性、权威性的政府间组织，随着全球化的进程不断加快，联合国所肩负的历史使命和其在国际事务中的独特影响更加明显。习近平总书记在党的十九大报告中提出："支持联合国发挥积极作用，支持扩大发展中国家在国际事务中的代表性和发言权。"中国作为世界第二大经济体，国际社会对中国发挥更大作用并承担更多国际责任的呼声越来越高，与此同时，中国增强国际话语权和国际代表性的必要性和重要性也日渐突出。十九大报告指出中国秉持共商共建共享的全球治理观，因此，培养更多优秀人才到国际组织任职，既是彰显中国国际地位不断提升的一个重要指标，也是中国参与全球治理和贡献中国智慧的一种重要方式。

　　国际公务员以全人类的共同利益为旨归，在当今全球化时代的作用不可替代。人才是发展的核心竞争力，然而，在国际组织工作的中国职员，特别是高级官员，数量较少，与我国的大国地位不符，也不利于保障中国在国际上

1

的话语权。因此,培养、输送更多具有国际视野的高素质综合性人才到国际组织任职是当务之急,从而为中国在国际舞台上争取更多的话语权,提高中国的国际影响力。浙江大学老校长竺可桢先生曾经呼吁,大学教育的目标在于养成公忠坚毅、能担当大任、主持风气、转移国运的领导人才。在当今时代,为国际组织培养后备力量,加强全球治理人才队伍建设,也是谱写中国特色大国外交新篇章的重要支撑。同时,中国作为一个负责任的大国,在过去为世界摆脱贫穷、普及教育以及促进科技和经济的全方位发展做出了巨大的贡献,今天我们也意识到,为众多国际组织输送更多的人才是为世界的和平与发展做贡献的迫切需要。我们同时相信来自中国的人才以及他们带来的中国智慧将有助于解决世界所面临的普遍性问题。

我国目前面临着在国际组织的代表性严重不足的问题。为有志于做国际公务员的青年提供参考和借鉴,培养青年正确的国际观,引导更多优秀人才参与国际事务,是《国际公务员素质建设与求职指南》一书的目标和宗旨。

国际组织需要什么样的人?三位国际组织领域的资深专家宋允孚、徐亚男和王纪元结合自身在国际组织任职多年的丰富经验和亲身经历,撰写了《国际公务员素质建设与求职指南》。书中详细介绍了国际公务员的职务分类、福利待遇、招聘程序以及如何准备申请材料、笔试、面试等,并附有《国际公务员行为标准》。国际公务员的聘用标准包括价值观念与基本能力两个方面,在同等条件下,优先聘用女性和缺额国家人员,其中中国就属于缺额国家。国际组织重视实际工作经验,这一点与高校人才培养有很大的差别。本书为读者揭开了国际公务员的"神秘"面纱,为读者架起了一座通往国际舞台的桥梁,让成为国际公务员不再是一个遥不可及的梦。

授之以渔。在内容选取上,《国际公务员素质建设与求职指南》是一本实用的求职指南,详细介绍了如何解读职位空缺公告,如何准备求职信,面试经常会问到哪些问题,国际公务员的胜任素质等。效率、才干及忠诚是选人的最高标准,国际组织的核心价值是诚信、专业精神、尊重多样性。求职者通读此书,可以知道什么样的人才能够获得为国际组织效力的机会,并在国际舞台上获得更大的成功。

这本书不仅有求职攻略的介绍,还有很多具体生动的案例,可以为读者提供全面的帮助和支持。本书的后半部分可谓是手把手地教读者如何准备国际公务员的申请，在每个案例介绍后均附有精彩点评，给予读者身临其境之感，对于有志于成为国际公务员的青年具有重要的参考价值。我相信本书在浙江大学出版社的出版，一定会有利于促进浙江大学国际组织人才培养和学校的国际化。我也为浙江大学国际组织精英班的同学有如此优秀的三位专家作为实践导师而感到骄傲。

　　"十年树木，百年树人。"国际组织人才队伍建设需要长远规划，《国际公务员素质建设与求职指南》一书将助力中国输送人才到国际组织中任职，同时这也是高校培养国际组织人才不可多得的经典教材。读完此书，您将发现，国际组织离您并不遥远。

浙江大学副校长　何莲珍

2019 年 6 月

前　言

党的十九大报告在谈及我国对外工作时指出"世界正处于大发展大变革大调整时期",宣布"中国秉持共商共建共享的全球治理观,倡导国际关系民主化,坚持国家不分大小、强弱、贫富一律平等,支持联合国发挥积极作用,支持扩大发展中国家在国际事务中的代表性和发言权"。习近平主席早在 2013 年就指出:"中国需要联合国,联合国也需要中国。中国重视联合国,将坚定地支持联合国。中国是联合国安理会常任理事国,这不仅是权力,更是一份沉甸甸的责任。中国有这个担当。"①推送优秀人才到国际组织,是我们在新时代的责任和担当。自 1971 年中国恢复在联合国的合法席位以来,在国际组织任职的中国职员,不论数量、职位、影响,都和我们的大国地位不符,我国仍属于代表性不足的国家。习近平总书记于 2016 年指出,"要加强全球治理人才队伍建设,突破人才瓶颈,做好人才储备,为我国参与全球治理提供有力人才支撑"。②

根据习近平总书记系列重要讲话精神,国家有关部委近年来加大工作力度,积极开展国际组织人才培训和推送;人力资源和社会保障部、教育部等部委组织"鼓励支持大学生到国际组织实习任职全国高校巡讲";国家留学基金管理委员会(简称"留基委")大力资助青年学子到国际组织实习;从国际组织退休回国的同事们积极为国际组织后备人才培训班授课、为全国各高校开设讲座,参与留基委选送实习生的考评工作等。我们欣慰地看到,人才培养推送工作越来越受到国家的重视。我们同时感到,国内公众和有关人员对国际公务员还不甚了解,而立志全球治理和为国际组织工作的青

---

①　习近平.走出一条和衷共济、合作共赢的新路子//习近平.习近平谈治国理政.北京:外文出版社,2014:250.

②　习近平.提高我国参与全球治理的能力//习近平.习近平谈治国理政.第二卷.北京:外文出版社,2017:450.

年需要一本相关参考书。我们三位作者曾在联合国系统的不同机构工作，身为国际公务员，参与过国际公务员的招聘，有一些实践经验，决定编写这本小书，奉献给读者。

在编写过程中，我们除梳理在国际组织工作的切身感受，查阅研究联合国及专门机构的有关文献，整理授课讲座、评审工作的实际案例，还参加了联合国人力资源外联项目在北京的宣介活动，以保证书中内容与时俱进。全书分两部分：上编为"时代召唤与历史责任"（宋允孚执笔）。第一章重点讨论国际公务员培养和推送的重要性、必要性、紧迫性，介绍中国对国际组织的贡献。第二章主要介绍国际公务员的职务分类、职业前景，国际组织用人原则、招聘途径等。下编为"能力建设与竞聘攻略"。第三章（徐亚男、宋允孚执笔）详细介绍国际公务员的基本素质、核心价值、核心能力。这些虽然是国际组织对国际公务员的要求，但也是准备到国际组织实习和任职的人员必须了解的内容，因为国际组织实行所谓"基于能力的面试"（competency-based interview），如果不熟悉这些内容，很难入职国际组织。第四章（王纪元、徐亚男、宋允孚执笔）重点探讨申报程序、考核内容，提供应聘攻略、具体案例分析。本书兼顾普及与提高，力求既具通俗性、普及性，又有针对性、实用性。为便于读者理解国际组织对工作人员的要求，本书在"补充阅读材料"中补充了《国际公务员行为标准》中英文版，以及与求职应聘相关的联合国及专门机构的文件，其中大部分以二维码形式呈现，便于读者通过手机阅读电子版文件。

联合国在北京举行宣介会，联合国已连续两年来华开展人力资源外联项目宣介会，向我国公务员和大学生介绍国际组织实习、任职情况

　　我们希望,本书能够给立志到国际组织实习或任职的年轻人提供一些背景材料和指南。准备到国际组织实习的大学生、从事国际组织人才培养工作的有关人员、新入职的年轻国际公务员,亦可参考此书。限于我们的能力水平,有些内容或有疏漏,某些观点或待商榷,敬请读者和同仁赐教指正。

目　录

上　编　时代召唤与历史责任

第一章　国际公务员的重要性 ·························· 3

第一节　作用独特　不可替代 ·························· 3

　◇ 全球治理与国际组织 ·························· 4

　◇ 联合国作用不可替代 ·························· 6

　◇ 中国对联合国的贡献 ·························· 8

　◇ 在联合国的中国职员 ·························· 10

第二节　人才培养　刻不容缓 ·························· 12

　◇ 中国代表性不尽如人意 ·························· 12

　◇ 后备人员名册有待加强 ·························· 13

第三节　积极推送　时不我待 ·························· 15

　◇ 国家领导高度重视 ·························· 15

　◇ 竞选要职成就显著 ·························· 16

　◇ 积极奉献国际社会 ·························· 18

第二章　国际组织的人事制度 ·························· 21

第一节　什么是国际公务员 ·························· 21

　◇ 国际公务员的职务分类 ·························· 22

　◇ 招聘条件与基本要求 ·························· 27

　◇ 基本薪酬与福利待遇 ·························· 31

第二节　国际组织用人制度 ……………………………… 35
　　◇ 国际组织的招聘原则 …………………………… 35
　　◇ 国际公务员的招聘途径 ………………………… 40
　　◇ 职业生涯的发展前景 …………………………… 47

下　编　能力建设与竞聘攻略

第三章　**国际公务员的基本素质** …………………………… 55
第一节　国际视野　家国情怀 …………………………… 55
第二节　核心价值　核心能力 …………………………… 58
第三节　联合国职员能力开发实用指南 ………………… 61
　　◇ 联合国职员的三大核心价值 …………………… 63
　　◇ 联合国职员的八项核心能力 …………………… 78
　　◇ 联合国官员的管理能力 ………………………… 116
　　◇ 能力框架适用于全部人事管理 ………………… 139
第四节　联合国专门机构的能力框架 …………………… 141

第四章　**国际公务员竞聘攻略** ………………………………… 143
第一节　国际劳工组织招聘标准 ………………………… 144
第二节　国际劳工组织招聘程序 ………………………… 147
第三节　国际劳工组织遴选步骤 ………………………… 154
第四节　联合国专门机构应聘攻略 ……………………… 159
　　◇ 确定招聘的内部程序 …………………………… 162
　　◇ 申请攻略及案例分析 …………………………… 164
第五节　联合国秘书处招聘程序与应聘攻略 …………… 185
　　◇ 联合国秘书处人才招聘程序 …………………… 185
　　◇ 准备申请材料 …………………………………… 202

◇ 认真准备笔试 …………………………………………… 206

◇ 沉着应对面试 …………………………………………… 208

第六节　国际组织实习、任职的其他案例 ………………… 213

补充阅读材料 ……………………………………………… 230

后　记 ……………………………………………………… 231

上 编

时代召唤与历史责任

第一章
国际公务员的重要性

　　本书名为"国际公务员素质建设与求职指南",这里所说的国际公务员,特指国际政府组织的工作人员,国内有时也简称国际职员。本书重点讨论国际公务员应具备怎样的核心价值与核心能力、怎样选择申报机构、怎样提交申请、掌握怎样的应聘技巧等。在回答"怎么样"的问题前,我们有必要先探讨一下"为什么""是什么"这两个问题:为什么说国际公务员重要? 什么是国际公务员? 第一章首先谈重要性的问题,答案可以简单概括成几个"不"字:国际组织和国际公务员作用独特,不可替代;国际组织人才培养推送刻不容缓;国内外形势迅速发展,机不可失时不我待。

第一节　作用独特　不可替代

　　党的十八大以来,习近平总书记反复阐述构建人类命运共同体的理念,提出我国要积极参与全球治理。人类社会正处在一个大发展、大变革、大调整的时代。世界多极化、经济全球化、社会信息化、文化多样化深入发展,和平发展的大势日益强劲,变革创新的步伐持续向前。正如国家主席习近平于 2013 年 3 月在莫斯科国际关系学院讲演时指出的,"这个世界,各国相互联系、相互依存的程度空前加深,人类生活在同一个地球村里,生活在历史和现实交汇的同一个时空里,越来越成为你中有我、我中有你的命运共同体"①。

 全球治理与国际组织

习近平总书记于 2015 年在中共中央政治局第二十七次集体学习时指出,全球治理体制变革离不开理念的引领,全球治理规则体现更加公正合理的要求离不开对人类各种优秀文明成果的吸收。要推动全球治理理念创新发展,积极发掘中华文化中积极的处世之道和治理理念同当今时代的共鸣点,继续丰富打造人类命运共同体,弘扬共商共建共享的全球治理理念。要加强能力建设和战略投入,加强对全球治理的理论研究,高度重视全球治理方面的人才培养。② 全球治理有以下几个主要概念。

全球治理价值 全球治理理论来自马克思的故乡,是德国前总理勃兰特于 1990 年提出的,旨在使全球逐步实现人类的共同理想,追求超越国别疆界、种族民族、宗教信仰、意识形态、发展水平的人类共同价值(common value、shared value 或 universal value)。2015 年,国家主席习近平出席第 70 届联合国大会,发表题为"携手构建合作共赢新伙伴 同心打造人类命运共同体"的讲话,指出:"'大道之行也,天下为公。'和平、发展、公平、正义、民主、自由,是全人类的共同价值,也是联合国的崇高目标。目标远未完成,我们仍须努力。当今世界,各国相互依存、休戚与共。我们要继承和弘扬《联合国宪章》的宗旨和原则,构建以合作共赢为核心的新型国际关系,打造人

---

① 习近平.顺应时代前进潮流 促进世界和平发展.人民日报,2013-03-24(002).
② 推动全球治理体制更加公正更加合理 为我国发展和平世界创造有利条件.人民日报,2015-10-14(001).

类命运共同体。"①习近平主席的讲话,为全球治理所追求的人类共同价值观做出了权威的诠释。

全球治理规则 这里所说的规则旨在调节复杂的国际关系,规范维护国际社会的正常秩序,实现人类共同价值,涉及对各国都有约束力的跨国性原则、规范、标准、政策、协议、程序等。2014年7月,国家主席习近平访问巴西,首次提出,"发展中国家在全球治理中争取更多的制度性权力和话语权"②。2015年10月,习近平总书记在中共中央政治局集体学习时指出:随着全球性挑战增多,加强全球治理、推进全球治理体制变革已是大势所趋,这不仅事关应对各种全球性挑战,而且事关给国际秩序和国际体系定规则、定方向;不仅事关对发展制高点的争夺,而且事关各国在国际秩序和国际体系长远制度性安排中的地位和作用。③ 制度性话语权,涵盖国际事务的方方面面,包括政治类制度性话语权、经济类制度性话语权、科技文化类制度性话语权、社会类制度性话语权等。如,2016年发布的《"健康中国2030"规划纲要》提到,"积极参与全球卫生治理,在相关国际标准、规范、指南等的研究、谈判与制定中发挥影响,提升健康领域国际影响力和制度性话语权"。这是我国第一次提出卫生领域全球治理的规则问题。

全球治理主体 所谓主体指全球治理规则的制定者、参与者,包括:(1)各国政府及政府有关部门;(2)具有明确章程、稳定架构、正式职员的国际组织,如联合国及其专门机构;(3)G类国际机制(这类国际机制与传统意义上的国际组织不同,一般没有常设机构,由成员国轮流做东,如七国集团、二十国集团④);(4)国际社会组织、国际非政府组织、私立机构等。

① 习近平.携手构建合作共赢新伙伴 同心打造人类命运共同体.人民日报,2015-09-29(002).

② 杜尚泽.习近平在巴西国会发表重要演讲 弘扬传统友好 共谱合作新篇.人民日报,2014-07-18(002).

③ 推动全球治理体制更加公正更加合理 为我国发展和世界和平创造有利条件.紫光阁,2015(11):7.

④ 二十国集团(G20)始于美国、英国、德国、日本、意大利等六国1975年成立的经济合作论坛,加拿大1976年加入后被称为七国集团(G7)。俄罗斯1997年为成员国,G7变为G8(2014年俄成员地位被停)。八国集团建立G20财长和央行行长会议制度,后逐步推进到G20领导人峰会层次。2016年9月中国作为东道主在杭州举办了G20第11次峰会。

全球治理除涉及理念、规则、主体,还关系到治理客体、治理效果。有学者将其归纳为五大问题:为什么治理、怎样治理、谁参与治理、治理什么、治理结果如何。全球治理的不同参与者有不同角色,国际组织作为平台,作用十分重要。全球治理离不开国际组织,国际上许多原则、制度、标准、程序,都是通过联合国及其专门机构讨论、制定的,涵盖政治、经济、人权、环境、科技、教育、卫生等领域。2014 年 2 月,国家主席习近平会见时任联合国秘书长潘基文时指出:"联合国应对全球性威胁和挑战的作用不可替代,是加强和完善全球治理的重要平台。"[①]联合国专门机构在全球治理中的作用同样不可或缺,而在国际组织工作的国际公务员,也发挥着不可替代的作用。

 # 联合国作用不可替代

联合国是第二次世界大战后成立的,作为建立和维护战后秩序的制度平台,在维护世界和平、促进社会发展、保障基本人权等方面发挥了重要作用。

70 多年来,联合国通过大会和安理会的决议、秘书长的斡旋、维和部队的派遣、人道主义的援助,保护弱势群体的生命安全;联合国是舞台,有关各方一起讨论全球面临的共同问题;联合国为世界定规则、设议程,推动国际立法,涵盖政治、经济、金融、军事、社会、文化、科技、卫生等领域。2000 年通过的《联合国千年宣言》提出了千年发展目标(Millennium Development Goals,MDGs),旨在到 2015 年将全球贫困水平降低一半(和 1990 年平均水平相比),189 个国家签署了宣言。2015 年,联合国制定了 2030 可持续发展目标(Sustainable Development Goals,SDGs),193 个会员国通过了 17 项可持续发展目标。这是指导 2015—2030 年全球发展工作的重要举措,它以综合方式彻底解决社会、经济和环境三个维度的发展问题,使全球发展走上可持续发展道路。

---

① 杜尚泽.习近平会见联合国秘书长潘基文.人民日报,2014-02-08(002).

除联合国外,联合国专门机构的作用也同样不可替代。所谓联合国专门机构,是指根据特别协定与联合国建立关系或根据联合国决定创设、负责某特定业务领域的政府间专门性国际组织,例如世界贸易组织、世界卫生组织、国际劳工组织、世界知识产权组织等。这些国际组织无论在组织架构上,还是在行动上都是独立的,不是联合国的附属机构,它们有各自的组织法和独立预算。

联合国各个专门机构在不同领域发挥着各自独特的作用,例如以下几个机构。

◇ 世界贸易组织(简称"世贸组织")虽然 1995 年才成立,却有"经济联合国"之称。世贸组织确立了完整的国际贸易的法律框架,被绝大多数国家和地区所接受,成为国际贸易规范和各国制定相关法律法规的依据。世贸组织是各成员解决贸易争端的重要机构,机制健全、适用范围广泛,审理公正迅速、有较高权威性。世贸组织的协议体现了发展中国家在经济发展和贸易方面的需要,就发展中国家的差别优惠待遇做了较明确的法律表述。我国于 2001 年加入世贸组织,这为推动我国社会主义市场经济体制的完善发展,为我国国际贸易环境的改善,为我国利用外资提供了新契机。世贸组织的作用之重要、影响之广泛,人所共知。

◇ 世界卫生组织(简称"世卫组织")成立于 1948 年,在世界卫生领域具有重要作用,取得了有目共睹的成就。例如,天花曾肆虐很多国家,1967 年在 30 个国家 10 亿多人口中流行,每年约 200 万人因罹患天花而死亡。世卫组织花费大量人力物力,投入 3.3 亿美元,1977 年实现在全球范围内消灭天花,这是人类第一次消灭严重危害自身健康的传染病。世卫组织大力推进传染病和新发传染病防治工作,使得全球人均预期寿命比 1950 年增加了 25 年。世卫组织制定一系列关乎人类健康的国际标准,有力促进各国卫生事业的发展;2003 年第一次制定具有法律约束力的《烟草控制框架公约》;2005 年在总结防治非典经验的基础上修订《国际卫生条例》,为控制流行病、传染病跨国传播发挥了重要作用。世卫组织在全球卫生治理中发挥的不可替代的作用,由此可见一斑。

◇ 国际电信联盟(简称"国际电联")前身是 1865 年欧洲 20 国签订的《国际电报公约》,1934 年改为现名。宗旨是建设通信基础设施、制定标准、管理分配无线电频谱和卫星轨道,促进各国通信能力建设,保障网络安全。此外,针对防灾和减灾,加强应急通信服务。国际电联的所有工作围绕同一个目标:让所有人均能以可承受的价格获取信息和通信服务,为全人类的经济和社会发展做出重大贡献。国际电联的不可替代的作用,在信息化时代尤为明显。我国于 1920 年加入该组织,现已成为世界移动通信和互联网大国。

 # 中国对联合国的贡献

中国是联合国创始国之一,为联合国的建立做出了重要贡献。日本 1937 年全面侵华,中国是世界上最先开展反法西斯战争的国家。1942 年,国际反法西斯联盟在华盛顿发表《联合国家宣言》,中国和美国、英国、苏联成为 26 个与会国的核心力量。1943 年 10 月,中、美、英、苏四国签署《普遍安全宣言》,提出在战后成立维护和平与安全的国际组织的政治主张。1943 年 11 月,罗斯福、丘吉尔和蒋介石在开罗召开首脑会议,同年 12 月发表《开罗宣言》。1945 年 4 月,中、美、英、苏四国发起旧金山会议,51 个国家共同讨论《联合国宪章》草案,促成了同年 10 月 24 日联合国的正式成立。中国参与了《联合国宪章》的起草和制定,做出了重要贡献。据新华社世界问题研究中心研究员钱文荣在 2015 年发表的文章《中国为创建联合国做出重要贡献》,《联合国宪章》起草工作于 1944 年 8 月开始,只有中、美、英、苏四国代表参加,中国提出若干建议,三条被写进草案。联合国创始国首先在《联合国宪章》上签字,中国英文名称的第一个字母是 C,成为第一个签字国,国际地位空前提高。

中国是联合国若干专门机构的创始国之一,例如国际劳工组织、世界卫生组织、世界气象组织、国际民航组织、国际货币基金组织、世界银行等。以下是世界卫生组织创立的简单经过:1945 年 4 至 6 月筹备联合国成立的旧金山会议期间,施耿元医生(号施思明,1908—1998)以中国代表团团长秘书名义与会。他和巴西及挪威代表团的两位医生发现筹建联合国的文件没有提到建立国际性卫生机构,便分别向本国政府报告。鉴于当时会议提案时限已过,无法递交增加卫生内容的修正草案,经与大会秘书长 Alger Hiss 先生磋商,他们决定以宣言方式向大会提出呼吁。施思明医生和巴西 Geraldo H. de Paula Souza 博士起草的宣言,很快得到大会认可,为日后成立世界卫生组织奠定了法律基础。1946 年,国际卫生会议在纽约召开,联合国 61 个会员国出席,讨论制定世界卫生组织的组织法和召开首届世界卫生大会等议题。《世界卫生组织组织法》(简称《组织法》)充满智慧和远见卓识,获得大会的一致通过。美国总统杜鲁门到会致辞:"现代交通条件使得我们已不可能通过检疫来防止疾病对一个国家的侵入,这就需要在每一个国家发展和加强卫生服务的建设,而这些服务需要国际社会的活动予以协调。"世卫组织是根据《联合国宪章》成立的第一个专门机构。1948 年 4 月 7 日《组织法》生效,同年 6 月第一届世界卫生大会在日内瓦召开。[①]

　　1971 年 10 月 25 日,联合国大会通过第 2758 号决议恢复中华人民共和国的合法席位,为中国与联合国的关系开启了新篇章,标志着联合国真正成为最具普遍性、代表性和权威性的政府间国际组织。我国政府积极推动维和止暴,倡导通过对话谈判化解争端;积极促进共同发展,率先实现了千年发展目标,减贫人口占全球减贫人口总数的四分之三;积极推进军控进程;积极维护国际法治;积极推进国际人权事业健康发展;大力促进发展领域的合作。当前世界形势正发生深刻复杂的变化,中国与联合国的合作面临新的契机:和平发展、合作共赢成为时代潮流,但地区冲突、恐怖主义、难民危机问题不断,逆全球化思潮抬头。新形势下的全球治理,需要以合作共赢为核心的新型国际关系。习近平主席提出打造人类命运共同体的新理念、新思想,契合时代潮流,适应形势发展,是对传统国际关系理论的超越与创新,也是对《联合国宪章》精神的继承与弘扬。

---

① 摘编自:陈敏章.世界卫生组织合作指南.北京:人民卫生出版社,1994.

在联合国的中国职员

中国为建立联合国等国际组织做出了重要历史贡献。在联合国等国际组织的中国籍职员功不可没。已故全国人大常委会副委员长黄华在为《联合国里的中国人1945—2003》作序时,指出:"作为联合国创始国和安理会常任理事国之一,中国从一开始就重视秘书处并积极参与和支持秘书处的工作。已故著名外交家、曾代表中国全程参加联合国筹组事宜的顾维钧先生,在其回忆录中对此就有记录。1945年以来,许多杰出的中国专家、学者及才俊之士曾入秘书处任办事人员,也就是国际公务员,做出了各自的贡献。1971年11月,作为恢复合法席位后的中华人民共和国第一任常驻联合国代表和常驻安理会代表到达纽约联合国总部时,在中国名下的官员级职员和口译笔译人员共有百余人,为我们开展工作提供了令人难忘的便利。"①该书前言说:"从1945年起,有为数不少的中国人因缘际会先后参与了这个世界性国际组织的工作,为致力宪章的崇高理想、为实现联合国的宗旨和原则服务。他们分别以个人身份在各自不同岗位上为维护和平与安全、促进各国经济与社会发展,为推进世界非殖民化进程,以及为促进尊重国际法的义务和实现普遍人权等事业尽责效劳,忠于职守,功绩卓著。""这些中国人为联合国服务的事迹,对于联合国和中国,对于我们今人乃至后人都很有意义和十分珍贵,亟应辑录弘扬,使之流传久远。可惜至今,这些事迹在国内乃至海外华人社会,仍罕为人知或知之甚少。"②

人物简介

民国时期有五位著名人士,他们或参与联合国筹建和《联合国宪章》起草,或参与世卫组织筹组和其组织法的起草,或参与国际法院法庭章程起草,或参与第一部《世界人权宣言》起草并把中国理念写进宣言,或任中国在联合国的首任副秘书长。他们如今都已作古,但他们做出的历史贡献不应被忘记。(人物介绍请扫描二维码)

---

① 摘编自:李铁城.联合国里的中国人1945—2003.北京:人民出版社,2004:1-2.

② 摘编自:李铁城.联合国里的中国人1945—2003.北京:人民出版社,2004:8.

1972 年 4 月起，我国政府派出优秀人才出任联合国高级官员，例如唐明照和毕季龙先后出任第一位（1972—1978）和第二位（1979—1985）中国籍副秘书长。他们都是 20 世纪 30 年代到美国、50 年代回国的老同志。唐明照1931 年加入中国共产党，1933 年进入美国加州大学，任美共加州大学组织部部长、宣传部部长和书记。1939 年起任美共中国局书记达十年之久，1941年进入美国政府纽约新闻处工作。1950 年回国，历任外交部专员、中联部局长、中联部副秘书长。毕季龙 1936 年从南京中央大学（现南京大学）毕业，后到美国深造。1950 年回国，曾随李克农赴朝鲜参加停战谈判，历任外交部研究室研究员，新闻司专员、副司长，国际条约法律司副司长。毕季龙任联合国副秘书长期间，主管成立不到一年的技术合作发展部，向百国提供援助、培养人才，受到第三世界国家普遍欢迎。

我国在国际法院也有杰出人才任职。如著名已故法学家倪征燠于 1946—1948 年参加东京审判，对侵华主要战犯提出有力控诉，维护中华民族的利益和尊严。中华人民共和国成立后，他曾为毛泽东主席、周恩来总理做领海法律咨询，参加联合国海底委员会及海洋法会议，当选国际法委员会委员。1984 年成为中华人民共和国首位国际法院大法官。他说："国际法官是超然的，只有超越国家利益之上，才能取信于世界。"又如，史久镛 1994 年任国际法院大法官，2004 年当选国际法院院长，是当选国际法院院长的第一位中国人。他一直从事国际法教育和研究，1985—1993 年任中英联合联络小组中方首席代表处法律顾问，参与香港回归问题的中英谈判。他当选时说："我在国际法院的唯一身份就是法官，我的法律信仰就是按照现行的国际法从事审判。"他的职业操守受到各界好评。

如今，中国人不仅在联合国担任副秘书长，还成功竞选到联合国五个专门机构的总干事（Director-General）或秘书长（Secretary General）。中国在国际组织任职的人员总数也有一定增加。这些中国籍国际公务员为联合国等国际组织的工作做出了各自的贡献。联合国规定，国际公务员必须忠于联合国、忠于《联合国宪章》及其价值观，不得寻求或接受任何第三方的指示。中国籍国际公务员不是中国的代表，他们为世界人民服务，为会员国服务；与此同时，他们也在特殊岗位上发挥着独特作用——增强中国代表性、提升中国的国际话语权、扩大中国的国际影响力、促进中国与国际接轨，从而间接为祖国服务。他们的作用不可替代，他们的工作并不简单。

第二节　人才培养　刻不容缓

恢复在联合国的合法席位后,我国迅即推送人才到国际组织任职。联合国有 6 种官方语言,需要大量语言工作者,由于来不及培养足够的同声传译人才,1979 年联合国与中国政府合作在北京举办联合国译员培训班,简称"译训班",为秘书处培养中文翻译人才。译训班从 1979 年开始招生到 1993 年结束,14 年里先后招收 12 期学员,培养了 263 位口译、笔译人员,其中大多数被联合国聘用。留在国内的,也大多成为有关部门的业务骨干。[①] 联合国的语言工作者属专业官员,但不计算在分配给会员国的合理幅度(reasonable range)或称理想幅度(desirable range)之内,不占国家名额。联合国的国际公务员分为一般服务类职员(G Staff)、专业官员(Professional Staff)及司长以上官员、高级职务官员(Senior Appointments)等几类。由于各种因素,我国在很长一段时间内在联合国及其专门机构的国际公务员数量、作用、影响方面,一直与我国的地位很不相称。

 ## 中国代表性不尽如人意

我国作为世界第二大经济体,提高国际话语权和在国际组织代表性的必要性日益突出,国际组织人才培养推送显得越来越重要和紧迫。

21 世纪初,联合国及其专门机构里的中国职员共有 500 多人,其中约 200 人在秘书处,大部分是语言类业务人员。2005 年,我国职员人数增加至 725 人(原国家人事部统计数字)。截至 2006 年 6 月底,中国按地域分配(geographical distribution)的职员人数合理幅度为 58～79 人,实际仅有幅度下限的 60 人,属于代表性不足(under-represented)国家。

---

① 摘编自:李铁城.联合国里的中国人 1945—2003.北京:人民出版社,2004.

2010 年 9 月,国务院新闻办公室发布《中国的人力资源状况》白皮书,称:中国积极协助联合国在华举行"国家竞争考试",推荐优秀人才到国际组织任职,截至 2009 年年底,共有 1002 名中国国际公务员在各类国际组织中任职。这是我国第一次以白皮书形式公布中国国际公务员人数。我国在联合国专门机构的职员人数状况大体相同。截至 2009 年 12 月 31 日,世卫组织的职员总数为 8660 人,中国依旧代表性不足:我国的合理幅度为 40～55 人,实际仅为 32 人,仅比前一年度增加 8 人。

根据最新统计(A/74/82),截至 2018 年 12 月 31 日,联合国秘书处共有 37505 名职员(比 2010 年减少 6629 人)。联合国的 193 个会员国在秘书处的职员人数各不相同:105 国的职员人数在合理幅度内,27 国职员人数偏高,40 国职员人数不足(包括中国),21 国无人任职。

后备人员名册有待加强

各国政府都希望推送本国公民到国际组织任职。2018 年在联合国秘书处任职的国际公务员,美国人最多,达到 2531 人。我国以 546 人名列第 17 位,占国际公务员总数的 1.46%,甚至低于菲律宾和印度等发展中国家,且这 546 人中大部分从事语言类工作(具体见表 1-1)。2015 年我国会费占联合国会费总额的 5.148%,联合国给中国的国际公务员人数合理幅度①为 119～161人,而实际上我们只有 71 人。2016 年,我国会费比额增至 7.921%,成为名列第三的会费大国,合理幅度相应提升至 164～222 人,实有人数仅增加 10 人到 81 人,按照对应幅度下限规定的 164 人计算,比例反而更低(具体见图 1-1)。2018 年我国的合理幅度为 169～229 人,实际只有 89 人,依然代表性不足。在 2019 年,我国会费占联合国会费总额的12.005%,我国已经成为联合国第二大会费国。这一现状更加凸显出培养与推送国际化人才的必要性与紧迫性。如何提升我国在联合国专门机构的代表性,十分值得关注和研究。

---

① 关于"合理幅度",详见第二章第二节"地域分配"部分。

表 1-1　2018 年联合国秘书处职员最多的 17 个国家

排名	国家	人数	比例/%
1	美国	2531	6.75
2	刚果（金）	2258	6.02
3	苏丹	2116	5.64
4	肯尼亚	1692	4.51
5	法国	1476	3.94
6	英国	839	2.24
7	马里	814	2.17
8	埃塞俄比亚	801	2.14
9	意大利	796	2.12
10	菲律宾	678	1.18
11	乌干达	675	1.80
12	西班牙	575	1.53
13	印度	571	1.52
14	伊拉克	558	1.49
15	德国	555	1.48
16	俄罗斯	555	1.48
17	中国	546	1.46

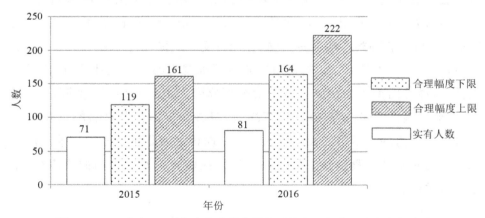

图 1-1　2015 年与 2016 年中国在联合国职员的合理幅度和实有人数统计

第三节　积极推送　时不我待

　　2012 年 11 月 15 日,在十八届中共中央政治局常委同中外记者见面时的讲话上,习近平总书记说:"中国需要更多地了解世界,世界也需要更多地了解中国。"①2013 年,国家主席习近平会见联合国秘书长潘基文时指出:中国需要联合国,联合国也需要中国。中国重视联合国,将坚定地支持联合国。中国是联合国安理会常任理事国,这不仅是权力,更是一份沉甸甸的责任。中国有这个担当。② 党的十八大以来,中央统筹国内国际两个大局,保持外交大政方针的连续性和稳定性,主动谋划,积极进取,丰富和发展对外工作理念,树立具有鲜明中国特色、中国风格、中国气派的大国外交。在 2014 年召开的中央外事工作会议上,中共中央总书记、国家主席、中央军委主席习近平提出深化外交战略布局,做到七个"切实":切实抓好周边外交工作;切实运筹好大国关系;切实加强同发展中国家的团结合作;切实推进多边外交,推动国际体系和全球治理改革,增加我国和广大发展中国家的代表性和话语权;切实加强务实合作;切实落实好正确义利观,做好对外援助工作;切实维护我国海外利益。③ 近几年来,我国大力开展多边外交,充分利用国际组织,积极参与全球治理,开创了历史性新局面。

 ## 国家领导高度重视

　　2014 年 3 月,国家主席习近平访问联合国教科文组织巴黎总部,同年 10 月国务院总理李克强访问联合国粮农组织罗马总部,开创了中国国家元

---

　　①　人民对美好生活的向往　就是我们的奋斗目标.人民日报,2012-11-16(004).

　　②　习近平.走出一条和衷共济、合作共赢的新路子//习近平.习近平谈治国理政.北京:外文出版社,2014:250.

　　③　中央外事工作会议在京举行.人民日报,2014-11-30(001).

首和政府首脑访问联合国专门机构的先河。习近平主席在联合国教科文组织发表了关于文化的重要讲话,指出:文明是多彩的,文明是平等的,文明是包容的。① 这为 2015 年 10 月我国首次明确提出"共商共建共享"的全球治理理念和构建人类命运共同体提供了有力的文化理论支撑。

2015 年是联合国成立暨世界反法西斯战争胜利 70 周年;9 月 27 日,习近平主席出席联合国发展峰会,发表了题为"谋共同永续发展 做合作共赢伙伴"的讲话;9 月 28 日,习近平主席在联合国大会一般性辩论中发表了题为"携手构建合作共赢新伙伴 同心打造人类命运共同体"的讲话,他站在历史高度,把握时代脉搏,面向人类未来,回顾联合国发展历程,重温《联合国宪章》精神。在峰会期间,习近平主席不仅参加联合国既有日程安排的活动,而且主动设置议程,提出召开"南南合作圆桌会议""世界妇女峰会"。国家主席习近平和联合国秘书长潘基文担任联合主席共同主持会议,习近平主席还出席了联合国维和峰会。习近平主席同广大发展中国家领导人以及国际组织负责人,总结南南合作经验、共商合作发展大计,就促进全球妇女事业、加强国际合作阐述中国主张。这是我国多边外交的又一项开拓性成果。

 ## 竞选要职成就显著

党的十八大以来,中国不断加大国际组织工作力度,从中央政府部门物色选拔适当人选,同时支持有条件担任国际组织高级官员的人员,参加专门机构一把手的竞选。2012 年以来,中国已有五人竞选成功。

◇ 2012 年,在中国政府大力支持下,陈冯富珍参加竞选并顺利连任世卫组织总干事,任期至 2017 年 6 月。

◇ 2013 年,联合国工业发展组织第 41 届理事会换届选举,中国政府推荐的候选人、财政部副部长李勇顺利当选第八任总干事,这是中国

---

① 习近平.文明因交流而多彩,文明因互鉴而丰富//习近平.习近平谈治国理政.北京:外文出版社,2014:258-262.

中央政府官员首次担任联合国专门机构首席行政官。2017 年 11 月,他再次当选连任。联合国工业发展组织成立于 1966 年,1985 年成为联合国专门机构。截至 2018 年 5 月,该组织有 168 个成员国,总部位于奥地利维也纳。

◇ 2014 年,国际电信联盟改选换届,中国政府推荐时任国际电信联盟副秘书长赵厚麟竞选秘书长。赵厚麟作为唯一候选人,在 156 个成员国当中获 152 票,成为首位中国籍秘书长,2015 年 1 月就任,任期 4 年。他是担任联合国专门机构首席行政官的第三位中国人。国际电信联盟 2018 年 11 月全权代表大会举行秘书长选举,178 个成员国投票,赵厚麟作为秘书长职位唯一候选人,以 176 票连任,任期从 2019 年 1 月 1 日正式开始,为期 4 年。

◇ 2015 年,国际民用航空组织第 204 届理事会选举秘书长,中国政府提名时任国际民用航空组织行政服务局局长柳芳。最终她顺利当选为该组织的首位中国籍秘书长,也是该组织首位女性秘书长,任期 3 年。2018 年 3 月,她再次当选连任。截至 2018 年 4 月,该组织有 192 个成员,中国是创始国之一。

◇ 2019 年 6 月,联合国粮农组织第 41 届大会上,中国候选人屈冬玉以 108 票当选该组织第九任总干事,任期为 2019 年 8 月 1 日至 2023 年 7 月 31 日。当选时,屈冬玉任中国农业农村部副部长,是首次担任该组织总干事的中国人,也是当选联合国专门机构首席行政官的第五位中国人。联合国粮农组织是联合国专门机构之一,致力于保障粮食安全,实现零饥饿目标,现有 194 个成员国。

我国除有人才成功竞选上述五个国际组织的首席行政官外,十八大以来还积极举荐优秀人才,出任联合国及专门机构的高级官员。

◇ 2012 年,吴红波大使被联合国秘书长潘基文任命为副秘书长,是 1972 年以来中国推送的第八位出任联合国副秘书长职位的资深外交官。

◇ 2013 年,商务部原副部长、中国驻世界贸易组织代表易小准被世界贸易组织总干事任命为副总干事。这是中国人第一次担任世界贸易组织的这一高级职位。

◇ 2013 年,徐浩良被联合国秘书长潘基文任命为联合国助理秘书长、联合国开发计划署助理署长兼开发署亚太局局长。

◇ 2014 年,世界知识产权组织中国籍副总干事王彬颖成功连任,成为该组织高级管理团队四位副总干事之一,任期至 2020 年。

◇ 2016 年,卫生部(现国家卫计委)国际合作司任明辉司长被任命为世卫组织助理总干事。

◇ 2016 年,国家外国专家局刘延国副局长被任命为国际劳工组织助理总干事,任国际劳工组织培训中心(罗马)主任。

◇ 2016 年,财政部国际财金合作司杨少林司长被世界银行集团(简称"世界银行")任命为首席行政官兼常务副行长。世界银行新设该职位,旨在把世界银行的机构战略、预算与计划、信息技术等职能集中起来。

◇ 2016 年,中国人民银行副行长张涛被国际货币基金组织总裁拉加德任命为副总裁,接替从该岗位退休的首位中国籍副总裁朱民。

◇ 2017 年,外交部副部长刘振民被联合国秘书长古特雷斯任命为副秘书长。这是 1972 年以来中国推送的第九位出任联合国副秘书长职位的资深外交官。

◇ 2018 年 3 月 29 日,我国驻比利时王国特命全权大使曲星被联合国教科文组织新任总干事宣布列入新的领导团队名单,担任该组织副总干事。

 积极奉献国际社会

中国参与全球治理,不仅向国际组织输送人才,而且为国际社会提供务实的公共产品。

◇ 2013 年,习近平主席提出"一带一路"倡议。2017 年 1 月 18 日,我国与世卫组织签署合作备忘录,通过"一带一路"促进沿线各国把卫生与经济发展密切联系起来。2017 年 3 月 27 日,新西兰与我国签署"一带一路"合作协议,成为第一个与中国签署相关协议的西方国家。几年来,"一带一路"相关合作稳步推进,受到"一带一路"沿线各国的普遍欢迎和积极参与。2017 年 5 月,我国举办"一带一路"国际合作高峰论坛,总结过去、规划未来。这是习近平主席提出"一带一路"倡议 3 年多来最高规格的论坛活动。2019 年 4 月 28 日,中国举办第二届"一带一路"国际合作高峰论坛。同首届论坛相比,本届论坛规模更大、内容更丰富、参与国家更多、成果更丰硕。

◇ 2013 年,习近平主席提出创立亚洲基础设施投资银行(简称"亚投行")的倡议吸引了英国等多国加入。亚投行不属于联合国系统(UN Common Community),是中国倡导成立的第一个多边开发机构。该行于 2015 年 12 月 25 日成立,由中国人担任首任行长。迄今为止,国际两大金融机构(世界银行和国际货币基金组织)一直由西方人任行长和总裁。金立群于 2016 年当选亚投行行长,开创了历史,同时,他也入选《时代周刊》2016 年度"全球最具影响力人物"。他发挥中国人的聪明智慧,使用国际的通用语言,表达具有全球核心价值的理念,提出亚投行工作方针 lean、clean、green(精干、廉洁、绿色),令人折服。

党的十八大以来,我国的国际组织工作成绩巨大,有目共睹。2016 年中国成功举办二十国集团杭州峰会。这是近年我国主办的级别最高、规模最大、影响最深的峰会,形成了具有开创性、引领性、机制性的成果。习近平总书记在中共中央政治局第三十五次集体学习时指出:"要提高我国参与全球治理的能力,着力增强规则制定能力、议程设置能力、舆论宣传能力、统筹协调能力。"他认为参与全球治理需要一大批专业人才,并对他们提出了具体要求,即"必须熟悉党和国家方针政策、了解我国国情、具有全球视野、熟练运用外语、通晓国际规则、精通国际谈判"。我们要按照习近平总书记的指示,"加强全球治理人才队伍建设,突破人才瓶颈,做好人才储备,为我国参与全球治理提供有力人才支撑",这是历史的召唤、时代的要求、国家的需要,各部门各单位都应为此努力工作。①

近两年来,国家有关部门大力加强这项工作,中组部、外交部、人社部举办了跨部门的"国际组织人力资源管理体系研究班""国际组织后备人才培训班";科技部、农业部、工信部、国家知识产权局、中国科学院、中国科协等在本系统举办了研讨和培训;教育部组织了百所高校和部分省区市与教育有关的主管人员进行培训,各高校纷纷建立国际人才基地、精英计划、国际公务员班,北京外国语大学成立了全国第一所国际组织学院;中国联合国协会年年举办"国际公务员能力建设培训班"。

我们相信,在党中央领导下,各方共同努力,我国在联合国等国际组织的代表性必将进一步提升。各部门及各单位的公务员、正在求学或深造的莘莘学子、立志为世界做出贡献的年轻朋友,遇到最好的历史机遇,时不我待、机不可失。希望年轻朋友志存高远、脚踏实地、拓展视野、努力奋斗,成为国际公务员队伍的合格一员,为世界奉献,为国家争光。

---

① 加强合作推动全球治理体系变革 共同促进人类和平与发展崇高事业.人民日报,2016-09-29(001).

第二章
国际组织的人事制度

第一章讨论得出三点结论：国际公务员作用不可替代（重要性）、国际化人才培养刻不容缓（紧迫性）、向国际组织推送人选时不我待（必要性）。第二章介绍国际公务员职务分类、聘用条件、国际组织用人制度与招聘途径等。

各单位的国际组织人才的管理者、竞聘国际职位的候选人，首先要了解国际组织的基本情况，特别是人力资源管理制度。联合国成立70多年来，在人员招聘、任用、管理方面形成了一套完整的制度，因此不论是选拔推送，还是个人申报竞聘，都要符合国际组织规则，才能取得预期效果。

第一节　什么是国际公务员

国际公务员（international civil servant）也称国际职员。国际职员涵盖范围比较宽，泛指各类国际组织（包括非政府组织）的工作人员；国际公务员指联合国秘书处、联合国所属机构、联合国专门机构等政府间国际组织的工作人员。国际公务员和国家公务员一样,是由纳税人供养的公职人员,不同之处是后者的薪酬来自本国纳税人,前者来自国际组织成员国缴纳的会费。本节以联合国和世卫组织等联合国专门机构为例,重点介绍以下三方面情况。

国际公务员的职务分类

联合国于 1945 年成立,联合国秘书处于 1946 年开始运作,当时有 300 名工作人员,主要任务是提供会议服务。6 个月后,秘书处职员扩展到 3000 人。今天,秘书处的职能大大超越早期的范畴,在全球践行《联合国宪章》提出的三大任务:维护世界和平、促进社会发展、保障基本人权。秘书处职员大致分为以下几大类(category)。

◇ 专业官员及以上级别人员 Professional and higher categories (P and D)

这类人员在全球招聘,即国际招聘(internationally recruited),可被派到各地工作。专业官员(P Staff)共有五个级别(grade),从 P1 到 P5。D 级(Director)官员共有两个级别,分别是 D1、D2,一般是部门负责人,级别高的专业官员也可担任领导职位。视岗位及工作地点的情况,高级别官员享受外交待遇的情况不尽相同,有的 P5 以上就享受,有的则要更高级别的官员才能享受。世卫组织和联合国某些机构设 P6 职位,工资与 D1 相同。

◇ 一般服务类职员 General Service and related categories (G Staff)

这类人员就地招聘(local recruitment),即从国际组织驻在国招聘,但不受国籍限制,G Staff 共分 7 个级别,他们提供行政、秘书和文书等方面的支持,行使一些专门技术职能,如印刷、安保、物业维修和管理等。他们承担着大量琐碎的日常工作和各种各样复杂的任务,支持着本组织的各项运作。他们的工作通常是程序性的、运作性的或技术性的。通过长期的工作,他们熟悉本组织的适用程序、规章制度、过去的案例和项目,支持着联合国的工作。在联合国九大职位系列中几乎都有一般服务类职员。联合国总部司机、电工、建筑管理、印刷人员等属于贸易和工艺类(Trades and Crafts),安全干事属于安全类(Security),导游为新闻助理类别(Public Information Assistants,PIA)。此外,只在联合国纽约总部和日内瓦办事处才有的语文教师(Language Teachers,LT)也属于一般服务类职员。

◇ 高级职务官员 Senior Appointments (SG,DSG,USG and ASG)

高级职务官员指联合国秘书处和专门机构的高级官员,包括联合国秘书长、常务副秘书长、副秘书长、助理秘书长,以及专门机构的总干事、副总干事、助理总干事或干事长、秘书长等首席行政长官。产生办法有两类,联合国秘书处和专门机构等的首席行政官,一般由立法机关选举产生,如联合国秘书长(Secretary-General,SG)由联合国安理会提名、联合国大会选举任命;世卫组织总干事(Director-General,DG)由世卫组织执委会提名,世卫大会选举任命;联合国其他专门机构的首席行政官产生办法基本相同。联合国及其专门机构首席行政官下设若干高级职位,由秘书长、总干事任命。如联合国常务副秘书长(Deputy Secretary-General,DSG)、副秘书长(Under-Secretary-General,USG)、助理秘书长(Assistant Secretary-General,ASG)由联合国秘书长任命。秘书长还有权任命副秘书长或助理秘书长级别特使,委派他们作为代表,就人权、维和、解决冲突问题与有关政府谈判,或担任联合国维和部队负责人。世卫组织副总干事、助理总干事也称不叙级官员(Ungraded Category),由总干事任命。

◇ 国家专业类职员 National Professional Officers (NO)

这类人员在当地征聘,是所在国公民,他们的职务功能与所在国的国家背景相关,需具有该国工作经验,包括该国语言、文化、机构体制方面的知识。这些岗位的工作面很宽,可在该国担任人权官员、政治事务官员、法律官员、医务官员、儿童保护官员、人道主义事务官员、口译和土木工程师等。入职资格与国际招聘的专业人员相同,但工作岗位均在各自国家。联合国和专门机构总部所在地,均不设这类职位。国家专业类职员分五档,A级要求具备1～2年工作经验,B级要求具备2～3年工作经验,C 级要求至少 5 年工作经验,D 级要求至少 7 年工作经验,E 级则要求超过 7 年的工作经验。

◇ 外勤服务人员 Field Service（FS）

外勤服务人员通常为联合国外地特派团在国际上招聘的工作人员。此类人员可能被派往世界各地执行任务,需要随时能够奔赴特派团工作。外勤服务人员共有四个级别,从最低的 FS4 到最高的 FS7。他们的主要职责是向联合国外地特派团提供行政、技术、后勤和其他服务。申请此类职位至少要持有高中文凭或同等学力,有些职位还可能需要技术或职业证书。不同级别的人员有不同的最低工作年限的要求。

联合国 2016 年 12 月 31 日的最新数据（A/72/123）表明,秘书处人员总数 39651 人,低于 2016 年 6 月 30 日的 40131 人。与 2013 年 6 月相比,2016 年 12 月的人员总数减少 4%,专业官员及以上级别人员占总数的比例从 30% 提高至 32%,长期或连续任用人员的比例从 18% 增至 25%,同一时期的定期任用人员比例从 78% 降至 67%,女性比例从 34% 上升至 35%,平均年龄从 43.4 岁升至 44.8 岁。2016 年 6 月 30 日秘书处共有 40131 人,其中一般服务类职员 23313 人,专业官员及以上级别等的人员 12837 人,外勤服务人员 3981 人。一般服务类职员占总数的 58%,其中 G4 级别人数最多,有 6076 人。专业官员及以上级别等的人员多数为 P3 至 P5 级别。2016 年的专业官员及以上级别等的人员的分布见图 2-1。

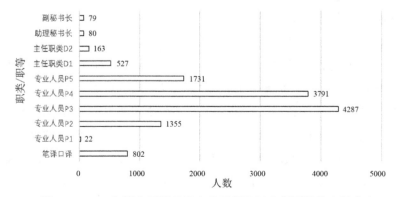

图 2-1　2016 年联合国秘书处专业官员及以上级别等的人员分布

国际公务员合同类型

国际公务员实行聘任制,所有公务员均需与其所在的国际组织签订合同,合同分为长期(long-term)、定期(fixed-term)、临时(temporary)等三类。根据联合国 2016 年 12 月 31 日的统计:长期合同 10072 人,占总数的 25.4%(上半年为 8931 人,占总数的 22.5%);定期合同 26658 人,占总数的 67.2%(上半年为 28200 人,占总数的 71.1%);临时合同 2921 人,占总数的 7.4%(上半年为 3000 人,占总数的 7.6%),如图 2-2。其中人数最多的是 G4 级别的定期合同,共 5244 人。

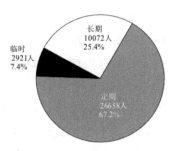

图 2-2 联合国国际公务员合同类型

国际公务员年龄分布

联合国 2015 年做出决定,联合国系统 2014 年 1 月 1 日起聘用人员的离职年龄从 62 岁提高至 65 岁,最迟 2018 年 1 月 1 日实施。秘书处职员平均年龄逐步增高,2012—2014 年为 43 岁,2015 年为 44 岁,2016 年 6 月 30 日为 44.6 岁,2016 年 12 月 31 日上升至 44.8 岁。职务级别越高,平均年龄越大。一般来讲,国际组织不是培养人而是使用人的地方,换句话说,国际公务员加入国际组织前,必须接受过较好的教育,具有较长的工作经历和较丰富的阅历。截至 2016 年 12 月 31 日,按年龄分列的联合国秘书处 39651 位职员的分布情况见图 2-3。

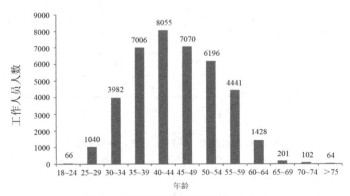

图 2-3 联合国秘书处职员年龄分布

受到世界经济形势的影响,联合国职员人数呈逐年减少趋势。根据联合国报告,截至 2016 年 12 月 31 日,秘书处共有职员 39651 人,比半年前减少 480 人。2016 年 6 月 30 日,秘书处有 40131 名职员,比 2010 年的 44134 人减少 4003 人。联合国专门机构于 2008 年后也裁减人员名额,但有的机构如世卫组织,近年职员人数略有增加。从 2017 年的数据来看,世卫组织过去 3 年人员总数增长约 11%,从 2013 年的 7097 人增加到 2016 年的 7916 人。增加的主要是临时人员,2016 年签订临时合同的人员占世卫组织人员总数的 20%(2013 年仅占 12%)。人员增加主要是为应对突发卫生事件。世卫组织 2016 年连续任用员工 4309 人,比 2013 年的 4298 人略有增加;定期合同人数未变。世卫组织过去 3 年国际公务员人数增加,但是成本比 3 年前还低,因为临时合同不增加人力资源成本。[1]

国际公务员性别比例

男女平等是国际组织人力资源管理的重要政策,联合国及其专门机构提倡在同等条件下优先录用女性。联合国女职员比例正逐步提高,截至 2016 年 6 月 30 日,女性占联合国国际公务员总人数的 34.8%,女性比例最高的是专业官员及以上级别等人员,达 42.6%。[2] 2016 年 12 月 31 日女性比例上升至 35.1%。[3] 世卫组织按地域分配专业官员及以上级别人员,女性占 42.8%,比 2013 年增长 2.4%。联合国秘书处 2016 年的专业官员及以上级别等人员的男女比例,见表 2-1。

表 2-1   2016 年联合国秘书处专业官员及以上级别等人员的男女比例

职类/职等	女性		男性		总人数
	工作人员人数	在职等中所占百分比/%	工作人员人数	在职等中所占百分比/%	
副秘书长 USG	15	20.5	58	79.5	73
助理秘书长 ASG	18	21.4	66	78.6	84
司长 D2	50	32.1	106	67.9	156

---

① 摘引自:世界卫生组织文件 A70/45(2017).日内瓦:世界卫生组织,2017。

② 联合国大会文件 A/71/360(2017):USG 为副秘书长,ASG 为助理秘书长,INT 为口译人员,R 为译审人员,T 为笔译人员。

③ 摘引自:联合国大会文件 A/71/123.纽约:联合国,2017。

(续)

职类/职等	女性		男性		总人数
	工作人员人数	在职等中所占百分比/%	工作人员人数	在职等中所占百分比/%	
处长 D1	167	31.0	371	69.0	538
专业人员 P5	598	34.3	1143	65.7	1741
专业人员 P4	1471	38.8	2318	61.2	3789
专业人员 P3	1975	45.7	2342	54.3	4317
专业人员 P2	739	55.6	589	44.4	1328
专业人员 P1	13	76.5	4	23.5	17
口译人员 INT	350	62.3	212	37.7	562
译审人员 R	12	34.3	23	65.7	35
笔译人员 T	123	58.9	86	41.1	209
小计	5531	43.0	7318	57.0	12849

　　分析以上职务分类、合同类型、年龄分布、性别比例,可看到不同背景、不同资历、不同性别的人,都有可能在国际组织中找到适合自己的工作。国内参加国际组织后备人员培训班的学员,有人担心自己的年龄,要么觉得年纪过高(特别是已过不惑之年的学员),要么觉得年纪太轻。其实,完全没必要为年龄担忧。联合国语言类专业人员的招聘不受年龄限制,年龄较大、对语言有兴趣和有专长的人士也可以申请低级别的语言专业职位。国际组织重视实际工作经验。资历和年龄成正比,年龄大的可竞聘到级别更高的职位。国际公务员退休年龄现在已经从 62 岁延长至 65 岁,年龄偏大的人员,完全有时间申报国际组织职位。年轻同事,特别是 35 岁以下的年轻人,可以申请初级专业官员(Junior Professional Officer,JPO)。处于 35~55 岁年龄段的人员年富力强,是争取竞聘的黄金时期。女性在申请时更应自信:国际组织在同等条件下,优先聘用女性和缺额国家人员。

 招聘条件与基本要求

　　国际组织对两类人员,即一般服务类职员(G Staff)和专业官员及以上级别人员(P and D)的招聘条件和基本要求既有共性的一面,也有不同之处。

它们的共同特点是,都要求具备相关领域的国际工作经验、掌握联合国的工作语言,但也有很多不同,分别介绍如下。

专业官员及以上级别人员

专业官员及以上级别人员的招聘属于国际招聘,其初始工作地点与职位空缺所列地点一致,但在其后职业生涯中有可能被派到其他地点。这类职员要具有相关的专业知识、分析能力与沟通技巧;遇到问题,能进行分析评估,就不同方案做出判断与决策。担任领导职位的人员还要具备管理能力,他们可能管理某个项目或机构,要有能力确定优先事项,分配各种资源,组织团队实施,保证按时完成任务。联合国设 P6 和 P7 级顾问或专家岗位,受聘人需有多年研究联合国工作的丰富经验。

学历要求 国际组织对专业官员及以上级别人员,一般要求具有学士或硕士以上学位。有些职位(如军事、民警、医疗和会议服务人员等)对最低学历的要求视岗位需要而定。有些需有特殊的专业背景,如医师岗位必须具有硕士及以上学位。还有一些职位(主要是语言类)则只需要学士学位。

专业领域 联合国面临各类复杂问题,需要处理的议题十分广泛,几乎涉及人类面临的所有挑战,从和平与安全到人权,从人道主义救援到社会经济发展,等等。国际公务员的工作领域同样非常广泛。专业官员及以上级别人员的工作主要涉及以下领域:管理和业务支持,经济和社会发展,政治、和平与安全,信息和通信技术,法律,公共信息,对外关系,会议管理,安全安保。每个领域都有各自的专业要求,它们涉及多个专业,且领域非常广泛:国际法、国际刑法、国际民法、人权、国际政治、国际经济、国际关系、社会学、医学心理学、临床社会学、统计学、财务、会计、图书馆、商务管理、会务管理、采购运输、电子工程、信息、情报分析、军事情报、翻译、出版、通信、新闻媒体、环境科学、水资源规划管理、土地管理、人力资源管理、灾害应急,无所不包。国际公务员的工作意义深远,不仅为联合国秘书处工作,实际也为全人类服务,他们和世界人民一起为创造一个更美好的世界而努力。

联合国专门机构有各自的专业领域,工作人员的专业除涉及该机构的主要业务,也包括许多其他领域。如世界卫生组织有 65% 的职位涉及医药卫生专业,包括公共卫生、传染病学、流行病学、家庭卫生、精神卫生、非传染病、免疫等,另外35%则涉及其他诸多专业,如计划财务、卫生统计、紧急援救、信息、人力资源、对外关系、技术合作、环境保护、新闻、出版、语言文字等。

鉴于以上情况,笔者建议在竞聘国际公务员工作时,考虑的范围要广一些,不要只盯着某一个国际组织,而应浏览更多国际组织的招聘网站,从中选择适合自己的岗位。

工作经验 国际组织的特点之一是,重视实际工作经验,这里所说的经验指相关领域的国内和国际工作经验。所谓国际工作,不一定是国际组织任职经历,也可以是国际组织实习经历或参与国际组织在国内实施的项目、跨国企业或机构的工作经历。对工作经验的年限要求取决于工作岗位的需要,每个岗位都有特定要求,都会在职位空缺通知中明确。简单来说,职位越高,对工作经验的年限要求越长。表2-2是联合国及其大部分专门机构对实际工作经验的年限要求。

表 2-2 联合国及其大部分专门机构对实际工作经验的年限要求

职务级别		工作经验
高级职务	P7~D2	15 年以上
	P6~D1	不低于 15 年
	P5	至少 10 年
中级职务	P4	至少 7 年
	P3	至少 5 年
初级职务	P2	至少 2 年
	P1	至少 1 年

有的国际组织如世卫组织,对工作经验的要求有一定灵活性,应聘 P4 以下职位,如受硕士教育的时间高于 5 年,可充抵 2 年工作经验,但不得叠加。

外语要求 语言要求是国际组织的另一特点,联合国有 6 种官方语言(阿拉伯语、汉语、英语、法语、西班牙语、俄语),召开联合国大会和安理会等正式会议,秘书处必须提供 6 种语言的同声传译和 6 种语言的文件。国际公务员在日常工作中,不可能使用 6 种语言,那样要花费大量资源。国际组织根据工作地点确定 2 种工作语言(working languages),第一工作语言多为英语。例如,在日内瓦的国际组织,工作语言是英语和法语;中东地区则为英语和阿拉伯语。国际公务员一般要掌握英语或法语,如掌握联合国其他官方语言,可以成为竞聘优势,起到加分的作用。对多数岗位来说,掌握工作语言之外的语种不是必备条件。但语言类工作对语种及语言水平的要求更高。

一般服务类职员

申报一般服务类职位(G Staff)的基本条件如下:

◇ 至少高中毕业或者有同等学力;

◇ 年龄在 18 岁以上;

◇ 具有相关领域的工作经验,G3 为 2 年,G7 为 10~15 年;

◇ 熟练掌握一种工作语言,具体的语种则取决于工作地点;

◇ 有些特定职位还有其他额外要求,须满足该岗位工作的最低要求;

◇ 须网上申报,通过审核后参加全球一般服务类考试(Global General Service Test,GGST)[①]。

鉴于国内竞聘国际组织的人员大多申报的是专业官员及以上级别的职务,对一般服务类职员的具体要求,不做详细介绍。

---

① 联合国总部于 2014 年开始采用 GGST 考试,考试视工作岗位,以英语、法语或西班牙语进行。考试在该岗位的工作地进行,主要通过电脑考核申报人的沟通、计划和组织能力,分三部分:语言推理(Verbal Reasoning)测试书面沟通能力;数值推理(Numerical Reasoning)测试有效处理数据的能力;情景判断(Situational Judgment)根据联合国规定的核心价值与核心能力测试其工作能力。

基本薪酬与福利待遇

联合国及其专门机构的办公地点分散在不同城市,国际公务员的薪金和福利待遇,基本采用联合国的统一标准。国际公务员的薪酬和福利待遇相对较高:国际招聘的人员的薪酬,参照会员国国家公务员薪酬的最高标准执行(截至目前仍参考美国国家公务员的薪酬标准);当地招聘的人员按本地最佳服务条件给予补贴。近年来,由于世界经济危机带来的经费困难,职员薪酬水平已达不到发达国家公务员的最高标准,仅相当于发达国家公务员的平均水平,但仍然比发展中国家的待遇高出许多。随着我国改革开放和国民经济长期稳定发展,国家公务员待遇与国际公务员的差距正在缩小。总体讲,对发展中国家人员来说,国际公务员的待遇还是具有吸引力的。联合国有一套薪酬福利规定,体现了以人为本的理念,相当规范化、制度化、公开化、透明化。2015 年联合国大会通过决议(A/RES/70/244),使联合国共同制度更加公平,更具竞争力,更有利于加强组织间的流动性。

基本工资(basic salary) 联合国秘书长和专门机构首席行政官的工资标准由联合国大会或专门机构代表大会审议。专业官员及以上级别人员的工资,联合国制定统一标准时考虑了岗位、级别、婚姻状况等各方面因素,类别和级别(category+grade)越高则工资越高:已婚职员(有受赡养者,dependent)高于单身(single)职员;每级别(grade)有若干职档(step),阶层越高工资越高,如 D1 级别有 9 阶,D2 级别有 6 阶。一般工作满 12 个月工资提高一阶。联合国及其专门机构等都有试用期,视不同组织的规定,试用期的长度不等,有的是 2 年,有的为 1 年。试用期表现合格者,试用期结束就可涨工资,不合格则延长试用期。相邻两级有交叉,下级官员最高工资可以高于低年资上级官员。国际公务员的工资以美元为单位计算,可以领取美元,也可以全部或部分领取当地货币(视工作地点而定)。如在日内瓦的职员可领取瑞士法郎,在欧盟国家的职员可领取欧元。国际组织所在地政府对国际公务员的工资、津贴等均免征所得税。专业官员及以上级别人员的年薪水平大致如下:

初级专业人员 P1～P3：35998～58583 美元/年

中级专业人员 P4～P5：70647～84721 美元/年

高级专业人员 D1～D2：96865～107150 美元/年

岗位调整（post adjustment） 除基本薪水外，还有岗位调整。国际公务员实际领到的薪水由两部分组成，即基本工资＋岗位调整。岗位调整取决于工作地点的物价消费指数（CPI）和美元与当地货币的汇率。一般来说，发达国家的岗位调整高于发展中国家，主要是受物价消费指数因素的影响。21 世纪初，纽约的岗位调整占基本工资的 30%～40%，内罗毕为 7%～8%。在同一城市，不同时期的岗位调整也有所变化。1994 年年初，日内瓦的岗位调整为70%左右，后曾降至 40%，也曾一度高于 100%。这样做的目的是保证不论汇率和物价消费水平如何变化，实际生活水平基本不受影响。假设基本工资为69000 美元，岗位调整为 70%，年薪的计算方法如下：

岗位调整：69000×70% ＝48300（美元）

年薪总额：69000＋48300 ＝117300（美元）

联合国专业官员及以上级别等人员的薪酬标准（2017 年起执行）见表 2-3。

表 2-3　联合国专业官员及以上级别等人员的薪酬标准[①]

单位：美元

职等	年薪	职档												
		1	2	3	4	5	6	7	8	9	10	11	12	13
副秘书长	毛额	192236												
	净额	142376												
助理秘书长	毛额	174373												
	净额	130586												
D2	毛额	139500	142544	145589	148637	151788	155018	158248	161479	164709	167939			
	净额	107150	109281	111412	113546	115680	117812	119944	122076	124208	126340			
D1	毛额	124807	127483	130160	132837	135506	138183	140857	143529	146207	148880	151648	154483	157320
	净额	96865	98738	100612	102486	104354	106228	108100	109970	111845	113716	115588	117459	119331

---

① 联合国大会 2017 年决议（http://www.un.org/en/ga/72/resolutions.shtml）专业官员及以上级别人员基本工资上调 0.97%。世界卫生组织 2018 年 1 月第 142 届执委员决定相应调整，总干事年薪毛额为 239755 美元（净额 173738 美元）、副总干事年薪毛额为 194329 美元（净额 143757 美元）、助理总干事和地区主任年薪毛额为 176292 美元（净额 131853 美元）。

（续）

职等	年薪	职档												
		1	2	3	4	5	6	7	8	9	10	11	12	13
P5	毛额	107459	109734	112011	114284	116561	118834	121113	123387	125663	127937	130214	132486	134764
	净额	84721	86314	87908	89499	91093	92684	94279	95871	97464	99056	100650	102240	103835
P4	毛额	88351	90374	92396	94418	96441	98462	100529	102724	104919	107114	109314	111504	113701
	净额	70647	72184	73721	75258	76795	78331	79870	81407	82943	84480	86020	87553	89091
P3	毛额	72478	74349	76221	78091	79964	81836	83707	85582	87451	89324	91199	93068	94942
	净额	58583	60005	61428	62849	64273	65695	67117	68542	69963	71386	72811	74232	75656
P2	毛额	55955	57629	59303	60976	62651	64328	66003	67674	69350	71022	72696	74374	76045
	净额	46026	47298	48570	49842	51115	52389	53662	54932	56206	57477	58749	60024	61294
P1	毛额	43371	44672	45973	47275	48575	49877	51287	52708	54129	55551	56971	58391	59812
	净额	35998	37078	38158	39238	40317	41398	42478	43558	44638	45719	46798	47877	48957

补助（allowance） 已婚职员工资高于单身职员，目的是补贴配偶（不工作或工资低于规定标准）；未婚职员父母不能自食其力，可对父母中一人进行补助；有未成年子女的，有一定的生活补助；有在读未成年子女的，可报销75%的学费。艰苦地区的职员享受艰苦补助；派到其他地区工作或因公出差，有相应补助；就任和离任享受就任搬家费、安家费（相当于30天出差补贴）、离任搬家费、归国遣返费，搬家费可运输5吨或60立方米内的家具。

医疗保险（medical insurance） 国际组织的医疗保险相当健全。医疗保险费由职员所在国际组织承担三分之二，个人支付三分之一，自动从薪金中扣除。国际组织医疗保险的保险覆盖范围较宽，退休后可继续参保，但要求退休前已参保10年，费用从养恤金中按比例每月扣除。参保不满10年如愿继续参保的，须一次性缴纳剩余年限足额保金，包括国际组织承担的部分。在国际组织工作时间较短的中国职员，有的退休不再继续参加医保。

养恤金（pension） 联合国系统的养恤金由联合国合办工作人员养恤基金（United Nations Joint Staff Pension Fund，UNJSPF）管理，职员任职期间每月缴纳保险费。养恤金到规定退休年龄方可领取，由UNJSPF按月向职员指定的银行账户汇款。办理退休手续时，可申请提取不超过已缴保金三分之一的金额，以后每月领取的数额相应减少。职员退休后如果本人去世，其配偶可继续领取50%的养恤金。

带薪休假制度(leaves with pay) 国际公务员有 12 天法定带薪节假日，包括圣诞节、元旦、复活节、所在国重要节庆日，此外还有年假、探亲假、病假、产假等。

◇ 年假(annual leave)：每年 30 天。国际公务员不论职位和级别，工作满 1 个月即有 2.5 天带薪假，可在不影响工作的前提下，自行安排休假时间。每年至少休 15 天，剩余天数可转至次年，但累计不超过 60 天。退休时若 60 天未休，则发 60 天薪金补偿。

◇ 探亲假(home leave)：国际招聘的人员每两年一次探亲假，目的是让国际公务员重新感受祖国文化。国际组织支付职员夫妇和未成年子女往返机票及中转食宿。飞行时间超过 8 小时可乘坐公务舱。为节约经费、简化手续，世卫组织实行包干制，按往返机票金额的 75％发个人。探亲须满足 3 个条件：工作满 2 年；探亲后继续工作 6 个月；逗留不低于 2 周。

◇ 病假(sick leave)：每年累计不超过 6 个月，4 年累计不超过 9 个月。超过按比例降薪。每年共有 7 天病假不必出示医生证明，每次不超过 3 天。

特惠待遇

国际公务员工资福利收入，不向所在国缴纳税款。P5 级别以上职员一般享受外交待遇（联合国不同办事处所在地做法不同），如每 3 年可免税购买 1 辆汽车，为本人和家庭申请 2 个外交牌照，免交燃油税，单次购物超过一定金额免交增值税（瑞士为 100 瑞士法郎以上金额则免税）。当地政府为国际公务员颁发外交身份证件，国际公务员可享受外交礼遇，凭证件自由进出机场候机厅，为出差和迎送客人提供方便。执行公务时，联合国会颁发联合国通行证(laissez-passer)。

第二节　国际组织用人制度

　　我国实行公务员制度较晚,1993 年才颁布《国家公务员暂行条例》,而联合国积累了几十年的丰富经验,形成了一套完整的规章制度。1945 年通过的《联合国宪章》,对国际公务员任用原则做出了规定。《联合国宪章》认为:国际公务员能否具备最高行为标准,关系到联合国能否顺利实现其宗旨。1952 年成立的国际公务员制度咨询委员会(1975 年更名为国际公务员制度委员会)于 1954 年通过《国际公务员行为标准》(Standards of Conduct for the International Civil Service)。文件共 50 条,对国际公务员行为做出了严格要求。联合国还制定了《联合国工作人员条例和细则》(Staff Regulations and Staff Rules of the United Nations)并不断修订,形成了配套完善的人力资源管理制度。下面从招聘原则、招聘途径、发展前景做简单介绍。

 国际组织的招聘原则

　　国际组织对所有职员均实行聘用制。联合国秘书长(或专门机构首席行政官)由联合国(或专门机构)最高权力机构选举产生,但是也要签署任用合同,联合国方面由当年联合国大会主席代表联合国与之签署。联合国专门机构,如世卫组织总干事的合同由世界卫生大会主席代表世卫组织与之签署。联合国秘书长(或专门机构首席行政官)以下职员,与联合国(或专门机构)人力资源部门签署合同。国际组织聘用人员的基本原则,主要有以下几点。

　　效率、才干与忠诚相统一　《联合国宪章》第 101 条规定:"办事人员之雇用及其服务条件之决定,应以求达效率、才干及忠诚之最高标准为首要考虑。"所谓"效率、才干及忠诚之最高标准"(the highest standards of efficiency, competence, and integrity)涵盖能力、态度、品质三个方面。联合国及其专门机构对国际公务员的基本要求大体相同。联合国提出三项核心价值（core values）和八项核心能力（core competencies），是所有国际公务员都必须具备的基本素质，也是《联合国宪章》原则的具体体现。所有国际公务员必须接受《联合国宪章》及其价值观。《国际公务员行为标准》指出联合国的价值"必须是指导国际公务员行动的原则：基本人权、社会正义、人格尊严与价值和尊重男女与大小各国的平等权利"。"国际公务员应与其组织持有同样的远见。正是由于信守这种远见才能保证国际公务员的正直和国际观；它保证国际公务员将组织利益置于个人利益之上，以负责的态度使用组织的资源。"《联合国宪章》"遵奉的正直概念概括了国际公务员的行为各个方面，包括诚实、坦率、公正和廉洁等品格。这些品格如《联合国宪章》中也遵奉的才干和效率一样基本"。"国际忠诚意味着忠于整个联合国系统而不仅是某人为之工作的组织。国际公务员有义务理解并表现这种广泛的忠诚。在有若干组织的国际公务员同在一个国家或地区服务的情况下，必须对联合国其他组织的国际公务员采取合作与谅解的态度，这无疑是极为重要的。""若要保持国际公务员制度的公正性，国际公务员必须与组织外的任何权力机构保持独立。他们必须在行为中体现这种独立。根据就职宣誓，他们不应寻求也不应接受本组织外的任何政府、个人或实体的指令。国际公务员绝不是政府或其他实体的代表，也不是其政策的代言人，这一点无论如何强调都不为过。这也同样适用于从政府长期借调者及从别处借来提供服务的人。国际公务员应时刻明白，通过他们对《联合国宪章》及每个组织的相应文书的忠诚，会员国及其代表致力于尊重这种独立性。"

国际公务员要宣誓忠于所服务的联合国或其他国际组织，接受所在国际组织最高行政长官的指令。世卫组织规定：职员必须 24 小时都接受总干事在全球范围内的指派。联合国秘书长和专门机构首席行政官，在最高权力机构（联合国大会或专门机构代表大会）所有会员国代表面前庄严宣誓。宣誓时，联合国副秘书长等高级官员，由联合国秘书长作监誓人；一般国际公务员，书面签署誓词。联合国副秘书长刘振民 2017 年上任时用英文宣誓（见图 2-4），誓词的中文翻译为："我，刘振民，庄严宣布并保证：将以全部的忠诚、判断力和良知来行使我作为一个国际公务员所拥有的职责，在履行这些职责和约束自我的行为时，将只考虑联合国的利益，并在履行义务时不寻求和接受联合国以外任何政府或其他来源的指示。我还郑重宣布和保证：

图 2-4　联合国副秘书长刘振民 2017 年 8 月 23 日宣誓

我将尊重《联合国工作人员条例和细则》中所规定的义务。"

联合国及其专门机构的用人原则可以用四个"合适"表示：把合适的人员在合适的时间安排到合适的地方，并以合适的方式管理、支持和奖励，以完成联合国的使命（We must have the right people in the right place at the right time，managed，supported and rewarded in the right ways to achieve the mission of the United Nations）。为落实这一原则，联合国制定了几项办法。

地域分配（geographical distribution）　《联合国宪章》规定"征聘办事人员时，于可能范围内，应充分注意地域上之普及"（Due regard shall be paid to the importance of recruiting the staff on as wide a geographical basis as possible）。联合国文件称"自本组织建立以来，会员国就一直非常关心其国民在联合国秘书处工作人员中的人数"。联合国人才招聘政策之一是力求把最合格的人员安排到每个业务团队并考虑到地域分配和性别平衡（The United Nations seeks to appoint the most qualified people in each occupational group and to have geographical distribution as well as gender balance）。

根据"地域分配"规定，联合国计算出各个会员国在国际组织中占有职员的合理幅度（reasonable ranges）或曰理想幅度（desirable ranges）。1988年 1 月 1 日实施的地域分配原则，由几个要素构成：

◇ 按合理幅度征聘的国际公务员是专业官员及以上级别受地域分配限制的职员，其薪酬由经常性预算（regular budget）支付，任期至少一年。联合国 1988 年的基数是 2700 个职位。

◇ 这 2700 个职位基数取决于受地域分配限制的员额数目。受地域分配限制的员额数目增加或减少 100 个时,基数做相应调整。2016年 12 月 31 日,联合国秘书处共有 3005 个受地域分配限制的员额。[①]

◇ 根据上述确定的基数,按三个因素在会员国进行分配:

√ 会籍因素:职位总数的 40% 用于平均分配给每个会员国;

√ 会费因素:职位总数的 55% 按各国缴纳会费比额分配;

√ 人口因素:职位总数的 5% 依会员国人口按比例分配。

◇ 合理幅度的算数点确定后,上、下各浮动 15%,即为合理幅度上、下限。

例如,2012—2015 年我国缴纳联合国的会费比额为 5.148%,合理幅度为 119~161 人。2016—2019 年,会费比额增至 7.921%,合理幅度提升到164~222 人。

由于诸多因素,各国任职人数并不均衡:无人任职(unrepresented)指没有一位国际公务员属于受地域分配限制的员额,任职人数偏少(under-represented)指这类职位人数低于合理幅度下限,在幅度内(within range)指人数在合理幅度上、下限之内,任职人数偏多(over-represented)指超过合理幅度上限。任职人数偏少的国家,就是通常所说的代表性不足或缺额国家。地域分配主要考虑国家之间的平等,是国际公务员任用的政策性规定,各国的合理幅度主要取决于缴纳会费的高低。

截至 2016 年年底,联合国 193 个会员国半数以上国家的国际公务员"在幅度内";"无人任职"的国家中 83% 为发展中国家;"任职人数偏少"的44 个国家,80% 是发展中国家(含中国);"任职人数偏多"的有 29 个国家,其中不同类型国家的数目持平。截至 2016 年 12 月 31 日的统计数字可见表 2-4,从中我们可以更好地理解为什么十九大报告提出:"支持联合国发挥积极作用,支持扩大发展中国家在国际事务中的代表性和发言权。"

---

① 摘引自:联合国大会文件 A/72/123.纽约:联合国,2017。

表 2-4　联合国工作人员的地域分配情况

任职人数情况	国家类型			
	发达国家		发展中国家	
	工作人员人数	国家数	工作人员人数	国家数
无人任职	—	3	—	15
任职人数偏少	567	9	218	35
在幅度内	335	22	658	80
任职人数偏多	840	14	387	15
共计	1742	48	1263	145

平等原则　联合国核心价值之一是尊重多样性（respect for diversity），与我们常说的包容密切相关。联合国秘书处工作"环境充满活力而且文化多元"（dynamic and multicultural environment）。4 万多名国际公务员来自 193 个会员国，有不同的背景和经历。从肤色就可看出他们来自不同种族、不同国家，而他们的宗教和政治信仰则有更深层次的差异。有年轻人问：加入某个党派是否影响应聘国际公务员？答案是完全不必担心政党问题。《国际公务员行为标准》规定："政党党员身份的重要性因国家而异，因此难以制定对所有情况一律适用的标准。一般而言，国际公务员可以是某一政党的党员，但该政党的主导观点及其对党员规定的义务必须符合联合国系统的服务誓言。""鉴于国际公务员必须保持独立和不偏不倚，他们虽然保留投票权，但不应参与政治活动，例如竞选或担任当地或国家政治职位。不过，这不表示他们不可以参与地方社区或民间活动，但这种参与必须符合在联合国系统的服务宣誓。国际公务员在支持政党或政治活动时必须保持谨慎，他们不应当接受或募集资金，撰写文章或公开演说或向新闻界发表谈话。"

平等原则还体现在性别上。《联合国宪章》第 8 条规定："联合国对于男女均得在其主要及辅助机关在平等条件之下，充任任何职务，不得加以限制。"国际组织招聘人员实行男女平等原则，努力促进在性别上更加公平均衡，鼓励女性应聘专业职位，在同等条件下优先考虑合格女性候选人。2017年 10 月，新任世卫组织总干事谭德塞宣布组建的新领导班子中，女性超过一半,包括前卫生部长、全球知名医生、科学家和研究员,以及从事全民健康覆盖、卫生突发事件、传染病和非传染性疾病、气候和环境卫生、妇女、青少年和儿童卫生的专家,汇集政府机关、私营部门、多边机构、民间社会和学术团体中具有丰富工作经验的人才。谭德塞说:"领导班子成员来自世卫组织各区域的 14 个国家,其中妇女占 60% 以上。这反映了我的坚定理念,我认为,为完成我们保障世界安全的使命,我们需要有一流人才,需要男女平等,并需要反映各区域不同的视角。"

世卫组织近年接受初级专业官员和实习生的情况也反映了其对男女平等的重视。2016 年,13 个国家的 49 名初级专业人员中妇女占 71%,其中已有 7 名签订合同继续留在世卫组织工作。2016 年,世卫组织接受的 927 名实习生中,女性占 73%,来自 89 个国家,其中发展中国家占 23%。

 国际公务员的招聘途径

国际组织专业官员及以上级别等人员的主要招聘途径包括:选举(election)产生首席行政官、政治任命(appointment)高级官员、政府借调(secondment)官员、公开国际招聘(international recruitment)专业人员,还有政府资助的初级专业官员(Junior Professional Officer,JPO)项目、青年专业人员项目(Young Professionals Programme,YPP)国家竞争考试。联合国志愿者和实习生不属于国际公务员范畴的人员,不享受国际公务员待遇,但国际组织对他们也高度重视。

选举(election) 《联合国宪章》第 97 条规定"秘书处置秘书长一人及本组织所需之办事人员若干人。秘书长应由大会经安全理事会之推荐委派之。秘书长为本组织之行政首长"。联合国大会 1946 年第 11 号决议提出:秘书长应该由德高望重的人担任,任期五年,可以连任。同时规定:以后各届秘书长的任期,由大会和安理会根据未来秘书长之经历决定;秘书长退休后,会员国政府不得聘用其担任政府职位,以免因为持有相关情报让其他会员国不安。《联合国宪章》第 18 条和第 27 条规定:秘书长由安理会 7 个理事国之可决票(1965 年增加到 15 个国家,可决票数改为 9 票),包括全体常任理事国之同意票提名,经大会以到会及投票的会员国多数表决任命之,除非大会自行决定需要三分之二多数;大会以秘密会议方式讨论秘书长提名与任命,安理会应尽可能向大会推荐一名候选人,以避免在会上就提名问题进行辩论;无论安理会或大会投票均应采用秘密投票。此外,还有不成文的"君子协定",所谓君子协定,是历史上的习惯做法,没有文件依据,即5个常任理事国不参加竞争,候选人必须得到5个常任理事国一致同意;人选每10年按地区轮换一次。为平衡各方利益,秘书长一般来自中小国家。

联合国的选举
程序

近年来,联合国及其专门机构对选举程序做了一些改革,请参阅二维码所链接的信息。

政治任命(appointment) 国际组织或专门机构的首席行政官上任后一般都会重组领导班子,高级官员基本由直接任命(direct appointment)产生。任命前,实际都和被提名人的国家磋商,达成一致意见后履行聘用手续。这个过程对外界来说,并不公开、透明。如联合国5个常任理事国各有一位副秘书长,都是本国政府提名,与秘书长磋商一致后由秘书长任命。再如世卫组织助理总干事(甚至司长)也是由总干事和有关国家政府协商后任命的。联合国5个常任理事国,各国有一位助理总干事。1998年5月挪威前首相布伦特兰当选世卫组织总干事,她不承认君子协定,致函在职助理总干事,要求"腾位子"(make your post available)。原助理总干事们只好自寻出路;中国籍助理总干事工作不满一年,被调任太平洋一个岛国。布伦特兰虽不承认君子协定,实际上后来还是任命了中国推荐的另一人选。不过从此之后,我国在世卫组织这个级别的任职状况一度不如人意,直到2016年1月卫生计生委国际合作司任明辉司长(见图2-5)出任助理总干事。

我国1971年恢复在联合国合法席位后,有9人担任过联合国副秘书长,他们都是中国政府推荐后由秘书长任命的:

1. 唐明照(1972年至1978年,负责联合国政治事务、非殖民化、托管地)
2. 毕季龙(1979年至1985年,负责联合国技术合作与发展事务)
3. 谢启美(1985年至1991年,负责联合国技术合作与发展事务)
4. 冀朝铸(1991年至1995年,负责联合国技术合作与发展事务)
5. 金永健(1996年至2001年,负责联合国大会和会议管理)

图 2-5　任明辉司长在 2013 年国家卫生计生委例行发布会上发言

　　6. 陈　键（2001 年至 2007 年，负责联合国大会和会议管理）

　　7. 沙祖康（2007 年至 2012 年，负责联合国经济和社会事务）

　　8. 吴红波（2012 年至 2017 年，负责联合国经济和社会事务）

　　9. 刘振民（2017 年 7 月就任，负责联合国经济和社会事务）

　　政府借调（secondment）　　还有一些重要工作岗位，由会员国政府向国际组织推荐。有的国家提供预算外自愿捐款，支持本国推荐的借调人员。例如，日本多年通过自愿捐款的资金，推送厚生省（相当于卫生部）年轻官员到世卫组织任职，岗位大部分是 P5 级别的专业人员。在世卫组织任职两三年时间，然后回厚生省或地方工作。若干年后，有的再应聘到世卫组织，担任更高职位（如司长乃至助理总干事）。有的国家通过签署特别协定，推送本国专家任职。如，比利时与世卫组织签署人才协定，捐款给世卫组织选聘来自该国的人员。世卫组织发布的某些职位空缺，实际是专为捐款国设立的，虽照章公布职位空缺通知，实际上只从该国推荐人员中选用。捐款国对于每个空缺职位提交 3 名候选人，世卫组织择优录用。比利时的这类国际公务员大多数在非洲国家或非洲办事处工作，少数在总部，工资待遇与其他国际公务员没有差异。现在，我国有关部门出台规定，从政策角度保证国际公务员的权益，使他们不仅进得去而且回得来，为实施"旋转门"办法提供政策保障。

　　公开国际招聘（international recruitment）　　专业官员及以上级别人员通过全球招聘方式任用，国际组织在网上公布招聘信息。联合国招聘网站

（http://careers.un.org）列出四个问题：为什么到联合国秘书处工作？我能为联合国做什么？我有哪些职业生涯选择？怎样进行申报？联合国人力资源部门已做出很好的回答，见表 2-5。

表 2-5 联合国招聘网站对应聘人的指导

Why work at UN?	What can I do at UN?	What are my career options?	How do I apply?
Who we are	What we look for	Staff categories	Job openings
What we do	Job networks	Young professionals programme	Creating your job application
Where we are	Career paths	Competitive examinations for language professionals	Application process
Career support	Working in the field	Global General Service Test	At your interview
Pay and benefits		Junior Professional Officer Programme	
		Volunteer programme	
		Internship programme	
		Temporary jobs	
		Consultants	

国际组织的职位空缺一般称 job openings，在招聘通知开头会写明职位名称、类别级别、部门名称、工作地点、公布期限、专业要求等（见表 2-6）。

表 2-6 联合国招聘网上的职位空缺

Posting Title	Associate Programme Management Office，P2
Job Code Title	Associate Programme Management Office
Department/Office	United Nations Environment Programme
Duty Station	Paris
Posting Period	23 January 2018-08 March 2018
Job Opening Number	18 Programme Management-UNEP-88682 R Paris(X)
Staffing Exercise	N/A

国际组织网上全球招聘，有的列明 external candidates access（对外部开放）和 internal candidates access（对内部开放）。也有的职位，不仅对内部开放，也对外部开放，但在同等条件下，国际组织内部人员胜出的概率比外部人员来得大。国际公务员一般比外部人员具有更丰富的国际组织工作经验，这也是确保国际公务员职业生涯发展的途径之一。例如，国际组织出现一个 P4 级别岗位，内部 P3 级别人员被录用的可能性更大。P3 级别职位空

缺后,再公开招聘 P3 级别人员。国内有应聘者网上申报几次都未成功,这可能是原因之一。

初级专业官员(Junior Professional Officer,JPO)项目 世卫组织称其为 APO(Associate Professional Officer)。这一项目的前身是协理专家项目(Associate Experts Programme),该项目的主要宗旨是支持 2030 可持续发展目标,为青年专业人员提供一个直接参与联合国多边国际合作的机会。由联合国经济和社会事务部为联合国秘书处(总部、外地办事处,包括维和行动和特别政治特派团)管理、招聘和执行这一方案。这原本是发达国家(包括奥地利、比利时、卢森堡、德国、意大利、法国、西班牙、丹麦、芬兰、挪威、瑞典、荷兰、瑞士、日本、韩国等国)为培养本国青年发起的项目,由国家政府捐款给国际组织,该款用于本国 JPO 的工资福利。目前,参加这一项目的国家有 27 个,中国是其中之一。联合国根据其与参加国达成的双边协议来招聘 JPO,每年公布有待招聘的 JPO 职位,参加国可根据本国情况赞助有关职位。参加国大多愿意赞助的 JPO 职位领域,包括政治、人权、经济、社会、项目管理、环保、法律、公共行政和一般服务等。

JPO 的薪水相当于联合国 P2~P3 级别的起点工资,待遇和同级别国际公务员没有区别。JPO 可以在国际组织总部、区域办事处、国家办事处服务,由高年资公务员指导,参与不同项目。获得 JPO 职位后,先签订一个为期一年的合同,如果本国愿意继续赞助,本人表现突出,合同可以延长,最多可以延长一年。JPO 职位合同不能自动转为正式合同,但初级专业官员可像任何其他外部人员一样申请联合国秘书处的正式职位。目前,仅有一个国家(荷兰)为发展中国家的候选人出资。我国政府现为中国青年申报 JPO 项目提供捐款。申请 JPO 项目的基本要求如下:

> ➢ 年龄在 32 岁以下;
> ➢ 有公共卫生,或行政,或管理硕士学位(或同等学力);
> ➢ 英语流利(书面及口语),最好掌握另一种联合国正式语言;
> ➢ 有信息技术(文字处理、数据应用、讲演软件、互联网)能力;
> ➢ 有战略思考能力、良好表达能力;
> ➢ 可以独立或与团队工作;
> ➢ 遵守《联合国宪章》及专门机构的使命;

➤ 至少有 2 年专业工作经验(最好是发展中国家的工作经验)。

青年专业人员项目(Young Professionals Programme,YPP)国家竞争考试 联合国大会于 1979 年通过"举办竞争性招聘考试"决议,进行国家竞争考试(National Council on Rehabilitation Education,NCRE),2012 年改为联合国青年专业人员项目(YPP)考试。联合国青年专业人员项目专为那些希望加入联合国成为国际公务员的有才华、高素质的专业青年人员设置的。这是联合国招聘工作人员的方式之一,对象为初级专业官员(P1/P2 级)。联合国根据各会员国占地域分配的理想员额幅度情况,邀请任职人数偏少、无人任职的会员国人员参加考试,每年公布一次愿意参加这个项目的国家名单。1995 年人社部与联合国协作,在中国举办了第一次 NCRE 考试,2013 年和 2014 年在中国举办了 YPP 考试。2013 年 YPP 考试的专业领域为行政管理、金融、新闻、法律事务和统计,2014 年考试的专业领域为经济事务、人权、信息技术、摄影、政治事务和广播。2017 年在中国再次举办了YPP 国家竞争考试(见图 2-6),专业为政治、和平和人道主义、管理和行政、公共信息和会议管理。报考的基本条件是:(1) 具有大学相关专业本科学历;(2) 英语或法语熟练;(3) 具有中国国籍;(4) 32 岁以下。现在,报考YPP 不需经人社部同意,符合条件的人员可直接在联合国网站申请。图 2-7是 YPP 申请考核与录用程序。

图 2-6 YPP 考试现场

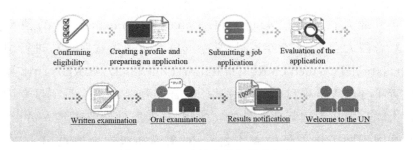

图 2-7　YPP 申请考核与录用程序

联合国志愿者项目（UNV Programme）　联合国志愿者项目的总部位于德国波恩，每年在 100 多个国家开展志愿活动。通过志愿服务，志愿者可对不同国家和地区的实际情况增加了解，通过自己的工作为当地经济社会发展做出贡献，同时提升个人国际工作经验。联合国志愿者和国际公务员待遇不同，他们没有薪水，但是享受生活补贴、年休假、医疗保险。志愿者的工作形式有两种：实地志愿者和网上志愿者。申请者可通过志愿者网站（https://vmam.unv.org）申请，基本要求如下：

➢ 具有大学本科学历或更高技术文凭；
➢ 年龄最低 25 岁（没有最高年龄限制）；
➢ 至少具有 2 年相关工作经验；
➢ 至少掌握一种工作语言：英语、法语或西班牙语。
➢ 承诺志愿服务价值观和原则；
➢ 具备在多元文化环境中工作的能力；
➢ 适应困难生活条件的能力；
➢ 具备较强的人际交往和组织能力；
➢ 具备在发展中国家的工作经验者优先。

实习生（intern）　在读的硕士研究生、博士研究生、最后一年的本科生以及拿到学士、硕士、博士文凭后不满一年的年轻人，不论在国内还是在国外都可以申请联合国的实习项目。不同机构的实习项目期限从 2 个月至 6 个月不等。联合国总部为提高年轻人对世界主要问题的认识、帮助他们了解联合国的工作，每年接受 3 期实习人员，每期 2 个月（1 月中旬至 3 月中旬、6 月上旬至 8 月上旬、9 月上旬至 10 月下旬），申请人实习内容要与联合国工作相关(国际关系、国际法、经济、政治、新闻、人口、翻译、公共行政)。联合国专门机构也很重视实习生,如世卫组织把实习生视为公共卫生领域的未来领导人。实习分夏、冬两季:4月至10月(12月至1月报名)、11月至次年4月(8月至9月报名)。实习生可申请到不同部门或项目实习,国际组织提供办公室、电脑、电子邮件信箱等必要的办公设备工具,不收取任何费用,但联合国不负责具体安排,也不支付任何费用,由实习生自己负责办理签证、安排交通出行等事项,负责支付一切费用,包括签证费、交通费、生活费、医疗保险费等,并持有有效的全球医保卡。基本要求如下:

> 申请及实习期间必须是攻读学位的在校生;

> 年龄最小20岁;

> 有公共卫生、医学、与本组织领域相关的第一个学位;

> 熟练掌握实习所在地的工作语言;

> 没有直系亲属在联合国秘书处工作。

 职业生涯的发展前景

有人问:国际公务员作为职业,职业生涯发展机会怎样?一个人的职业生涯发展,无论在何单位,首先在于本人的内在动力,进步快慢、成绩大小,关键在于主观努力。当然,工作环境也很重要。联合国肯定职员的上进心、进取心、事业心,认为国际公务员良好的职业发展是他们做好工作的重要条件。联合国为职员的业务学习、绩效管理、职业规划、职位升迁提供必要条件。

学习环境 联合国举办各种培训,包括职业讲习班(career workshops)、一对一高级职业咨询活动(one-on-one career consultations with senior career counselors)、联合国职工配偶信息会(information sessions for spouses of UN staff)、职业发展在线课程(on-line courses on career development)等。联合国专门机构,如世卫组织等为职员举办各类讲习班、培训班、讲座、报告会,内容涉及外语进修、外文写作、沟通技巧、IT知识、网络应用、幻灯片制作。世卫组织聘请外部专业机构负责课程的开发和实施,培训形式多样、气氛活跃,不同部门的职员一起参加,学员们相互交流,不仅学到知识,而且广泛结交新友、扩大交际范围、促进部门密切合作。此外,还经常举办工作午餐会(working lunch),请参加国际会议的顶级专家利用午休时间做报告,为员工了解国际最新动态、进展提供方便。世卫组织的正式国际公务员、临时人员和实习生等都可免费自愿参加。联合国在纽约和日内瓦开设免费外语课程,鼓励联合国及其专门机构等的国际公务员学习母语以外的联合国官方语言。学习结业后有语言资格考试,专业官员及以上级别的人员通过笔试和面试,不仅将获得联合国语言程度证书,而且还能得到物质奖励。每通过一门外语考试,即可提前一个月加薪。总之,国际组织的学习机会很多,有助于国际公务员水平能力的逐步提升。

绩效管理与发展体系 为鼓励国际公务员职业生涯发展,联合国及其专门机构加强了对工作人员进行的绩效管理,每年通过绩效考核表格,进行绩效评估。绩效考核表格在联合国总部被称为联合国年度电子绩效考核系统(United Nations electronic performance appraisal system),在世卫组织被称为绩效管理和提升系统(Performance Management and Development System,PMDS)(见图 2-8)。

表格共有五部分内容。A. 工作计划(workplan):国际公务员每年和主管确定并列明具体目标(objective),双方签字。B. 成果报告(achievement report):国际公务员和主管分别打分,说明完成、部分完成、未完成的情况。中期审评(mid-term review):员工写明产出(outcome),主管签字。成果报告意见(remarks on achievement report):由员工填写、签字。C. 对员工表现的总体评估(overall evaluation of staff member's performance):主管填写评语并按预期(expectation)打分,分为超出预期、符合预期、基本符合预期、低于预期。D. 员工评语(staff member's comments):员工注明是否同意主管评语和打分。E. 二级主管评价(second-level supervisor's evaluation):主管的上级写评语,主管和员工签字,注明是否同意上级评语。对于试用期员工,还有一项任职决定(decision on confirmation of appointment):合格者转正,不合格者延长试用期或解除合同。PMDS 完成后,国际公务员和人力资源部门各保留一份,作为日后晋升(或处分)的依据。

WORLD HEALTH ORGANIZATION Performance Management
and Development System

PMDS Form: **Sections A, B.1 - B.2**

Performance/probationary period: 2006   Duty station: HQ   Cluster/Region: DGO
Name of staff member: Yunfu Song   Staff number: 675991   Department: GER
Title of post: External Relations Officer   Post number:129533   Unit: GPR

A. Workplan	B. Achievement report					
To be completed by staff member and supervisor. Once completed, two originals should be printed and signed. One should be kept by the supervisor and one given to the staff member.	1= not achieved; 2= partly achieved; 3= fully achieved					

A1. Using your Cluster/Region or department workplan and post description/terms of reference as a guide, list the main objectives expected to be completed during the review period, indicating the planned output and due date. Objectives should be specific, measurable, achievable, relevant and time-bound, and must also be consistent with the post description/terms of reference. Three to five objectives are the norm, but one or two more objectives can be added if necessary.	B1. Self review			B2. Supervisor's assessment		
	1	2	3	1	2	3
Objective 1: Facilitate and advise on cooperation and interaction with member states and international organizations. Planned output: - Facilitate consultations and exchanges of information with these governmental agencies, including negotiations of agreements, as well as with international institutions, such as with Inter-Parliamentary Union (IPU), International Medical Parliamentarian Organization (IMPO). - Briefings to the Director General and senior management on strategic cooperation Due date: December 2006	☐	☐	☒	☐	☐	☒
Objective 2: Support public information, communication and advocacy activities Planned output: - Organize visits and briefings for official delegations and groups, including in particular governmental, parliamentary institutions and international organizations. - Ensure appropriate notification and coordination of proposed visits to WHO by high-level government and other officials (Minister, Permanent Secretary or Under-Secretary, Officers of equal status). - Coordination with DiploFoundation and CASIN on orientation exercises for government officials. Due date: December 2006	☐	☐	☒	☐	☐	☒
Objective 3: Monitor, promote and advise on mobilization of external resources for global and national health development. Planned output: - Enhance and coordinate resource mobilization for health, including as WHO focal point for UNTFHS, OPEC Fund, GIAN, etc. - Conclude administration of Italian and Swedish Expertise Funds. Due date: December 2006	☐	☐	☒	☐	☐	☒
Supervisor objective (applicable to supervisors only): This section applies to staff members who supervise staff. Each supervisor is responsible for initiating the phases of the PMDS throughout the year as follows: • For workplanning, hold in-depth discussion on objectives and performance expectations with each staff member supervised. Decide on main objectives, planned outputs and due dates. • During the performance/probationary period, meet with staff members as often as needed to review progress, discuss training or development needs. Adjust objectives if required. Complete mid-term review, and before the end of the performance/probationary period, hold in-depth discussion with each staff member regarding performance. Complete the applicable sections of this form.	☐	☐	☐	☐	☐	☐

A2. Planned objectives discussed at start of review period
Date: 10/04/2006   ☐ Additional objectives have been attached

Staff member's signature: Supervisor's signature:

图 2-8 PMDS 表格

晋升途径 工作表现没问题,按照统一工资表,在本级别内一般每年或每两年可以正常提升一个职档。这是对国际公务员工作表现的肯定,不属于晋级或晋升(promotion)。晋级指从原级别升到更高一级,如 G4 升 G5,P3 升 P4,P4 升 P5,D1 升 D2。晋升指跨类别(category)提升,如一般服务类职员(G Staff)升到专业官员(P Staff),或专业官员升为 D 级官员(Director),D 级官员升到更高级别官员。晋升有两种:一是对本人岗位重新定级(reclassification),把原岗位级别提升;二是重新分配(reassignment),从原有岗位分配到其他岗位。岗位重新定级的条件是,必要的资历和令人满意的表现(necessary qualification and satisfactory performance)。

不论晋级还是晋升,主要靠工作表现,看是否业务过硬、成绩突出。这需要平时勤奋好学、勤勉工作、不断提高自己的水平,从而取得突出的业绩。我国不少年轻国际公务员在国际组织中都得到了很好的职业生涯发展。例如,世卫组织的年轻同事 WQ,入职时是 P3 级别临时合同,不久后转为正式合同。后来,她所在的部门设了一个 P4 级别职位,她和外部应聘者一起竞聘,晋升为 P4。2003 年发生非典,其所在部门工作激增,很多任务落到她头上。她向领导提出,这么重要的任务和工作量,应由更高级别人员承担。领导接受了她的建议,向高层提出增设 P5 级别岗位,经人力资源等有关部门审核,最终得到批准。她晋升为 P5 和非典爆发有关,带有很大的偶然性,但她的晋升,显然更重要的是靠主观努力、能力水平、工作业绩。在谈晋级体会时,她特别提到人际关系,认为国际组织有东方化的西方文化(Easternized Western culture)。她努力与各方面保持良好联系与互信。图 2-9 是她在世卫组织主持国际会议,左一为世卫组织主管传染病防治的助理总干事。

图 2-9 WQ 在世卫组织主持国际会议

我国在世界卫生组织、世界知识产权组织、国际电信联盟、国际劳工组织等专门机构的国际公务员,还有不少类似案例。如,国际电信联盟现任秘书长赵厚麟、世界知识产权组织现任副总干事王彬颖,都是从专业官员做起,后来不断晋升直到进入领导层。他们的进步,一方面是个人努力的结果,另一方面与国家的支持密不可分。我国通信、电信、知识产权事业迅猛发展,国际地位大幅提升,为他们的职业生涯发展提供了最好的支撑。

还有一个突出案例就是现年57岁的徐浩良。他毕业于同济大学桥梁系,后去美国进修,1995年找到联合国开发计划署(UNDP)的一个实习岗位,从此没有离开国际组织,先后在哈萨克斯坦、巴基斯坦、东帝汶、伊朗等国家和地区从事各种工作,曾任联合国哈萨克斯坦驻地协调员兼开发计划署驻地代表,2010年担任开发计划署欧洲和独联体局副局长,领导开发了2010—2015年联合国发展援助框架,提倡把千年发展目标作为国家政策框架,并与有关国家建立有效的合作伙伴关系。经18年历练,2013年他被联合国秘书长潘基文任命为助理秘书长级别高级官员,任开发计划署助理署长兼亚太局局长。他是非中国政府委派、级别最高的中国籍联合国国际公务员。

现在,党和国家对国际公务员工作高度重视,相信到国际组织任职的人员今后会得到更好的发展。同时,也要看到,我们有些同事,凭资历和素质可担任更重要的职位,但由于推送时机等问题,未能争取到更高职位。这并非他们本身的问题,主要是有关单位对国际组织的调研工作不够深入,对具体情况的掌握不够充分,对推荐时机的把握不够灵活。这些同事进入国际组织后,没有更高级别的职位空缺,工作表现再好也无法得到晋升。有的同事担任领导职位时间较长,申报国际组织岗位时,宜根据工作资历、水平,尽量争取高起点。资历较深的同事,如申请P5级别职位,入职时可以争取提升step层次。如,原劳动部国际合作司副司长任国际劳工组织P5级别职位时,得到该组织人力资源部门指点,从P5级别的step 7做起。这不仅是个人的待遇问题,对我国国际公务员的国际组织职业生涯发展也是有利的。

下　编

能力建设与竞聘攻略

第三章
国际公务员的基本素质

联合国及其他国际组织肩负着维护和平、促进发展、保障人权的崇高历史使命。党中央高度重视国际组织的作用,积极培养和推送合格的人才到国际组织工作,去发挥作用。各个国际组织都有自己的条例和制度来管理和建设国际公务员队伍,联合国系统的专门机构和其他组织也都有工作人员条例。要成功应聘国际组织的职位,必须了解国际组织制定的工作人员条例,了解国际组织对国际公务员的素质要求,并努力提高自己的素质,成为合格的国际公务员。

第一节 国际视野 家国情怀

国际组织是国际事务的协调机构、世界文化的交汇点。随着全球化、一体化、信息化的发展,国与国之间相互依存度的加大,国际组织的作用越发明显。联合国是当代最具普遍性、权威性的政府间组织,它所肩负的历史使命和在国际事务中的独特影响是任何其他国际组织或国家集团所不能替代的。

联合国的基本宗旨是:维持国际和平与安全;发展国家间友好关系;合作解决国际问题和增进对人权的尊重;构成协调各国行动的中心。联合国的基本原则是:(1)主权国家平等;(2)国家领土完整和政治独立不容侵犯;(3)不干涉他国内政;(4)以和平方式解决国际争端;(5)尊重人权;(6)促进在各个领域的国际合作,各国和睦相处。

根据《联合国宪章》,联合国就 21 世纪面临的一系列问题采取行动,特别是制止冲突、开展裁军和不扩散工作、消除贫困、协调人道主义紧急救援、应对气候变化、捍卫人权、坚持可持续发展、坚持民主、法治、处理难民问题、减灾救灾、应对全球卫生危机、开展反恐行动、制止侵害妇女的暴行、防止种族灭绝、解决巴以冲突、部署维和行动等。以下仅举几例予以说明。

联合国大会于 2008 年 12 月确定每年 8 月 19 日为世界人道主义日,以增强公众对人道主义援助行动及国际合作的重要性的认识,同时向所有为人道主义事业努力的组织、机构和人员以及为此献出生命的人士致敬。在 2017 年的世界人道主义日,联合国在世界各地举办活动,为身处战区的最弱势民众大声疾呼,重申冲突中的平民不是目标,并要求世界各国领导人利用一切力量保护冲突中的平民。2017 年 8 月,儿童基金会区域主任卡皮拉尔(Geert Cappelaere)对利比亚进行了工作访问(见图 3-1),并表示,自从 6 年

图 3-1　儿童基金会区域主任卡皮拉尔访问利比亚

前利比亚爆发危机以来,55万多名儿童受困于政治动荡、持续冲突、流离失所和经济崩溃,需要得到援助。

　　2013年,全球总人口多达70.57亿,其中近8亿人长期营养不足,1.59亿5岁以下儿童发育迟缓,20多亿人患有微量营养素缺乏症,超过19亿成年人超重,其中6亿多人患有肥胖症。2016年4月1日,联合国大会决定将2016年至2025年定为"联合国营养问题行动十年",以促进在全球范围内消除饥饿和营养不良、减少肥胖症,并减少与饮食有关的非传染性疾病;减少整个食物链中的粮食损失和浪费,以促进粮食安全、可持续发展。联合国粮农组织于2017年发布了粮农组织、国际农发基金、联合国儿童基金会、世界粮食计划署、世界卫生组织共同编制的《2017年世界粮食安全及营养状况报告——建设和平与粮食安全的能力》(见图3-2)。

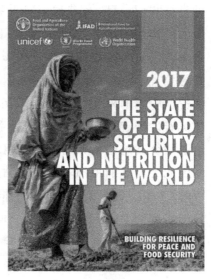

图3-2　2017年联合国粮农组织发布的《2017年世界粮食安全及营养状况报告》

　　当今世界,局部战争和地区冲突时有发生,世界仍然很不稳定,严重威胁着各国人民的生命安全。数以百万计的平民被迫陷入战争,四处躲藏或逃亡。儿童被迫离开学校,民众流离失所,社区支离破碎。在这样的背景下,几十年来,联合国为人类的和平与进步事业做出了巨大的贡献。

　　2015年9月,各国领导人齐聚纽约联合国总部并通过了《2030年可持续发展议程》。该议程制定了17项发展目标。时任联合国秘书长潘基文认为这是"人类的共同愿景,也是世界各国领导人与各国人民之间达成的社会契约。它既是一份造福人类和地球的行动清单,也是谋求成功的一幅蓝图"。

　　联合国各项成就的取得,都离不开秘书处工作人员的奉献精神。他们的工作为我们创造了一个更加安全、更加美好的世界。加入国际组织,能使我们为改变各国人民的命运做出自己的贡献。为这样宏伟的目标、崇高的使命而工作,是一件光荣而伟大的事情!联合国秘书处 4 万多名国际公务员来自 193 个国家,具有不同的背景和经历。在这样的多元文化环境中工作,既是挑战,又令人振奋。各国人员的视角、经历、期望和做事方式,有助于丰富我们自己,增进我们对世界各国文化的了解;同时,国际组织给了我们大有作为的机会,使我们能够迅速成长,实现自我价值。联合国前秘书长安南就是一个很好的榜样。2010 年出版的中文版《安南传》引述南非前总统曼德拉、法国前总统希拉克、英国前首相布莱尔等 100 多位名人对他的高度评价。中国前外交部部长李肇星说,安南"平易近人而直言不讳、满腔热情却沉着冷静、温柔平和却坚定不移。他热爱人民并把一生最美好的时光献给了联合国这个最大的政府间组织,献给了人类和平与发展这一崇高事业。他因此为自己的祖国和整个非洲赢得了尊重"。安南 1962 年加入联合国系统时 23 岁。他拿到的第一份合同是在世卫组织工作 3 个月的短期合同,从最低级别的 P1 预算干事做起。59 岁时,他担任了联合国的行政首长,安南的职业发展经历为所有有志青年树立了榜样。

第二节　核心价值　核心能力

随着中国综合竞争力的增强,随着中国国际地位的提升,中国更加积极主动参与国际规则的制定,增强了在国际组织中的话语权。然而,在联合国任职的中国职员,特别是高级官员,数量较少,与我国的大国地位不太相称,这也制约了我国参与国际规则制定的能力。为此,中央非常重视培养和推送人才,这对有志去国际组织应聘和发挥作用的人员是十分有利的。但光凭一腔热血是不够的,还需要对接国际组织的素质要求。这就需要了解联合国及其他国际组织看重什么样的素质。

有志青年在追寻中国梦、寻求到国际组织发挥作用的征程中,必须坚定理想信念,练就过硬本领,正如习近平总书记于 2017 年 5 月 3 日在中国政法大学考察时所强调的,中国的未来属于青年,中华民族的未来也属于青年。青年一代的理想信念、精神状态、综合素质,是一个国家发展活力的重要体现,也是一个国家核心竞争力的重要因素。[①] 不管是国际组织,还是国家机关,对公务员提出的最基本的一条要求就是忠诚和诚信。在我国颁布的《国家公务员暂行条例》和人事部印发的《国家公务员行为规范》中,对于公务员履行基本义务和重要责任提出的根本要求包括"政治坚定、忠于国家、勤政为民、依法行政、务实创新、清正廉洁、团结协作、品行端正",要求热爱祖国、忠于国家、忠于宪法。自古以来,诚信一直被认为是立人之本、交友之基、经商之魂、为政之法,是社会主义核心价值体系中的核心。实现"两个一百年"的奋斗目标,实现中华民族伟大复兴的中国梦,必须有广泛的价值共识和共同的价值追求。同样,国际组织非常强调核心价值。联合国发布的所有空缺通知,都会醒目地用红色标出它所看重的三项核心价值——诚信、专业精神、尊重多样性,同时,也会列举联合国提出的国际公务员必须具备的八项核心能力中最直接、最有关的几项核心能力。可见,联合国同样把人品道德放在第一位。

《联合国宪章》规定,国际公务员行为的最高、最根本的标准是忠诚(loyalty),涵盖诚信(integrity)、诚实(honesty)、忠实(fidelity)等最基本的个人品质。国际公务员虽然来自不同国家,但不是国家代表,不代表自己的国家,也不能自视为本国政府与国际组织间的联络代理人,更不具有代理人的一般授权或合法理由。国际公务员必须律己从公,必须时刻为自己所服务的国际组织的利益着想。联合国及其专门机构规定,任何个人,一旦接受了国际组织的任命,就成为国际公务员,就意味着不得寻求或接受政府的指示,不得接受其所在国际组织以外的任何当局的指示。所有国际公务员一旦被任用,都必须按照统一的誓词,宣誓效忠于自己所服务的国际组织。联合国秘书长当选后,要在联合国大会上宣誓。

联合国前秘书长安南在 2002 年 9 月 9 日题为"加强联合国:进一步改革纲领"的报告中明确提出必须建设一支能够应付新时代挑战的世界一流的工作人员队伍。联合国 ST/2005/21 号文件清楚地阐述了国际公务员在实现联合国宗旨方面的责任及国际公务员的素质要求:"国际公务员有责任

---

① 立德树人德法兼修抓好法治人才培养 励志勤学刻苦磨炼促进青年成才进步.人民日报,2017-05-04(001).

把联合国的宗旨付诸实施。国际公务员为实现和平、人的基本权利、经济社会的进步和国际合作等理想而服务。因此,国际公务员必须遵守最高的行为准则,因为最终要靠国际公务员来确保联合国体系建设一个公正、和平的世界。"

　　为了建设一支世界一流的国际公务员队伍,联合国制定了把好入口关的人才招聘政策,归纳起来有 3 点:(1) 每一个行业中最具资质的人才(the most qualified people in each occupational group);(2) 公平的地域分配原则(the principle of equitable geographical distribution of the staff of the UN Secretariat);(3) 合理的性别比例(gender balance)及年龄结构。第一条,毫无疑问就是指联合国需要最优秀的人才。第二条公平的地域分配,源于《联合国宪章》第 101 条第 3 款的规定,主要指根据各国所摊派的会费比例,适当考虑人口因素,考虑各国的代表性。但这一原则不适用于口译人员、笔译人员、编辑、逐字记录员、词汇专员等语言工作者。换句话说,在联合国工作的语言工作者不占用国家名额。联合国一向提倡性别平等、机会均等,并规定了性别平衡的目标,这就决定了它在招聘时必须考虑合理的性别比例。目前,全球 4 万多名联合国工作人员中,女性只占 34％,尚未达到其制定的各占一半的目标。所以,联合国积极鼓励女性申请其职位,在资历等各项条件同等的情况下,优先考虑女性申请者。事实上,联合国系统的女性工作者也确实发挥了独特的作用。图 3-3 是时任联合国秘书长潘基文与联合国首批女保安的合影。

图 3-3　潘基文与联合国首批女保安

为实现联合国的宗旨和使命,联合国庞大的国际公务员队伍活跃在全球各个角落,分布在世界各地。总部员工只占 31％,一线特派团占 51％,区域经济和社会委员会占 6％,国际法院占 3％,其他地方占 9％。招聘只是联合国人才管理的第一步,更重要的是队伍的管理和建设问题,包括合理使用人才,明确人才资源建设的目标,制定一套正确的管理、支持和激励人才的政策和模式。联合国人力资源管理办公室为此提出了人才队伍建设的 4 项目标:

(1) 建设一个高效、灵活、注重实绩的组织;

(2) 建立一支适应性强、机动性强、多技能的员工队伍;

(3) 建设鼓励赋权增能、尽职尽责、不断学习、与时俱进的组织文化;

(4) 不断变革人力资源的管理战略。

第三节　联合国职员能力开发实用指南

2010 年,当时主管人力资源的联合国助理秘书长凯瑟琳·波拉德(Catherine Pollard)主持编写了《联合国能力开发——实用指南》(*UN Competency Development—A Practical Guide*,以下简称《指南》)。

《指南》旨在帮助国际公务员了解如何开发、提升联合国看重的能力,也为有志加入联合国的人士指明了努力方向。《指南》指出,核心价值、核心能力、核心管理能力构成了联合国核心能力的框架,它们集技能、品性和行为于一体,为一个人的成功奠定了基础。因此,不管你在哪个部门工作,从事何种职业,担任什么职位,也不管你是哪一级别的工作人员,《指南》中所列举的都是你必须具备的核心价值和核心能力。处于管理岗位的国际公务员还需要具备核心管理能力。联合国前秘书长潘基文曾于 2010 年 2 月 12 日说,"我希望全世界看到,联合国制定了明确的、有具体实现时限的目标,正日益成为一个注重表现、广泛宣传、公开报告成果的组织"。

联合国前秘书长安南曾就核心价值和核心能力表示:"我希望,核心价值和核心能力使我们在具体讨论优秀表现和出色管理方面有共同的语言。

我相信，对行为有相同的评判标准，将有助于我们的组织为继续成功应对 21 世纪挑战做好准备。"安南还说，国际组织的最强大之处，或者说使国际组织成功的关键，在于其工作人员及管理人员的素质。他强调，要充分发挥国际组织的力量，必须建设起良好的组织文化，创造一种能够让工作人员最大限度发挥自己潜力的环境。其他组织的经验告诉我们，要创建一种新的组织文化，要为未来培养人才，首先必须明确组织需要什么样的核心能力。一旦确定了组织所需要的核心能力，就可以根据核心能力来建设和加强人力资源体系，包括人才的招聘、任用、培养及评估表现的体系。根据时任秘书长的指示，联合国秘书处在其工作人员及管理人员的共同参与下，制定了三项核心价值（诚信 integrity、专业精神 professionalism、尊重多样性 respect for diversity）、八项核心能力（沟通能力 communication、团队精神 teamwork、规划和组织能力 planning & organizing、责任心 accountability、用户导向 client orientation、创新精神 creativity、技术意识 technological awareness、不断学习的精神 commitment to continuous learning）以及六项核心管理能力（战略视野 strategic vision、领导能力 leadership、赋权增能的能力 empowering others、绩效管理能力 managing performance、建立信任的能力 building trust、决策能力 judgment/decision-making）。以上列举的三项核心价值和八项核心能力是联合国所有工作人员都必须认同和具备的，特定岗位还需要特定的专业能力。此外，核心价值、核心能力以及核心管理能力是培训的内容，更是招聘录用、年度考核、提拔晋升的依据。

联合国 ST/2005/21 号文件清楚地阐述了联合国的宏伟理想与其工作人员的素质要求之间的关系："联合国及其专门机构体现世界人民的最崇高理想，其宗旨在于使后代免遭战祸，使成人和儿童有尊严地和自由地生活。国际公务员有责任把国际组织的宗旨转化为现实。国际公务员肩负着特殊的使命：为实现和平、尊重人的基本权利、取得经济社会的进步、促进国际合作而努力奋斗。因此，国际公务员必须遵守最高的行为准则，因为最终联合国体系要靠国际公务员来建设一个公正、和平的世界。"同时，该文件的附件 2《国际公务员行为标准》（简称《行为标准》）制定了国际公务员的行为标准。《行为标准》明确指出："联合国组织遵奉的价值也必须是指导国际公务员行动的原则：基本人权、社会正义、人格尊严和尊重男女与大小各国的平等权利。""国际公务员应与其组织持有同样的远见。正是由于信守这种远见才能保证国际公务员的正直和国际观;它保证国际公务员将组织利益置于个人利益之上,以负责的态度使用组织的资源。"

　　联合国所有工作人员必须践行的核心价值和核心能力,虽然表述简单,但内容既丰富又具体。价值与能力,更多的是关乎一个人的行为,不是一个人的知识。因此,可使用具体的、可操作的指标进行观察,衡量、评估国际公务员践行核心价值和核心能力的情况,促进国际组织的共同价值观形成,完善工作人员的表现及行为。有鉴于此,《指南》为每一项核心价值和核心能力拟定了衡量和评估践行情况的总的行为特征描述,包括积极行为特征描述及消极行为特征描述。此外,对工作人员按照三个不同的级别(即一般工作人员、中低级管理人员、高级管理人员)提出了不同的要求,为他们制定了有差异的衡量践行核心价值、核心能力的四档行为特征描述,即出色、合格、待改进、不尽如人意。在联合国总部,高级管理人员指 D2 级别以上的官员,包括司长、助理秘书长和副秘书长等。总的行为特征描述(含积极和消极行为特征描述)和不同级别人员四档表现的行为特征描述构成了衡量表现的行为特征描述体系。下面将具体讨论每一项核心价值、核心能力、核心管理能力总的积极行为特征描述和消极行为特征描述以及三个不同级别工作人员四档表现的行为特征描述。

 联合国职员的三大核心价值

　　诚信 《指南》明确指出,"诚信"指能够践行联合国的价值,诚实、开放、公正地履行职责。《行为标准》为"诚信"下的定义是:"《联合国宪章》中遵奉的诚信概念涵盖了国际公务员行为的各个方面,包括诚实、坦率、公正和廉洁等品格。这些品格如《联合国宪章》中也遵奉的才干和效率一样基本。""诚信"涵盖了"诚实、真实、公正、不可腐败性等含义(including such qualities as honesty, truthfulness, impartiality and incorruptibility)"。"诚信"是保证正确决策的基础,是国际公务员日常工作及生活中必须遵循的首要原则。

✅ 符合"诚信"价值观的总的积极行为特征描述：

（1）坚持《联合国宪章》的原则；

（2）在日常生活和工作中体现联合国的价值（涵盖公正、公平、诚实、真实）；

（3）不考虑个人得失；

（4）决策时，能抵制不当的政治压力；

（5）不滥用权力或权威；

（6）支持所有符合组织利益的决定，哪怕不受欢迎；

（7）一见到不符合职业道德或道德规范的事，就立即予以制止。

❌ 不符合"诚信"价值观的总的消极行为特征描述：

（1）没有正当理由，随心所欲地灵活解读原则和道德规范；

（2）寻求个人利益；

（3）一遇压力就妥协让步；

（4）看问题、看人或看一个团体时，主观性强，有偏心；

（5）为人不可靠；

（6）为人有时不诚实。

下面是衡量和评估一般工作人员、中低级管理人员和高级管理人员践行"诚信"价值观四档表现的差异行为特征描述，分别按照"出色""合格""待改进""不尽如人意"列举。在执行"诚信"这一核心价值时，对这三个级别工作人员的要求相同。这一点说明"诚信"是最基本的核心价值，是所有联合国工作人员都必须遵守及践行的，在衡量的标准上没有差别。

😃 表现"出色"的行为特征描述：

（1）积极主动寻求了解、理解本组织所看重的价值，审视自己的言行，确保在言行上践行本组织的价值；

（2）做任何事情，绝不考虑个人得失，即使遇到政治压力，仍然坚持原则；

（3）确保自己的所有言行及决定都符合本组织的最大利益，遇到有潜在争议的问题，咨询比自己资深的上司；

（4）随时审视自己或他人是否有违背道德操守或缺乏诚信的言行，一旦发现，立即采取行动加以纠正，随时随地宣传、倡导"诚信"的重要性。

表现"合格"的行为特征描述：

(1) 努力确保自己的言行基本符合本组织倡导的价值；

(2) 做任何事情，不考虑个人得失，总的来说，能够尽可能抵制政治压力；

(3) 确保一切言行及决定符合本组织的最大利益；

(4) 随时审视自己或他人是否有违背道德操守或缺乏诚信的言行，一旦发现，能采取行动加以纠正。

表现"待改进"的行为特征描述：

(1) 能够努力使自己的言行基本符合本组织所倡导的总体价值；

(2) 可以不考虑个人的重要利益，但有时难以抵制政治压力；

(3) 行事或做决定基本上能考虑本组织的利益，同时寻求在组织利益与职工及其他有关方的利益之间达到平衡；

(4) 看到他人言行严重不符合道德操守或缺乏诚信时，大多能够予以指出。

表现"不尽如人意"的行为特征描述：

(1) 不关心本组织所倡导的价值，也不用本组织的价值观来规范自己的言行；

(2) 有时要考虑个人得失，遇到政治压力，不能坚持原则；

(3) 采取行动及决策时，更多关注员工及其他有关方利益，而不是本组织的利益；

(4) 看不到也不纠正自己及他人不符合道德操守或缺乏诚信的言行。

为了提高认识，透彻理解"诚信"这一核心价值的内涵，确保联合国工作人员切实践行这条核心价值，联合国道德操守办公室专门推出了所有联合国工作人员必须参加的诚信培训课程，确保所有员工对道德操守及诚信有共识，了解并正确分析存在的问题，促使员工在日常工作和行为中严格遵循诚信的要求。在现实生活中，尽管大家对人品的好坏有共识，但具体到日常行为时又不那么清楚什么样的行为或做法符合要求，什么样的行为或做法不符合要求。事实上，"诚信"的内涵十分丰富，体现在方方面面。以下仅从几个方面来进行说明。

第一，避免利益冲突是"诚信"的一项重要内容。任何时候，国际公务员都必须把组织的利益放在首位，必须确保根据组织利益独立做出决策，确保决策的公正性。鉴于联合国工作人员兼有国际公务员及一个国家公民的双重身份，当国际组织的利益与国家利益发生冲突时，国际公务员就可能处于道德上的两难处境。所以，国际公务员在国际组织工作期间，不能接受本国政府指示，不能因为与本国政府的关系而影响其履行国际组织的义务。国际公务员应该做到，做任何决定，无须任何解读，都不会被解读为直接或间接地为自己或他人谋利益。国际公务员不应接受政府部门给予的任何荣誉、礼品或酬劳，以免因接受荣誉、礼品、酬劳而产生某种义务。即使为避免尴尬而暂时收下，也要交给秘书长。当然，对于非政府组织给予的荣誉、礼品或酬劳，包括仅具社交或习俗性质（a social or customary nature）的礼品，如果事先已获批准，国际公务员则可以接受，但绝不能接受可能会影响自己的行为或决策的礼品、荣誉或酬劳。

让我们通过一个具体的案例来讨论接受赠品问题。

有一位联合国工作人员，非常热情，积极参加联合国职工会（staff union）的工作，是联合国职工会节日抽奖活动组委会成员。有一次，她负责为圣诞节前的节日抽奖活动筹集奖品。当她得知，英国航空公司和德国汉莎航空公司愿意提供两张免费来回机票，非常激动，立马对联合国同事出差时经常搭乘的航空公司做了一个初步调查，并据此联系了瑞士航空公司和新加坡航空公司的客服部。她告诉对方，她在纽约为联合国工作，目前正在筹备联合国职工会节日抽奖活动。接着她又告诉对方，英国航空公司和德国汉莎航空公司都已同意提供两张免费来回机票，并问对方是否也能提供免费机票。这两家航空公司当即表示愿意提供两张免费来回机票。

在这个案例中，这位工作人员的做法违背了"诚信"规定，因为联合国职工会不是附属于联合国的一个官方机构。虽然她没有说自己是代表联合国来索取奖品，也没有把"化缘"来的机票据为己有，但她提到自己是为联合国工作，打出了联合国的旗号，这就有可能让航空公司误认为她是代表联合国来谈此事。这就构成了"打着联合国的旗号索取赠品"，违反了《联合国工作人员条例和细则》中有关联合国工作人员未经批准不得索要赠品的规定。

再看一个有关接受礼品的案例。

联合国曾经考虑改革文件管理系统，为此，联合国采购部拜会了DocsYourWay公司。拜会时，这家公司演示了他们公司的产品如何可以帮助联合国提高文件管理的效率。结束时，公司总经理邀请所有与会人员到一家高级餐馆共进晚餐。

对这样的晚餐邀请，采购部官员如果接受，则有违"诚信"规定。因为这项采购工作直接涉及选择哪家公司的产品问题，接受了这家公司的晚宴邀请就有可能影响决策。而且免费宴请被认为是一种礼物，联合国工作人员是不应该接受任何外部的礼品或荣誉的。接受这样的宴请，就可能造成利益冲突。

第二，根据"诚信"的要求，必须客观、公正地履行职责。这包括不能利用工作时获得的权力或信息让家人或朋友获利，不能因个人喜好而损害同事或服务对象的利益。它也包括聘用人员时的任人唯贤原则，如聘用工作人员或专家顾问时，永远只选最合适的，绝不聘用或直接领导直系亲属。职员配偶可以加入国际组织，但配偶之间不能有隶属关系，只能在没有隶属关系的不同部门工作。如遇朋友或关系密切人士申请国际组织的职位，国际公务员必须主动告知并申请回避，以免影响选人决策，以免造成裙带风的印象。

下面是一个利用信息违背"诚信"的案例。

马蒂女士是越南人，她大学毕业后先在曼谷亚太经社理事会（ESCAP）工作了6个月，之后被调到纽约的采购司。纽约对她来说是一个陌生的城市。让她喜出望外的是，就在她到纽约报到的两周前，她收到了一封电子邮件，是纽约总部签证办公室的一位工作人员发送的。这位工作人员说，他认识纽约一家房地产中介公司的工作人员丽莎，问马蒂是否需要丽莎帮忙找房子,如有需要,马蒂可直接与丽莎联系。之后,马蒂与丽莎一直通过电子邮件联系,丽莎向马蒂发送有关纽约房子的照片以及有关房子的价位和状况等。马蒂一到纽约,丽莎就带着马蒂到处看房子。很快,丽莎帮助马蒂找到了一套满意的公寓,签署了租房合同,丽莎也获得了此项合同的中介服务佣金。为了感谢丽莎,马蒂决定根据自己国家的做法给丽莎送礼。一天中午,在联合国自助餐厅午餐时她与另一位新同事谈起了她的找房经过,才获知那位新同事也是通过丽莎帮忙找到了一套公寓房。那位新同事还告诉马蒂,丽莎丈夫在联合国总部签证办公室工作,知道联合国工作人员每个月的调动情况,并给丽莎提供调动人员名单。凡是涉及调动,就会有房子的买卖或租赁事项。离开纽约总部的人要卖房或出租房子,新来纽约工作的人员则需要买房或租房,丽莎会从中牵线搭桥,赚取中介佣金。

在这个问题上,丽莎丈夫作为联合国总部签证办公室工作人员,其做法违背了"诚信"要求。上文已经清楚说明,联合国工作人员不能利用工作时获得的信息让家人获利。这位工作人员显然违反了《联合国工作人员条例和细则》第 1.2(g)条的规定:"工作人员不得利用职权或因职位关系获得的消息谋取金钱或其他私利,或任何第三方的私利,包括家人、朋友及受其关照者的私利。"

第三,根据"诚信"的要求,联合国工作人员必须把自己所有的时间和精力都奉献给国际组织。联合国工作人员,在联合国之外从事或参加任何工作或活动,不管是否有报酬,都有可能影响人们对联合国的期望,破坏联合国的形象。而且在国际组织之外从事的活动也与国际公务员的地位不相符,甚至可能损害国际组织的利益和目标。因此,除非有秘书长的事先批准,国际公务员不能兼职,哪怕是无偿服务。即使在休假或停薪留职期间,也不能参加或采取任何可能有损国际组织独立性的活动或行动,但可以参加不损及国际组织或国际公务员地位的社区活动、民间活动、慈善活动。国际公务员,同时作为一个国家的公民,国内大选时可以参加投票,但不能参加任何可能影响其有效行使国际组织职责的政治活动。

第四,根据"诚信"的要求,联合国工作人员必须申报个人财务经济状况,因为这是预防利益冲突的一个有效措施。2006 年 4 月 10 日联合国秘书长就财务披露及利益申报(financial disclosure and declaration of interest statements)事项宣布了应提交年度申报表的人员名单以及申报范围等(见 ST/SGB/2006/6 号文件)。2017 年 1 月新发布的经修订的《联合国工作人员条例和细则》第 1.2(n)条明确规定:"所有 D1 级别及以上职等工作人员必须在接受任用时及其后依照秘书长的规定定期提交本人、配偶和受扶养子女的财务披露报表,并且随时按照要求协助秘书长核实所提交资料的准确性。"

联合国 ST/SGB/2006/6 号文件规定了财务申报人员的范围:所有 D1 或 L6 级别及以上者、所有采购官员及直接负责联合国货物或服务采购的人员、所有负责为联合国资产、联合国职工退休基金或联合国有受托责任或保管责任的账户(of any accounts for which the United Nations has fiduciary or custodial responsibility)进行投资的人员、所有可以直接获取有关采购或投资机密信息的工作人员、道德操守办公室的所有工作人员等。

文件还规定了申报的内容。凡是需要申报的国际公务员必须申报本人、配偶及受扶养子女名下的财产。申报内容主要由以下几项构成。(1)财产:凡是市场价值在 1 万美元及以上的财产,或相当于 1 万美元及以上的当地货币的财产,包括但不限于股票、债券、互助基金、房地产。(2)利润:指出售投资性资产或通过经营获得的超过 1 万美元的所得。(3)所有股票优先认股权,不管是否上市,不管价值多少。(4)本年度内从联合国以外所得收入,包括投资所得、任何形式的加入联合国之前受雇的递延薪酬(但不包括先前在联合国系统工作所得的退休金)以及一年内所得总额超过 1 万美元的与先前雇主合伙的股份利润。(5)政府或非政府机构提供的直接或间接的任何补贴,凡是从一个单位获得的总额超过 250 美元的补贴都需申报,包括免费住房、有补助的住房、礼品、日常生活补贴、发票报销、娱乐或差旅费、好处、实物等,但根据国家法律所发的子女抚养补助、获联合国批准的外出活动的差旅费、每日生活补助、住宿等除外,亲戚送的礼物除外。(6)总额在 5 万美元以上的欠债,包括住房或度假房的房贷和欠前夫或前妻的债务,但欠父母、兄弟姐妹及子女的除外。(7)参加有可能影响国际公务员客观和独立履行联合国职责或影响国际组织形象和名声的任何活动,不管该项活动是否需要得到秘书长的批准。（8）联合国工作人员有可能需要代表联合国与一些实体发生业务关系，联合国的工作可能会与有关实体产生商业利益，或联合国与有关实体有共同的活动领域，有关工作人员的配偶或受抚养子女若与这些实体有财务或利益关系或任何其他联系，则需要申报。（9）联合国工作人员若在任何非联合国实体发挥领导作用或决策作用（包括担任公司董事会成员），则需要申报。（10）如有亲属在联合国系统工作，则需要申报。

第五，根据"诚信"的要求，联合国工作人员必须妥善保护敏感或机密的信息。国际公务员有保密义务，哪怕已经离开了国际组织。不合适地泄露或使用国际组织的信息，会伤害国际组织的效率和可信度，影响其实现目标的能力。比如，在联合国从事笔译工作，很多时候需要翻译机密文件，很多文件会标上"embargo against delivery"，这表明这些文件在发布前是保密的。这类文件往往敏感度高，各国意见分歧大。如果个别国家在发布前就获得文件，提前研究对策，提前做工作，这不仅对大多数国家不公平，还可能影响谈判进程，甚至导致谈判失败。

第六，根据"诚信"的要求，联合国工作人员必须妥善使用和保护国际组织的财产和资源，包括人力资源、财政资源和设备等物质资源。国际组织的所有财产和资源必须直接用于和履行国际组织的正式目标和职责。任何个人不能要求下属帮助自己处理私事。不能滥用采购行动，不能滥用病假。不能在工作时间干私事，但工作人员如不得不利用业余时间加班工作，特别是一线特派团的工作人员，可视情况适当允许他们利用工作时间处理私事。

联合国的有关文件曾列举了 9 项有违"诚信"的行为，包括：滥用资金（misuse of funds）、浪费或滥用联合国的设备（waste or abuse of UN facilities）、损毁正式文件（destruction of official documents）、因私使用联合国财产（using property in an unofficial capacity）、办公时间处理私事（carrying out personal work during office hours）、未经许可擅用联合国的信息资源（using UN information resources for unauthorized purposes）、超速或危险驾驶联合国车辆（speeding or unsafe driving UN vehicles）、未经许可擅自使用办公场所宣传/传播私人性质的事务（unauthorized use of office space to advertise or promote private causes）、泄露机密（disclosure of confidential information)等。由此可见,"诚信"这条核心价值涉及面之广。它是最根本的价值观念,它支撑了敬业精神,它确保了国际组织的效率。凡是要在国际组织工作的人员必须在日常工作和行动中践行这条核心价值。

既然"诚信"涉及的面这么广,我们有时可能在不经意间就违反了这项核心价值。比如,看到特别精彩的文章或段落,使用国际组织的打印机把它打出来了,供以后阅读,那就造成了因私使用联合国财产。还比如,发生租房纠纷,需要寻找律师及中介帮助处理,利用上班时间长时间打电话找人、交代有关情况等,那不是利用办公时间处理私人事务吗?再如,曾有联合国工作人员的一位从事中医工作的亲戚来美国看望他,他知道很多同事特别渴望了解中医保健知识,于是就安排这位亲戚在联合国总部为同事讲医学知识、诊断疾病,这种做法很受欢迎,但那是在联合国办公场所传授与联合国工作无关的内容。还有一位工作人员在办公时间使用联合国的工作电脑转发与联合国工作无关的信息。这类使用联合国的财产传播与联合国工作毫无关系的信息的行为,是不符合国际组织的规定的。凡此种种都不符合"诚信"核心价值的要求。

专业精神 什么是专业精神?联合国人力资源管理办公室为"专业精神"下的定义是:专注、自觉、有效地在规定的时间内完成工作,做出成绩。国际公务员有责任以最高效率为国际社会服务。为此,国际公务员必须具备自己专业领域的专门知识和能力,在任何情况下都能以最佳状态和坚定的毅力自豪地工作,充分发挥最大的潜力。在日常工作中,国际公务员要与时俱进,随时了解自己工作领域的最新发展;在履行职责时寻求使用最有效的技术和工具,以求达到专业的最高水准。国际公务员必须自觉、有效地完成任务,绝不掺杂个人考虑,从而实现目标;遇到困难和挑战时能够坚守,遇到压力有自制力。

✅ 符合"专业精神"价值观的总的积极行为特征描述:

(1) 为自己的工作和成绩感到自豪;

(2) 表现出专业能力,熟悉业务领域;

(3) 自觉有效兑现承诺,遵守时限,完成任务,做出成绩;

(4) 动机纯正,不掺杂个人考虑;

（5）遇到困难、问题和挑战时，能够坚持；

（6）面对紧张压力时，能保持平静。

❌ 不符合"专业精神"价值观的总的消极行为特征描述：

（1）取得成绩的动力不足；

（2）对自己的工作领域及专业不太熟悉；

（3）满足于已有成绩；

（4）制订的指标和个人目标不高，容易实现；

（5）遇到压力时容易被击垮；

（6）遇到挫折或严峻挑战时，不易重拾信心。

如前所述，《指南》为衡量三个不同级别的工作人员践行"专业精神"做出了"出色""合格""待改进""不尽如人意"等四档表现的行为特征描述。对这三个级别的工作人员践行"专业精神"的要求是一致的。对于这三个不同级别的工作人员来说，要发扬和践行"专业精神"，就必须以沉着稳重、胜任负责的态度开展工作。下面是衡量和评估以上三类工作人员践行"专业精神"价值观四档表现的行为特征描述。

😄 表现"出色"的行为特征描述：

（1）永远兑现所有承诺，永远按时完成任务，工作特别出色，超出所有人的期望；

（2）为完成工作任务感到自豪，尽最大可能提高工作质量；

（3）遇到困难，保持冷静和信心，尽显专业能力；

（4）在日常工作和活动中不断提高自身及他人的专业水准。

🙂 表现"合格"的行为特征描述：

（1）努力兑现所有关键承诺，确保不耽误重要任务的限期；

（2）完成工作任务时，确保关键部分符合质量水准；

（3）遇到困难时，能够大体保持冷静、自信，偶尔流露出内心的紧张；

（4）在日常工作和活动中，寻求保持自身及他人的专业水准。

😐 表现"待改进"的行为特征描述：

（1）能够尽可能兑现承诺，但有时会因其他压力而不能按时完成；

（2）在时间和资源许可的情况下，能够基本保证关键部分的质量水准；

（3）遇到困难容易沮丧，不能永远保持冷静和自信；

（4）在日常工作和活动中，能保持自身的专业水准，但并未鼓励他人发扬专业精神。

😞 表现"不尽如人意"的行为特征描述：

（1）经常错过限期，不能按时兑现承诺；

（2）很少关注工作质量，导致有时交付的工作不符合质量要求；

（3）遇到困难，容易情绪激动，一有压力，难以保持冷静、自信；

（4）在自己及他人的工作和活动中，明显不能保持专业水准。

一个人的专业精神，体现在他的日常工作中，体现在业绩中。对所有工作人员来说，不管从事哪一类专业，不管处于什么级别，"专业精神"的关键内涵是一致的，都要求热爱工作、动机纯正、遵守时限、完成任务，都需要业务精、能力强、技术过硬。但不同的工作岗位，工作内容不同，"专业精神"的具体内容也不尽相同。以 2017 年联合国环境规划署和联合国人道主义事务协调办公室发布的两份招聘 P4 级别和 P3 级别国际公务员的通知为例，两份空缺通知中都列了对"专业精神"的要求。前半部分的要求是针对各个岗位的，后半部分的要求则是所有国际公务员必须遵守的，所以是相同的。

【实例】

联合国环境规划署于 2017 年 8 月 18 日发布了一则招聘 P4 级别公共信息官员的空缺通知（第 82052 号）。在"能力要求"项下专门有一段有关"专业精神"要求的描述，其中前 7 条是这个岗位所要求的"专业精神"，后面的 5 条则是统一的要求。具体如下：

（1）具有公共信息和沟通领域等方面的知识；

（2）具有在特定政治现状、公众态度和地方条件下解决问题的能力；

（3）具有设想、设计和落实重大宣传活动的能力；

（4）具有对来自不同渠道互相矛盾的信息进行快速、综合分析的能力；

（5）具有使用外交手段处理特定受众敏感问题及培养有效关系的能力；

（6）具有简明扼要撰写各类书面宣传材料的能力；

（7）具有向不同听众演讲的能力；

（8）对工作和业绩感到自豪，展现出专业才干；

（9）自觉有效兑现承诺，遵守时限，完成任务；

（10）动机纯正，不掺杂个人考虑；

（11）遇到困难和挑战时，沉着应对；面对紧张和压力时，保持平静；

（12）考虑问题有性别意识，确保男女平等参与各项工作。

2017年8月18日，联合国人道主义事务协调办公室发布的一则招聘P3级别人道主义事务官员的空缺通知中，有关"专业精神"的要求如下：

（1）了解各种涉及人道主义援助、紧急救援和人权方面的问题，包括解决难题的方式和技术；

（2）具备分析能力，特别是分析和陈述需要联合国协调应对的、涉及人道主义的问题的能力；

（3）能够找准问题，并判断用什么专门技术来解决范围广泛的问题；

（4）具有研究能力，包括能够评估并汇总来自各个渠道的信息，评估特定国家或地区对人道主义权利的影响；

（5）能够顶住压力坚持工作，包括在发生内乱、自然灾害和人间悲剧等高度紧张的环境下坚持工作；

（6）能够指导新员工或低级别员工；

（7）对工作和业绩感到自豪，展现出专业才干；

（8）自觉有效兑现承诺，遵守时限，完成任务；

（9）动机纯正，不掺杂个人考虑；

（10）遇到困难和挑战时，沉着应对；面对紧张和压力时，保持平静；

（11）考虑问题有性别意识，确保男女平等参与各项工作。

从以上两则空缺通知中可以看出，联合国对其工作人员"专业精神"的要求，包括从事岗位工作的能力、知识、技巧和正确的态度和动机。凡是不能按时完成任务、工作上得过且过或不发挥主观能动性、出了问题找借口或找替罪羊甚至掩盖问题、把个人利益或朋友的利益放在组织利益之上的种种行为，都是不符合"专业精神"的表现。

尊重多样性 多样性是国际组织的一个突出标志。国际组织的工作人员来自不同的国家，具有不同的背景和经历，把不同的文化和经验带进了国际组织。联合国把它看成优势和财富，并为有这样一支多元化的队伍而感到自豪。但是,多元文化的队伍也带来特殊的挑战。在一个国家的文化里可以接受的风俗习惯,也许会冒犯来自另一个国家的工作人员。为了有效开展工作,国际公务员必须认识到尊重他国风俗习惯的重要性,必须能够与来自不同背景的人进行有效合作,能够以尊重的心态公平、平等地对待同事,能够尊重并理解不同意见,并能随时审视自己的想法,消除成见,不歧视任何个人或群体。国际公务员必须学会互相尊重,互相包容,共同开拓创造,应对挑战和复杂问题。根据这条核心价值,所有国际公务员必须尊重和包容不同背景及持有不同观点的人士,并能与他们进行有效合作。

既然核心价值是所有工作人员都必须遵循并践行的价值,与前两条核心价值一样,联合国工作人员践行这条核心价值有标准。下列是符合要求的总的积极行为特征描述和不符合要求的总的消极行为特征描述。

✅ 符合"尊重多样性"价值观的总的积极行为特征描述:

(1) 能够与不同背景的人士有效共事;

(2) 尊重所有人,维护他们的尊严;

(3) 平等对待男女同事;

(4) 尊重和理解不同意见,并在日常工作和决策时体现出对不同意见的理解;

(5) 随时审视自己的偏见和行为,以免处理问题时带有成见;

(6) 绝不歧视任何个人或群体。

❌ 不符合"尊重多样性"价值观的总的消极行为特征描述:

(1) 无法与不同背景的人士共事;

(2) 不能敏感地意识到持不同意见人士的需要;

(3) 有时会冒犯背景不同的人士;

(4) 不能从持不同意见人士的角度来看待问题。

"尊重多样性"是联合国最基本的核心价值之一,适用于所有国际公务员,不论级别和岗位。下面是衡量和评估三个不同级别人员践行"尊重多样性"价值观四档表现的行为特征描述。

😃 表现"出色"的行为特征描述:

(1) 能够与不同背景的人士有效共事,并尊重他们;

（2）主动征求并听取不同意见；

（3）检查自己的言行，确保不存在偏见和歧视；

（4）反对偏见，一旦发现，积极设法消除偏见，并积极鼓励他人尊重多样性。

😊 表现"合格"的行为特征描述：

（1）尊重不同背景的人士；

（2）尊重不同观点；

（3）确保自己的言行不带偏见和歧视；

（4）反对工作场所中出现的偏见，并设法消除偏见。

😐 表现"待改进"的行为特征描述：

（1）能够与不同背景的人士共事，努力尊重所有同事；

（2）有时不能充分尊重所有的不同意见；

（3）在自己的言行中，基本上能做到不带偏见和歧视；

（4）看到工作场所中出现偏见时，能够指出来。

😔 表现"不尽如人意"的行为特征描述：

（1）不能与不同背景的人士有效共事；

（2）不能充分尊重不同观点；

（3）不能自觉监测自己的言行以确保不带偏见和歧视；

（4）看到工作场所中出现偏见时，既不承认，也不指出来。

作为联合国三大核心价值之一，"尊重多样性"的重要性是不言而喻的。这个价值观在联合国招聘通知中一般都有体现，有时明确单列，有时则在其他核心能力中被提出。联合国维也纳办事处于 2016 年 5 月 18 日发布的编号为 62631 的招聘西班牙语培训师的通知中，在关于能力要求的项目下，专门列出了这一核心价值的要求。具体如下：（1）能够与不同背景的人士进行有效合作；（2）尊重所有人，维护他们的尊严；（3）平等对待男女同事；（4）尊重和理解不同意见，并在工作和决策时体现出对不同意见的尊重和理解；（5）随时审视自己的言行，确保不带成见；（6）不歧视任何个人或群体。

有的空缺通知则把这一条放到"专业精神"的项目下。如 2017 年 10 月 10 日联合国经济和社会事务部发布的招聘 P3 级别的经济事务官员的通知中,列举了9条"专业精神"的要求,最后一条则是:有责任确保从性别视角看问题,并确保男女能够平等参与所有领域的工作(Takes responsibility for incorporating gender perspectives and ensuring the equal participation of women and men in all areas of work)。

不管以什么样的形式或用什么语言来要求工作人员"尊重多样性",该核心价值的重要性不容忽视。不难看出,多样性包含方方面面的内容,如性别、文化、习俗、宗教等。既然要尊重多样性,首先就要对差异、区别、不同等有敏感度。记得在加入联合国第一年的圣诞节前夕下班时,笔者曾见人就说"圣诞快乐",包括向信奉伊斯兰教的阿拉伯国家人士,丝毫不顾及他们的宗教信仰,没有宗教敏感度。当时,他们没有理会,也没有计较。经同事提醒,笔者才恍然大悟,哪怕是祝福语的使用也要看对象,否则,就会对信仰不同宗教的人士缺乏敏感度,不符合"尊重多样性"的原则。联合国的招聘通知在 Special Notice 中写入了联合国遵守性别平等的承诺:联合国秘书处致力于实现男女性别平衡,强烈鼓励女士积极申请此职位(The United Nations Secretariat is committed to achieving 50/50 gender balance in its staff. Female candidates are strongly encouraged to apply for this position)。联合国面试小组成员,往往既有男性也有女性,以体现性别平等,防止性别歧视。面试时,有时会让应聘者举例说明,是否能够认真倾听有不同背景和信仰的同事的意见,并要求具体说明别的同事的意见内容、听取意见后的分析以及所采取的行动等,进而说明这样做的效果以及其他同事对此的看法。针对如何提高联合国工作人员对多元文化的敏感度,更好地践行这条核心价值,联合国人力资源管理办公室发布的《指南》建议:多参加当地的文化活动,以加强对不同文化及不同视角的理解;通过阅读报纸杂志和书籍、观看影视节目等方法提高对其他文化的兴趣和对其价值的认识;参加联合国提供的语言教学课;努力从不同文化背景的同事身上发现并了解文化差异;设法扩大自己的社交圈;主动听取不同文化背景的人士对自己言行的反应及反馈。

联合国职员的八项核心能力

沟通能力 联合国所有工作人员都必须具备沟通能力,特别是那些在联合国从事内、外宣传工作,对内、外人员发挥影响力,需要向他人下达指示,通报情况,准备书面沟通文件(如报告、通讯及电子邮件等),需要做演讲,进行谈判,参加辩论和讨论,需要提供技术咨询意见及技术支持等的人士。如何评估和衡量践行"沟通能力"的表现?下面是衡量和评估践行"沟通能力"表现的总的积极行为特征描述及不符合要求的总的消极行为特征描述。

✅ 符合"沟通能力"要求的总的积极行为特征描述:

(1)能够清晰并有效地进行口头和书面表达;

(2)能够倾听他人的意见,正确解读他人的想法,并做出正确反应;

(3)能够提出要求澄清意见的问题,并对双向沟通表现出兴趣;

(4)能够使用适合听众的语言、语调、风格和形式进行沟通;

(5)愿意分享信息,主动介绍情况。

❌ 不符合"沟通能力"要求的总的消极行为特征描述:

(1)讲话时缺乏信心;

(2)书面表达时,用词含糊不清,冗长啰唆;

(3)使用不当语言;

(4)沟通方式呆板单一;

(5)面对面交流时缺少表情;

(6)时不时让读者或听众失去兴趣;

(7)主题不集中,不时转换主题;

(8)别人对你的沟通效率少有积极反馈;

(9)毫无理由地拒绝分享信息。

联合国的工作人员,包括一般工作人员,大多需要参加讨论和辩论,起草文字材料、报告、通信及信函,起草合适的技术咨询意见或提供技术支持

（包括面对面的咨询，通过电话、电子邮件或书面材料等方式提供意见或支持），为不同的受众做演讲，宣传理念和设想或者通过一个很有说服力的案例来影响他人。所以，"沟通能力"是所有工作人员的一项必备能力，一般工作人员同样如此。下面是衡量和评估一般工作人员践行"沟通能力"四档表现的具体行为特征描述。

表现"出色"的行为特征描述：

（1）能够提出问题，并能够集中注意力倾听；

（2）能够准确判断不同受众的需求；

（3）能够使用简单明了的语言陈述复杂的技术信息；

（4）永远能够使用清晰、简洁的语言进行沟通。

表现"合格"的行为特征描述：

（1）能够基本做到集中注意力倾听；

（2）能够准确判断不同受众的大多数需求；

（3）通常能够避免使用令人困惑的术语；

（4）通常能够清晰且简洁地进行沟通。

表现"待改进"的行为特征描述：

（1）不能一直集中注意力倾听；

（2）会误判受众的一些需求；

（3）有时会使用一些令人困惑的术语；

（4）沟通时，有时不够清晰，不够简洁。

表现"不尽如人意"的行为特征描述：

（1）从不倾听他人意见；

（2）经常误判受众的需求；

（3）使用令人困惑的套话或术语；

（4）不能使用清晰、简洁的语言来表达。

联合国的中低级管理人员往往需要：领导讨论和辩论；个别地或集体地向工作人员下达指示，给予指导；起草复杂的书面文件、报告、信函等；通过面对面交流、电话、电子邮件等形式与范围广泛的不同受众进行有针对性的沟通，解决他们的问题；向内部人员及外部人员做高水平的演讲，与内部及外部人员进行谈判；从事宣传和外联工作等。中低级管理人员更需要具备沟通能力，但鉴于他们所处的地位及应履行的职责与一般工作人员有所不同，衡量他们践行"沟通能力"四档表现的具体行为特征描述也与一般工作人员略有不同。下面是衡量和评估中低级管理人员践行"沟通能力"四档表现的行为特征描述。

表现"出色"的行为特征描述：

（1）总是鼓励别人发表意见、提出建议，并充分听取他人的意见；

（2）能够有效调整沟通的方式和风格，以适合不同的受众；

（3）能够传递可信度和信心，使沟通产生效果；

（4）总是以逻辑清晰、结构严谨、语言简洁的方式进行沟通。

表现"合格"的行为特征描述：

（1）大多数情况下，能够征求并认真听取他人的意见和建议；

（2）准确调整沟通方式，以适合大多数受众；

（3）大多数情况下，能够传递可信度和信心，使沟通有效果；

（4）通常能够以逻辑清晰、结构严谨、语言简洁的方式进行沟通。

表现"待改进"的行为特征描述：

（1）能够征求他人意见，但不一定都认真听取；

（2）有时沟通的内容不适宜；

（3）有时沟通的方式不能传递可信度和信心；

（4）有时不能以逻辑清晰、结构严谨、语言简洁的方式进行沟通。

表现"不尽如人意"的行为特征描述：

（1）既不征求也不倾听他人意见；

（2）与受众沟通的内容不适宜；

（3）沟通时，缺乏可信度，没有效果；

（4）沟通方式总是缺乏清晰度和逻辑结构。

联合国高级管理人员，鉴于其级别更高，履行职责的范围更广，影响更大，他们需要：向下属传递指示和战略；通常需要主导与外部高级别人员进行的涉及复杂、敏感或政治问题的高级别谈判；起草高级别的书面文件、报告、信函等；与内部及外部范围广泛的不同受众、媒体进行沟通；在各种活动中,正式或非正式地代表国际组织,包括做高水平演讲和向公众演讲等;进行高水平的宣传活动。他们需要具备更强的沟通能力,下面是衡量和评估高级管理人员践行"沟通能力"四档表现的行为特征描述。

🙂 表现"出色"的行为特征描述:

(1) 以身作则,开展开放式、探讨式的沟通;

(2) 能够高效调整和变换沟通的内容与风格,以适合不同的受众;

(3) 在压力下,仍能镇静、沉着地进行有效沟通;

(4) 能代表组织,并传递可信度和信心;

(5) 能够使用逻辑清晰、结构严谨、语言简洁的方式陈述复杂且敏感的信息。

🙂 表现"合格"的行为特征描述:

(1) 总的来说,能够鼓励开放式、探讨式的沟通;

(2) 努力调整沟通的内容和风格,以适合不同的受众;

(3) 即使遇到一定压力,仍能坚持使用原来的信息;

(4) 总体能够传递可信度和信心,能够较好地代表组织;

(5) 通常能以相对来说逻辑清晰、结构严谨、语言简洁的方式陈述复杂且敏感的信息。

😐 表现"待改进"的行为特征描述:

(1) 很少鼓励开放式、探讨式的沟通;

(2) 有时不能准确调整沟通的内容和风格,以适合不同的受众;

(3) 遇到压力,有时不能清晰、准确地进行沟通,有时不能保持镇静;

(4) 不能经常充满信心地代表组织;

(5) 传递复杂且敏感的信息时,难以完全做到逻辑清晰、结构严谨、语言简洁。

😞 表现"不尽如人意"的行为特征描述:

(1) 竭力阻止开放式、探讨式的沟通;

(2) 从不改变沟通的内容和风格,以适合不同的受众;

(3) 遇到压力就沮丧,影响沟通内容的清晰度;

(4) 不能有效地代表组织,缺乏可信度,缺乏影响力;

（5）沟通时，内容总是缺乏清晰度和逻辑性，语言不简洁。

国际组织的工作，很大一部分是开会，通过会议讨论达成一致。参加各种各样的会议，会上发表意见，会后形成书面文件，都需要工作人员展现沟通能力。同时，参加会议也是工作人员提高沟通能力的一种途径。

根据对"沟通能力"要求的讨论，我们可以发现 2017 年 8 月 15 日联合国维也纳毒品控制和犯罪预防办公室发布的编号为 83327 的招聘 P3 级别规划官员（programming officer）的空缺通知中所列举的"沟通能力"要求，与上文提及的工作人员践行"沟通能力"总的积极行为特征描述完全相同。要评估应聘者是否符合联合国有关"沟通能力"的要求，就可使用衡量一般工作人员四档表现的行为特征描述。面试时，既可通过提问来获得有关信息，也可通过观察应聘者回答其他问题的表现来评估。比如应聘者在面试的交谈或答题时，是否有信心？脸部表情是生动，还是呆板？注意力是否集中？回答问题是精准到位，还是答非所问？交谈是漫无边际，还是重点突出？叙述思路是否清晰？是否有逻辑？是否跳来跳去、漫无边际？是否重复？不少应聘者与面试官交谈时，没有眼神交流，声音又轻又小，甚至发颤，让人明显感到缺乏自信心。还有的应聘者回答问题时，条理不清、逻辑混乱、颠三倒四、重复率高，反映出其沟通能力弱。

口头表达，仅仅是沟通能力的一个方面，内容才是沟通能力的关键。有时夸夸其谈并不能说明一个人的沟通能力强。记得有一位应聘者，申请副秘书长办公室主任一职，参加面试时，他一进门，就把手提电脑放到桌上，拿出一大摞各种各样的材料，开始回答问题后，总是长篇大论，从头开始讲故事，引经据典，但又不直截了当，一副给人上课的样子，引起面试官的反感。有面试官评论说，他是想给我们上课，有点狂妄。他的滔滔不绝并没有让人觉得他的沟通能力强，反而让人感到不舒服。

能够有效地通过书面及口头的方式传播信息，反映了一个人的沟通能力，但沟通能力绝不仅限于此，还包括在任何情况下都能够做出正确的判断，选择使用正确的语调及内容进行对话，并能够倾听他人意见，做出正确的回应。

团队精神　在国际组织中工作的国际公务员往往在一个团队里工作，需要支持同事的工作，需要为团队做出的任何决定及最后的结果共担责任，需要鼓励其他同事努力做贡献，需要与其他部门或工作单位的同事进行合作，在一个团队里共同建设团队文化、团队行为准则等。但并非所有人都能够充分认识和理解团队精神适用于所有工作岗位。曾有应聘笔译职位的人说，从事笔译工作需要的是独立思考、独立完成翻译任务。这种说法有一定道理，但又不完全正确。在联合国从事笔译工作，常常碰到大文件、长文件，时间紧，内容敏感，且不时涉及新概念、新词汇，有的问题讨论了多年，通过了好几个决议和文件，需要翻译、编辑、词汇专员、资料专员等不同专业的语言人才密切配合、共同努力才能保证按时、高质量地完成一份文件的翻译工作。总之，具备团队精神的重要性是不言而喻的。怎样才算符合"团队精神"的要求？下面是衡量和评估践行"团队精神"表现的总的积极行为特征描述及不符合要求的总的消极行为特征描述。

✅ 符合"团队精神"要求的总的积极行为特征描述：

（1）能够为实现本组织的目标与同事合作共事；

（2）真心重视别人的想法和专门知识，愿意向别人学习，主动征求他人想法；

（3）把团队的目标置于自己的目标之上；

（4）在任务中与团队成员达成共识和一致的方向；

（5）支持并执行团队做出的最后决定，哪怕不能完全反映自己的观点；

（6）团队有成绩时，共享成绩；出了问题，共担责任。

❌ 不符合"团队精神"要求的总的消极行为特征描述：

（1）几乎从不支持同事的工作；

（2）喜欢独自工作；

（3）强调实现个人的目标；

（4）很少考虑他人的意见和贡献；

（5）喜欢单独行动；

（6）不理睬或破坏多数人做出的决定；

（7）团队做出了成绩，据为己有；团队出了问题，把责任推给他人。

如前所述,在国际组织工作的所有工作人员都在一个团队中,必须互相支持,共同决策,共同完成任务,做出成绩。在国际组织的工作人员若想鼓励同事努力贡献,与其他部门或单位的同事合作,必须具备团队精神。但不同级别的工作人员践行团队精神的要求略有不同,下面是衡量和评估一般工作人员践行"团队精神"四档表现的具体行为特征描述。

表现"出色"的行为特征描述:

(1)在团队中合作顺利,表现出色;

(2)在团队内外广泛协商,主动征求各方意见,并认真听取他人的想法;

(3)永远把团队的目标置于个人目标之上;

(4)与团队成员共担责任,互相支持。

表现"合格"的行为特征描述:

(1)能够在一个团队里进行有效合作;

(2)在团队中能与人协商,征求其他团队成员的意见,并认真听取他们的想法;

(3)总的来说,能够把团队的目标置于个人的目标之上;

(4)时间允许的情况下,可以与团队成员共担责任,互相支持。

表现"待改进"的行为特征描述:

(1)被要求时,可在团队的关键任务中进行合作;

(2)涉及团队关键问题时,能够进行协商,并征求有关团队成员的意见;

(3)有时会把个人利益置于团队利益之上;

(4)如对个人不利,不能与团队成员共担责任,相互支持。

表现"不尽如人意"的行为特征描述:

(1)工作中独来独往,不与同事合作;

(2)很少与团队成员协商,宁愿相信自己的判断和意见;

(3)追求实现个人目标,哪怕牺牲团队利益;

(4)拒绝与团队成员共担责任或互相支持。

管理人员,不管级别高低,职责范围更广,对其"团队精神"这项能力的要求也更高,因为管理人员的职责还包括成立新的团队、与组织外单位合作、建设团队文化、制订团队行为准则等,对管理人员践行"团队精神"的要求比一般工作人员要高一些。下面是衡量和评估中低级管理人员践行"团队精神"四档表现的具体行为特征描述。

😀 表现"出色"的行为特征描述：

（1）在团队内起榜样作用，鼓励团队成员进行有效合作，一旦发现团队内存在不合作现象，能够迅速纠正；

（2）在团队内外，能够广泛协商，主动征求各方意见，认真听取他们的想法，并能在决策时考虑他们的意见；

（3）制订、阐述并定期宣传团队目标，鼓励互相支持和合作，不鼓励互相竞争；

（4）团队如有失误，个人承担责任，绝不推诿给他人；团队若有成果，永远与大家共享。

🙂 表现"合格"的行为特征描述：

（1）鼓励团队成员进行有效合作；

（2）在团队内，能够进行协商，并征求所有成员的意见，认真听取他们的想法，并能在决策时考虑有关意见；

（3）制订团队目标，鼓励团队成员集体致力于实现目标，并鼓励他们互相支持；

（4）能够分享团队成功的功劳，但出现问题时，有时会推诿责任。

😐 表现"待改进"的行为特征描述：

（1）自己能与他人协作，但未鼓励团队成员互相合作；

（2）在一些关键问题上，能够进行协商，征求有关团队成员的意见，但在决策时，不一定考虑不同意见；

（3）能够制订一些团队目标，但未弘扬合作与互相支持的精神，放任一些团队成员只关注自己个人的目标而不予以制止；

（4）有时能让大家分享团队的成绩，但出现问题时，倾向于责怪团队成员。

😟 表现"不尽如人意"的行为特征描述：

（1）工作中独来独往，也未鼓励团队成员互相合作；

（2）很少听取团队成员的意见，决策时只相信自己的判断和意见，不重视团队成员的意见；

（3）既不努力制订及宣传团队目标，也未鼓励团队成员互相支持与合作；

（4）团队做出成绩，把功劳归于自己；团队出了问题，把责任推给其他团队成员。

高级管理人员的职责与中低级管理人员的大致相同，但责任更重、管理范围更广，所以，衡量和评估高级管理人员践行"团队精神"四档表现的行为特征描述与中低级管理人员的略有不同，具体如下。

表现"出色"的行为特征描述：

（1）在本部门，建设合作文化，并成为合作榜样，一旦发现存在有害竞争，迅速予以制止；

（2）在本部门内外广泛协商，主动征求各方意见，并认真听取，决策时能够充分考虑所有意见，并确保下属也这么做；

（3）制订、阐述并定期宣传本部门的目标，鼓励建设一种互相支持、互相合作的部门文化；

（4）对本部门的任何失误，个人承担责任，绝不推诿；总是与他人分享成功，并确保下属也这么做。

表现"合格"的行为特征描述：

（1）鼓励有效合作，并在本部门内阻止互相竞争；

（2）在团队内，能够进行协商，并征求本部门所有成员的意见，认真听取他们的想法，决策时能够考虑有关意见，但如果他人不这么做，并未予以纠正；

（3）制订本部门的目标，鼓励下属集体努力实现目标，并支持本部门其他同事取得成绩；

（4）本部门做出成绩，能够与他人分享功劳；出现问题时，能够个人承担责任，而不推诿给下属，但当他人推卸责任时，不一定会迅速予以制止。

表现"待改进"的行为特征描述：

（1）总的来说，自己能与他人合作，但并未鼓励本部门下属与他人合作；

（2）在一些关键问题上，能够进行协商，并征求本部门有关人员的意见，

但决策时,不一定考虑所有不同意见,而是只与少数人商量;

(3)能够制订一些本部门的目标,但未弘扬合作与互相支持的精神,放任一些团队成员只关注个人目标;

(4)本部门做出成绩时,有时能与他人分享功劳;出现问题时,倾向于责怪他人,当别人推诿责任时,未设法予以制止。

☹ 表现"不尽如人意"的行为特征描述:

(1)工作中喜欢独来独往,未鼓励本部门其他人互相合作,也未制止任何有害竞争;

(2)很少听取自己小圈子以外的本部门人员的意见,决策时只相信自己的判断和意见,很少关注他人的意见;

(3)既不努力制订或宣传本部门的目标,也不鼓励工作人员之间互相支持和合作;

(4)成功时,把功劳归于自己;出了问题,把责任推给下属,形成了责怪风气。

正因为"团队精神"对所有工作人员都十分重要,联合国很多空缺通知在"能力"项目下,经常会把这一条核心能力作为重点列出。例如2017年10月18日日内瓦联合国办事处发布的编号为86577的一则招聘P3级别经济事务官员的空缺通知。这则招聘通知列举了三项核心能力,其中对"团队精神"的具体要求是:(1)能够为实现组织目标而与同事合作;(2)真诚重视他人的意见与专长,寻求他人意见;(3)愿意向他人学习;(4)把团队的目标置于个人目标之上,支持并遵循集体的最后决定,哪怕集体的决定不能完全反映自己的立场;(5)分享团队的成绩,并能为团队的缺陷共担责任。又如2017年1月15日联合国总部发布的编号为71129的招聘中文笔译人员、编辑、速记员等语言专业人员的通知中有关"团队精神"核心能力的要求,措辞与上一则通知完全相同,上述通知中的五项要求是"团队精神"要求的标准语言表述。

那么,如何在工作中体现团队精神呢?我们发现,部分应聘者对团队精神认识不足。有人认为,几个人一起完成一项工作,就是发挥了团队精神。如在进行招聘笔译人员的面试时,面试官要求应聘者举一个自己在笔译工作中发挥团队精神的例子,应聘者给的例子往往是如何在时限紧的情况下完成一个长文件的翻译任务。因为时限紧、文件长,不得不将文件拆成几部分,由几位同事共同翻译,才保证按时完成。这种做法在笔译工作中确实非常普遍,形式上确实体现了团队的合作与努力,以保证按时完成翻译任务。但是,如果仅仅停留在按时完成,充其量只是 1+1=2。设想一下,如果翻译同一文件的几位人员没有协商和配合,就难免会出现译文前后不一致的情况。如果翻译同一文件的人员没有充分发挥自身的专业知识,没有集思广益,也难以保证译文体现出这个团队的最高水平。显然,这种做法不能体现团队精神的增益效果。

对团队精神认识不足,还体现在模式化的思维上。有人认为,团队精神是积极的,是值得称赞的精神,那就不可能有任何弊端。殊不知还有一个如何发挥团队精神的问题,比如碰到问题,一味讨论,意见分散时又不能合理集中,无法解决问题,或不能按时完成任务,那就算不上团队精神。笔者曾经在一次面试时,请应聘者说说团队精神在笔译工作中的利和弊。那位应聘者表示,团队精神只有好处,没有弊端。事实上,团队精神如不能正确发扬,是可能产生弊端的。我们知道,同传箱里大多是三位同传译员一组进行工作(如图 3-4 所示)。这三位同传译员如能互相配合、互相弥补、互相帮助、互相提醒,就能保证同传的最佳效果。曾经有一位同传译员听到箱子里另一位正在翻译的同事错译了一个词,她没有关喇叭就告诉那位译员正确的译法,导致那位译员心里紧张,无法集中注意力,接二连三地出错或语无伦次。本来提醒是好事,是帮助同行,但如果不是关键词,不会导致参会代表的严重误解,不一定要打断正常翻译来提醒。即使是非常重要的词,错译影

图 3-4　中文同声传译人员的工作场景

响很大,也应关闭自己的喇叭来提醒。显然,不注意方式方法的提醒会适得其反,造成负面效果。

笔译工作也同样,很多时候需要由几位同事共同翻译一份文件。那么,仅仅把文件拆成几份,各干各的,还是既有分工,又有合作? 如何合作? 一份文件中往往会有一些重复率高的关键词语或短语,每一位参与者都自己去查找、研究,势必造成不一致,还花费很多时间。如果没有分工,又都希望别人去研究,去确定具体译法,其结果是大家互相打听,不断打断别人,使得谁也没法集中精力翻译自己的那部分文件。而如果与同做一份文件的同事分头收集有关难点,分工研究,共同分享研究结果,那就可能达到事半功倍的效果,既节约了大家的时间,又保证了译文的高度一致和质量。所以关键不是一项工作是否由几个人来干,而是如何合作才能真正充分发挥团队精神。

总之,"团队精神"对联合国的工作人员来说极为重要。所有工作人员都为了同样的目标而努力,也只有拧成一股绳才能完成使命。

规划和组织能力 它是联合国所有工作人员都必须具备的一项能力。首先,每一个工作人员每年都要进行绩效考核(performance assessment),包括年初制订工作计划、期中回顾、期末评估。工作计划,涵盖当年要实现的目标、准备采取的措施以及检验目标成功实现的标准。管理人员则不仅需要制订自己的目标和措施,还要帮助下属确定目标和措施。制订工作计划,必然涉及设定轻重缓急事项的能力,为适应变化而可能对工作或项目优先次序进行调整的能力,规划并有效使用时间和资源的能力,制订详细项目计划的能力,根据计划掌握进度的能力,高效率、高质量地完成任务的能力,等等。因此,每一个工作人员都需要具备"规划和组织能力"。下面是衡量和评估践行"规划和组织能力"表现的总的积极行为特征描述及不符合要求的总的消极行为特征描述。

符合"规划和组织能力"要求的总的积极行为特征描述:

(1) 为实现已定的战略,制订合适的目标;

(2) 确定优先事项及任务,并适时进行必要的调整;

(3) 为完成任务,妥善分配时间和资源;

（4）做计划时，能够预测风险，并能为紧急情况预留应对余地；

（5）监测计划和行动的进展，并能适时进行调整；

（6）有效利用时间。

❌ 不符合"规划和组织能力"要求的总的消极行为特征描述：

（1）没有明确的轻重缓急的安排；

（2）杂乱无章，缺乏系统性；

（3）制订的工作计划不切实际；

（4）制订的时间表不切实际；

（5）工作进程偏离了原定目标；

（6）耽误了完成任务的时限；

（7）不能完成任务；

（8）不检查工作；

（9）不愿意根据新的要求而改变计划。

"规划和组织能力"适用于所有联合国工作人员。但是，鉴于三个不同级别的工作人员的责任及职责范围不尽相同，对他们的要求也不完全相同。下面是衡量和评估一般工作人员践行"规划和组织能力"四档表现的具体行为特征描述。

😃 表现"出色"的行为特征描述：

（1）制订的目标和计划总是既明确又可衡量，并依照目标和计划来开展工作；

（2）高效使用时间，从不误期，从不因太忙而耽误工期；

（3）能随时因情况变化而主动调整计划；

（4）积极根据计划和目标来检查自己的工作表现，一旦工作中出现滑坡苗头，及时采取补救措施。

😐 表现"合格"的行为特征描述：

（1）能够与团队成员进行有效合作；

（2）能够与团队成员进行协商，征求并认真听取所有团队成员的意见；

（3）通常都能把团队的目标置于个人的目标之上；

（4）只要时间允许，能与团队成员共担责任，互相支持。

表现"待改进"的行为特征描述：

（1）只有被要求时，才制订总的工作目标和计划；

（2）不能有效管理时间，有时容易错过任务期限，有时因承担任务太多而误期；

（3）总的来说，不愿意随情况变化而调整计划，除非有人推动；

（4）不能定期系统地根据计划来检查工作，导致错过采取补救措施的机会，无法按时完成任务。

表现"不尽如人意"的行为特征描述：

（1）从不制订完成任务的目标或计划，即使有具体目标，也因太笼统而无实际意义；

（2）不能有效管理时间，经常错过任务期限，或因承担任务太多而不能按时完成；

（3）拒绝随情况变化而调整计划，坚持按原计划行事，哪怕已经不合时宜；

（4）从不按照计划来监测工作进展。

管理人员具有管理职责，不仅需要为自己制订计划和目标，而且要为下属及所负责的部门制订计划、目标和优先次序。他们更需要合理安排时间，有效利用资源。当然，对中低级管理人员与高级管理人员的此项能力的要求不尽相同。下面是衡量和评估中低级管理人员践行"规划和组织能力"四档表现的具体行为特征描述。

表现"出色"的行为特征描述：

（1）制订的目标和计划，永远都是明确的、可衡量的，并用来指导并检查自己及下属的工作和任务的完成情况；

（2）高效利用自己及下属的时间，从不误期限，从不给下属太多工作任务而致使他们无法按时完成；

（3）会随时视情况变化而调整自己及下属的工作计划；

（4）积极根据计划和目标来检查自己及下属的工作表现，一旦工作中出现滑坡苗头，及时采取补救措施。

😊 表现"合格"的行为特征描述：

（1）在关键的工作领域，能为下属制订明确、可衡量的目标和计划，但不为自己制订工作计划和目标；

（2）总体来说，能够充分利用自己及下属的时间，偶尔错过不重要的期限，偶尔会给下属布置过多任务而使他们无法按时完成；

（3）必要时，会随情况变化而调整自己和下属的工作计划；

（4）总的来说，能够根据计划来检查自己及下属的工作进展，并能采取措施努力按时完成任务。

😐 表现"待改进"的行为特征描述：

（1）如有正式要求，能为下属制订总的目标和工作计划，但不制订自己的工作计划；

（2）有时不能有效管理时间，容易错过期限，有时给下属布置的任务过多而使他们无法按时完成；

（3）总的来说，不愿意随情况变化调整自己及下属的工作计划，除非有人推动；

（4）不能定期系统地根据计划来检查自己及下属的工作，导致错过采取补救措施的机会，无法按时完成任务。

😞 表现"不尽如人意"的行为特征描述：

（1）从不为自己制订目标和工作计划，为下属制订的目标过于笼统而无实际意义；

（2）不能有效管理时间，经常错过期限，经常给下属布置过多的任务而使他们无法按时完成；

（3）拒绝随情况变化来调整自己及下属的工作计划，坚持原计划不变，哪怕已经不合时宜；

（4）不按照计划来监测自己及下属的工作进展。

尽管高级管理人员与中低级管理人员的管理职责在性质上是相同的，但前者级别更高，管理的范围更广，要求也相应更高一些。下面是衡量和评估高级管理人员践行"规划和组织能力"四档表现的具体行为特征描述。

☺ 表现"出色"的行为特征描述：

（1）为本部门制订的长期和短期目标和计划，永远都是明确和可衡量的，并用来指导本部门及本部门骨干管理人员的工作；

（2）能够非常高效地使用人力资源和预算，在如何将资源用于关键优先领域方面，勇于做出困难的抉择；

（3）能随情况变化而随时调整本部门的计划和优先事项，定期检查计划，确保计划适用；

（4）积极使用计划、目标、宗旨来检查本部门及骨干管理人员的工作表现，并能适时采取必要的补救措施。

☺ 表现"合格"的行为特征描述：

（1）能够为本部门关键工作领域制订明确和可衡量的目标和计划，但不能将所有部门的目标和计划都转化为骨干管理人员的个人目标；

（2）总体来说，能够较好地使用人力资源和预算，确保关键优先领域有充足的资源；

（3）必要时，会根据情况的变化来调整本部门的工作计划，但不会积极主动地检查计划，以确保计划的适用性；

（4）总的来说，能够跟踪和监测本部门以及骨干管理人员的表现，并适时采取措施，确保正常有序地推进各项工作。

☺ 表现"待改进"的行为特征描述：

（1）除非有正式要求，否则，不为本部门制订总的目标和工作计划，也不为骨干管理人员制订工作目标；

（2）有时使用人力资源和预算的效率低，不能将资源用在关键优先领域或不能最大限度地发挥有限资金的作用；

（3）一般不愿意随着情况的变化而调整本部门的工作计划，除非有外力推动，不会积极主动检查计划，以确保计划的适用性；

（4）不能定期系统地根据计划来检查本部门关键领域的工作，导致错过了对一些领域的检查，不能及时发现问题、采取行动。

☹ 表现"不尽如人意"的行为特征描述：

（1）从不为本部门及所辖领域的管理人员制订工作目标和计划，即使制

订了目标,也因过于笼统、不具体而无法实施;

(2) 不能有效使用人力资源和预算,在划拨资源时,几乎不考虑关键优先领域的需要;

(3) 拒绝因情况变化而调整本部门的工作计划,坚持原计划不变,哪怕已经不合时宜;

(4) 不根据计划来监测本部门及骨干管理人员的工作表现,不能指出表现不尽如人意的地方,无法采取补救措施。

联合国秘书处的每一个部门都有工作计划,包括部门的年度计划以及为某一具体任务或项目制订的实施计划。每一个工作单位及工作人员都必须根据部门计划来制订单位及个人的目标和计划,包括具体的落实步骤、时间表以及每个步骤所需的时间和资源、应急措施等,制订既具挑战性又是经努力能够实现的目标和计划,才能支撑联合国实现宏伟的理想。制订目标和计划时,重要的是有效使用时间和资源,灵活采取应对突发紧急情况的措施。

责任心 国际公务员必须遵循组织的规章制度以及行为准则,按时保质地完成各项任务,并对完成任务的成本和预算负责,对共同完成任务的同事负责,对本领域或本单位的工作水准负责。下面是衡量和评估践行"责任心"表现的总的积极行为特征描述及不符合要求的总的消极行为特征描述。

✅ 符合"责任心"要求的总的积极行为特征描述:

(1) 承担所有的责任,兑现所有的承诺;

(2) 按照规定的时间期限、成本要求和质量标准,负责在自己的工作领域出成果;

(3) 确保所有的运作符合组织的规章制度;

(4) 支持下属,实施监督,并为下派的任务承担责任;

(5) 为本人及本单位的任何缺陷承担责任。

❌ 不符合"责任心"要求的总的消极行为特征描述:

(1) 推诿责任;

(2) 不兑现承诺;

(3) 完成任务的质量低劣;

（4）对应达到的标准不清楚；

（5）工作效率低下，不能适时达标；

（6）常常降低标准，总想走捷径；

（7）一旦把任务派给他人，就不再关注完成任务的水准。

有人认为"责任心"主要适用于有领导或管理职能的人员。其实不然，它是每一个国际公务员都必须具备的品质。当然，对处于不同岗位、不同级别的国际公务员的要求不尽相同，下面是衡量和评估一般工作人员践行"责任心"四档表现的具体行为特征描述。

表现"出色"的行为特征描述：

（1）一旦自己负责的工作出现问题，立即承担所有事项的全部责任，甚至在问题显现前就承认问题的存在；

（2）对自己需要交付的工作任务，不断努力提高其质量水准；

（3）从文字到内心都维护和执行本组织的所有规章制度，并积极了解与自己工作有重大关系的规则；

（4）积极寻找个人的不足，并努力改正，不断提高自己的工作质量。

表现"合格"的行为特征描述：

（1）出现问题后，能够承担全部责任；

（2）寻求高水准地完成工作任务；

（3）从文字到内心都维护和执行本组织的所有规章制度；

（4）主动改正个人的不足。

表现"待改进"的行为特征描述：

（1）出现问题时，推三阻四，尽可能不承担全部责任；

（2）不寻求高质量完成任务，只求低标准；

（3）总的来说，能够遵守本组织的重要的规章制度；

（4）只有在被要求时，才努力改正自己的不足。

表现"不尽如人意"的行为特征描述：

（1）出现问题时，责怪他人，不承担个人责任；

（2）完成工作任务时，很少关注质量；

（3）无视本组织的规章制度；

（4）不努力改正自己的不足。

　　管理人员与一般工作人员不同，他们不光要对自己负责，还必须对自己主管的单位及下属负责。他们必须确保组织的规章制度及标准得到遵守，必须对提供的服务负责，必须对自己领导的单位的工作质量及成本和预算负责，必须对下属完成任务负责，必须对本单位的工作质量负责。下面是衡量和评估中低级管理人员践行"责任心"四档表现的具体指标。

　　😀 表现"出色"的行为特征描述：

　　（1）一旦自己负责的领域出现问题，立即承担全部责任，甚至在问题显现前就承认问题的存在；

　　（2）对于自己及下属需要完成的任务，不断努力提高交付质量；

　　（3）从文字到内心都维护和执行本组织的所有规章制度，积极了解与本组织工作有重大关系的规则，鼓励下属维护和遵守这些规则；

　　（4）积极主动寻找个人及本组织的不足，并努力改正；不断提高个人及团队的工作质量。

　　😐 表现"合格"的行为特征描述：

　　（1）一旦自己负责的领域出现问题，能够承担全部责任；

　　（2）确保自己及下属都能高水准地完成各项工作任务；

　　（3）从文字到内心维护和执行本组织的所有规章制度，并向下属强调其重要性；

　　（4）主动努力改正个人及团队的不足。

　　🙂 表现"待改进"的行为特征描述：

　　（1）当自己负责的领域出现问题时，推三阻四，尽可能不承担全部责任；

　　（2）对于自己及下属的工作，不求高质量交付，只求符合最低标准；

　　（3）总的来说，能够遵守本组织重要的规章制度，并鼓励下属维护和遵守规章制度；

　　（4）如有要求，会负责改正自己及团队的不足。

　　☹ 表现"不尽如人意"的行为特征描述：

　　（1）当自己负责的领域出现问题时，责怪下属及他人，个人不承担责任；

（2）几乎不关注自己及下属的工作的交付质量；

（3）自己无视组织的规章制度，并鼓励下属也不遵守；

（4）不努力改正自己及团队的不足。

相较于中低级管理人员，高级管理人员的责任更大，负责的范围更广，对他们践行"责任心"的要求也更高。下面是衡量和评估高级管理人员践行"责任心"四档表现的具体行为特征描述。

表现"出色"的行为特征描述：

（1）一旦本部门出现问题，立即承担全部责任，甚至在问题显现前就承认问题的存在；

（2）不断提高本部门完成任务的质量水准；

（3）从文字到内心都维护和执行本组织的所有规章制度，并积极了解与本部门工作有重大关系的规则，鼓励下属也维护并遵守这些规则；

（4）积极主动寻找个人及本部门的不足，并努力改正；不断提高所负责的整个团队的工作水平。

表现"合格"的行为特征描述：

（1）当本部门出现问题时，能够承担全部责任；

（2）寻求高水准地完成本部门的工作任务；

（3）从文字到内心都维护和执行本组织的所有规章制度，并向本部门下属宣传规章制度；

（4）自觉主动改正个人及本部门的不足。

表现"待改进"的行为特征描述：

（1）当自己负责的领域出现问题时，推三阻四，尽可能不承担全部责任；

（2）不求高质量地完成本部门的工作任务，只求维持最低水准；

（3）总的来说，能够遵守本组织的重要的规章制度，并能在本部门宣传这些规章制度；

（4）如有要求，能够负责任地改正自己及本部门的不足。

表现"不尽如人意"的行为特征描述：

（1）当自己负责的领域出现问题时，责怪本部门的下属，自己不承担责任；

（2）几乎不关注本部门工作任务的交付质量；

（3）无视组织的规章制度，也不在本部门宣传这些规章制度；

（4）不努力改正自己及本部门的不足。

联合国每一位工作人员都必须具备"责任心"这一品质。根据这条核心能力，工作人员必须首先了解国际组织的要求，遵守联合国所有的规章制度，牢记联合国及有关各方的利益，不断改进工作，提高工作质量和水准，特别是必须按时高质量地完成任务，有担当精神，积极主动认识缺陷与不足，并努力克服和改正。

用户导向　国际组织的工作离不开向组织内外的各类用户提供各项服务，包括会议服务、项目管理和支持、咨询服务或提供指导意见等，同时也离不开对各种各样的伙伴关系的培育。对于国际组织的工作人员来说，"用户"就是各种各样的服务对象，包括直接的服务对象和间接的服务对象，甚至包括工作流程上的下游同事。比如，对在联合国内从事文件翻译的笔译员来说，最主要的"用户"无疑是文件的受众，但审校、编辑、文本处理等流程中的其他下游人员也是翻译的"用户"。"用户"的范围很广，国际组织的所有工作人员都需要服务各种"用户"，他们都必须具备这项核心能力。下面是衡量和评估践行这项核心能力的总的积极行为特征描述及不符合要求的总的消极行为特征描述。

✅ 符合"用户导向"要求的总的积极行为特征描述：

（1）把所有的服务对象都看成用户，并寻求从用户角度来看待事物；

（2）获得用户的信任和尊重，与他们建立并保持有效的伙伴关系；

（3）弄清楚用户的需要，并采取合适的措施来满足他们的需要；

（4）随时关注用户的内部及外部情况，了解进展，预测问题；

（5）随时向用户通报项目的任何进展或困难点；

（6）确保按期向用户交付产品或服务。

❌ 不符合"用户导向"要求的总的消极行为特征描述：

（1）没有充分了解用户的想法；

（2）很少考虑帮助他人；

（3）与人联络感情、建立关系较慢；

（4）不积极满足用户的要求；

（5）几乎没有证据表明获得了用户的积极反馈；

（6）不积极向用户通报有关情况。

联合国的所有工作人员，包括一般工作人员、中低级管理人员、高级管理人员，都必须践行"用户导向"这项核心能力。下面是衡量和评估一般工作人员践行"用户导向"四档表现的具体行为特征描述。

表现"出色"的行为特征描述：

（1）把工作中接触到的所有人都看成用户；

（2）积极主动地明确哪些是用户，并在信任和尊重的基础上与他们建立起牢固的关系；

（3）积极主动地了解用户现在及潜在的需求，并了解满足他们需求的方式；

（4）与用户坦诚沟通，并随时向他们通报工作进展及可能对他们有影响的任何问题。

表现"合格"的行为特征描述：

（1）只把直接服务对象看成用户；

（2）只与老用户在信任和尊重的基础上建立牢固的关系；

（3）能够了解用户的需求，并考虑满足他们需求的最佳方法；

（4）与用户坦诚沟通，并向他们通报工作进展。

表现"待改进"的行为特征描述：

（1）只把外部服务对象看成用户；

（2）只知道关键用户，只设法解决他们提出的问题；

（3）只当用户提出需求时，才考虑满足他们要求的方法；

（4）总的来说，能向用户通报工作进展。

表现"不尽如人意"的行为特征描述：

（1）不把服务对象看成用户；

（2）不为与用户建立关系而做任何努力；

（3）不设法了解用户的需求，也不考虑如何满足他们的需求；

（4）很少与用户进行沟通，常常不向用户通报工作进展。

　　与一般工作人员不同,中低级管理人员还需要为用户管理项目、与内部及外部人员建立伙伴关系、对外代表联合国。"用户导向"这项核心能力,对管理人员的要求比对一般工作人员要高一些。下面是衡量和评估中低级管理人员践行"用户导向"四档表现的具体行为特征描述。

　　表现"出色"的行为特征描述:

　　(1)把工作中接触到的所有人都看成用户,并确保下属也这么做;

　　(2)积极主动地明确哪些是用户,在信任和尊重的基础上与他们建立起牢固的关系,并在与用户建立有效关系方面成为下属效仿的榜样;

　　(3)积极主动了解用户现在及潜在的需求,并了解满足他们需求的方式,同时指导下属这么做;

　　(4)与用户坦诚沟通,随时向他们通报工作进展及反馈可能对他们有影响的任何问题,并鼓励下属也这么做。

　　表现"合格"的行为特征描述:

　　(1)只把服务对象看成用户,并让下属也这么做;

　　(2)只与老用户在信任和尊重的基础上建立牢固关系,并让下属也这么做;

　　(3)设法了解用户的需求,考虑满足他们需求的最佳办法,并鼓励下属也这么做;

　　(4)与用户坦诚沟通,向他们通报工作进展,并鼓励下属也这么做。

　　表现"待改进"的行为特征描述:

　　(1)只把外部服务对象看成用户,鼓励下属也这么做;

　　(2)只知道关键用户,只帮助解决他们提出的问题,鼓励下属与关键用户建立良好的关系;

　　(3)只有当用户提出需求后,才考虑满足他们需求的方法,但不鼓励下属积极了解用户的需求;

　　(4)总的来说,能向用户通报工作进展,也鼓励下属这么做。

　　表现"不尽如人意"的行为特征描述:

　　(1)不承认也不鼓励下属把服务对象看成用户;

　　(2)不设法与用户建立任何关系,也不鼓励下属这么做;

（3）不积极了解用户的需求，也不指示下属弄清用户的需求；

（4）自己及下属都不积极与用户沟通，不向用户通报工作进展。

相较于中低级管理人员，高级管理人员需要在向用户交付服务、为用户监督项目进展等方面起领导作用，并需要在组织内外建立战略伙伴关系。因此，"用户导向"这项核心能力对高级管理人员的要求更高。下面是衡量与评估高级管理人员践行"用户导向"四档表现的具体行为特征描述。

☺ 表现"出色"的行为特征描述：

（1）在本部门各单位建设一种"为用户服务"的文化，确保下属把工作中接触到的所有人看成用户；

（2）随时确定新用户，与他们在信任和尊重的基础上建立牢固的关系，并在与用户建立有效关系方面成为下属效仿的榜样，鼓励下属定期与用户联系；

（3）带领本部门工作人员积极了解各个用户现在及潜在的需求，制定满足用户需求的战略；

（4）确保本部门工作人员与用户定期进行有效的坦诚交流，通报工作进展及任何有关问题，亲自与关键用户及出现重大问题的相关用户进行沟通。

☺ 表现"合格"的行为特征描述：

（1）鼓励下属把所有服务对象看成用户，明白自己的作用就是为用户提供服务；

（2）在信任和尊重的基础上与关键用户建立牢固关系，要求下属明白与用户建立有效关系的重要性；

（3）设法了解重点用户及用户群的需求，并考虑本部门满足他们需求的最佳办法；

（4）与关键用户坦诚沟通，鼓励本部门下属定期向用户通报工作进展及任何其他相关问题。

☺ 表现"待改进"的行为特征描述：

（1）鼓励下属把外部服务对象看成用户；

（2）理解与用户建立有效关系的重要性，鼓励下属也这么做，偶尔亲自与关键用户见面；

（3）考虑重要用户的关键需求,但大多数情况下让下属按自己的想法去确定用户的需求;

（4）向关键用户通报重要工作的进展,但不采取任何行动来确保下属经常与用户进行沟通。

☹ 表现"不尽如人意"的行为特征描述:

（1）不承认自己有责任管理服务交付,不鼓励下属把服务对象看成用户;

（2）看不到与用户建立有效关系的重要性,并把与用户建立关系之事交给下属做;

（3）自己不设法了解用户需求,任由下属按自己的想法去确定用户需求;

（4）把与用户沟通之事交由下属做,但不提供指导,也不在本部门强调与用户沟通的重要性。

根据"用户导向"这项核心能力,工作人员就应从广义上来理解用户,把为所有用户服务放在第一位,倾听并满足用户的需求,在信任和尊重的基础上与他们建立有效的关系,确保重视用户,并为用户带来改变。

创新精神　在国际组织工作,常常需要制订新方案、启动新服务、提出新理念或新的解决方案,根据新情况改进或调整原有方案或服务项目,参与制定组织结构、体系或战略,等等。没有"创新精神",就无法履行这样的职责。下面是衡量和评估践行"创新精神"表现的总的积极行为特征描述及不符合要求的总的消极行为特征描述。

✅ 符合"创新精神"要求的总的积极行为特征描述:

（1）积极寻求改进方案或服务项目;

（2）为解决问题、满足用户需求,提出新的、有别于他人的解决方案;

（3）宣传新理念,并说服他人考虑新设想;

（4）对新的及不寻常的想法,愿意承担预期风险,并能跳出固有思维模式来思考问题;

（5）愿意接受新设想、新做法,并显示对其的兴趣;

（6）不受现有想法和传统方法的束缚。

❌ 不符合"创新精神"要求的总的消极行为特征描述：

（1）不能迅速提出新设想；

（2）用常规方法看待问题；

（3）安于接受现状；

（4）解决问题时缺少创新精神；

（5）保持传统的思维方式；

（6）谨慎对待新方法；

（7）想不出替代方法；

（8）安于接受过时的工作方法；

（9）提出的建议往往不被人接受；

（10）工作中缺乏创造性。

联合国要求其工作人员不断创新，不断改进，不断提出新思路、新方法、新项目，以满足不同利益攸关方的要求。因此，所有工作人员都必须具有"创新精神"，但处在不同岗位、不同级别的国际公务员由于职责不尽相同，对其的要求也略有不同。下面是衡量和评估一般工作人员践行"创新精神"四档表现的具体行为特征描述。

😄 表现"出色"的行为特征描述：

（1）积极寻找机会，不断改进服务和方案；

（2）积极寻找机会，实施开发新方案或新服务的项目；

（3）勇于承担风险，愿意尝试尚未成熟的解决问题的方法；

（4）经常提出创造性的新想法或新方法，能够跳出固有思维模式思考问题，鼓励他人的创新思维。

🙂 表现"合格"的行为特征描述：

（1）一有机会，就积极为改进服务或方案献计献策，鼓励他人为不断改进献计献策；

（2）愿意承担需要开发新方案或新服务的项目的工作；

（3）对未经证明的解决问题的方法，能够承担部分风险，并持谨慎开放态度；

（4）有时会提出创造性的新想法或新方法。

☺ 表现"待改进"的行为特征描述：

（1）有时会帮助改进服务或方案，但反对重大改变；

（2）宁愿推动已经证明的服务或方案的工作，不愿开发新领域；

（3）倾向于躲避风险，依赖比较成熟的解决问题的方法；

（4）很少提出创造性的新想法或新方法。

☹ 表现"不尽如人意"的行为特征描述：

（1）反对任何有关改进服务或方案的建议，并避免参与；

（2）拒绝参与任何涉及开发新方案或新服务项目的工作；

（3）从不承担任何风险，只依靠成熟的解决问题的方法；

（4）从不提出创造性意见或新方法。

对于管理人员来说，他们除了需要履行一般工作人员的职责以外，还有管理和领导职能，包括管理新方案或服务项目的开发以及领导下属。下面是衡量和评估中低级管理人员践行"创新精神"四档表现的具体行为特征描述。

☺ 表现"出色"的行为特征描述：

（1）积极寻找机会，不断改进服务和方案，并鼓励下属为不断改进积极献计献策；

（2）积极寻找机会，管理好涉及开发新方案或新服务项目的工作；

（3）愿意为试验尚未成熟的解决问题的方法承担风险，并奖励下属的冒险精神；

（4）经常提出创造性的新想法或新方法，能跳出固有思维模式思考问题，并鼓励下属的创新思维。

☺ 表现"合格"的行为特征描述：

（1）积极抓住机会改进服务和方案，并鼓励下属为不断改进献计献策；

（2）愿意承担涉及开发新方案或新服务项目的管理工作；

（3）对尚未成熟的解决问题的方法能够承担部分风险，同时持谨慎开放态度，奖励具有谨慎冒险精神的下属；

（4）有时会提出创造性的新想法或新方法，鼓励下属具有一定的创新精神。

表现"待改进"的行为特征描述：

（1）有时会抓住机会改进服务或方案，但不鼓励下属为不断改进献计献策；

（2）宁愿管理成熟的服务项目及方案，也不愿开发新领域；

（3）倾向于躲避风险，也不鼓励下属冒风险，只依赖于成熟的解决问题的方法；

（4）很少提出创造性的新想法或新方法，只鼓励下属采取比较实用的创新态度。

表现"不尽如人意"的行为特征描述：

（1）反对任何改进服务或方案的建议，反对下属寻找变革机会或为变革献计献策；

（2）拒绝管理任何涉及开发新方案或新服务项目的工作；

（3）从不承担风险，坚决阻止他人冒险，只依赖成熟的解决问题的方法；

（4）从不提出创造性意见或新方法，也不鼓励他人具有创新精神。

相对于中低级管理人员而言，高级管理人员需要在开发新方案及新的服务项目、改进现有方案及服务项目或调整现有方案及服务项目方面起引领作用，需要为适应新情况提出解决战略问题的新方案，需要在建设组织架构、系统和战略的项目中起领导作用，并对内外利益攸关方提出的新要求做出反应。要充分履行这些职责，必须具备"创新精神"。中低级管理人员主要承担管理职能，而高级管理人员主要起领导作用。因此，对高级管理人员践行"创新精神"四档表现的要求更高。下面是衡量和评估高级管理人员践行"创新精神"四档表现的具体行为特征描述。

表现"出色"的行为特征描述：

（1）积极寻找并带头利用一切机会，改进服务或方案，建设一种永不满足于现状、永远追求改进的文化；

（2）积极寻找机会，领导开发新方案或新服务项目的工作，开创未来愿景；

（3）愿意承担风险，并建设一种奖励承担风险、鼓励试行新方法的文化；

（4）经常提出大胆的创新想法，跳出固有思维模式，并建设一种鼓励探索和创新的文化。

表现"合格"的行为特征描述：

（1）积极提倡寻找机会改进服务或方案，并鼓励下属不断改进；

（2）主动要求领导涉及开发新方案或新服务项目的工作，并努力弄清替代方案对未来的影响；

（3）能够承担部分风险，奖励下属的谨慎冒险行为，鼓励下属在成熟方法与新的解决问题方法之间寻求平衡；

（4）有时会提出创造性意见或新方法，并鼓励下属具有一定的创新精神。

表现"待改进"的行为特征描述：

（1）提倡寻找比较实用的改进服务或方案的方法，但不鼓励他人不断改进；

（2）宁愿领导成熟的服务项目或方案，总的来说，更愿意管理现在的任务交付，而不愿开创新方法来重塑未来；

（3）倾向于躲避风险，反对本部门下属冒风险，鼓励依赖成熟的解决问题的方法；

（4）很少提出创造性意见或新方法，不鼓励本部门下属创新。

表现"不尽如人意"的行为特征描述：

（1）拒绝改进服务或方案，反对本部门下属参与变革；

（2）拒绝领导涉及新方案或开发新服务的项目，只聚焦成熟的服务项目；

（3）从不承担风险，坚决反对本部门下属冒任何风险，坚持使用成熟的解决问题的方法；

（4）从不提出任何创造性意见或新方法，坚决反对本部门下属发挥创新精神。

为了履行使命，实现宗旨，联合国要求所有工作人员不断寻求新思路、新方法、新方案、新项目。联合国非常看重创新精神，特别是创新思维以及尝试新东西、新方法的意愿及兴趣。曾经有位应聘者在回答有关创新精神的问题时,以会唱京剧、绘画等来说明自己具有创新精神。但是会唱几句京剧,或者会绘画,充其量只能说明你学过,有广泛的爱好,不一定能够说明你有创新思维,也不代表你具备了创新能力和开创精神。

技术意识 技术,特别是信息技术,发展日新月异。联合国是这个世界上最具普遍性、涉及问题面最广的国际组织,自然需要依靠日新月异的信息技术、庞大的技术队伍以及工作人员的技术意识来支撑其工作。人们也许不理解,像联合国这样一个政治性很强的国际组织为什么要强调技术。其实,联合国的很多工作涉及技术,特别是信息技术。有的关键任务必须使用新技术、新的硬件和软件才能完成,那就需要有人对新技术、新的软件及硬件进行调查和评估,需要有人为使用、应用新技术及新的软件和硬件提供技术支持。联合国这么庞大的机构,需要一个庞大的行政系统来支撑它的各项工作,这就需要开发并管理新的办公系统及办公程序。所有这些都说明,"技术意识"对于在联合国工作的人员来说,同样极为重要。下面是衡量和评估践行"技术意识"表现的总的积极行为特征描述及不符合要求的总的消极行为特征描述。

✅ 符合"技术意识"要求的总的积极行为特征描述:

(1)与时俱进,跟踪技术发展;

(2)了解技术在办公室工作中的适用性及局限性;

(3)积极寻求将合适的技术用于合适的任务;

(4)表现出学习新技术的意愿。

❌ 不符合"技术意识"要求的总的消极行为特征描述:

(1)对技术的了解十分有限;

(2)对研究技术没有兴趣;

(3)对将技术应用于工作表现出不积极的态度;

(4)对技术在工作中的适用性的理解十分有限。

尽管国际公务员必须具备"技术意识",但对不同岗位、不同级别人士的"技术意识"要求不尽相同。下面是衡量和评估一般工作人员践行"技术意识"四档表现的具体行为特征描述。

表现"出色"的行为特征描述：

（1）积极跟踪相关领域的新技术发展；

（2）积极思考如何通过更有效地使用技术来提高办公室的工作效率；

（3）欢迎并学习使用新技术的最佳方法。

表现"合格"的行为特征描述：

（1）总的来说，能努力了解相关领域的新技术发展；

（2）愿意考虑有效使用新技术，提高办公室的工作效率；

（3）总的来说，对新技术持开放态度，并努力学习使用关键程序和工具的最佳方法。

表现"待改进"的行为特征描述：

（1）不能积极主动关注相关领域的新技术发展；

（2）对通过有效使用新技术来提高办公室的工作效率，持谨慎态度；

（3）只有当职责所在时，才学习使用新技术的最佳方法。

表现"不尽如人意"的行为特征描述：

（1）对相关领域的新技术发展，即使被告知，也没有兴趣；

（2）坚决反对通过有效使用新技术来提高办公室工作效率的任何建议；

（3）抵制所有新技术，不愿学习新技术，哪怕是履行职责所需要的。

管理人员必须履行管理职能，包括：调查和评估支持关键工作所需要的新技术、硬件和软件包；支持下属使用新技术、硬件和软件包；开发和管理新的办公系统及应用程序等。下面是衡量和评估中低级管理人员践行"技术意识"四档表现的具体行为特征描述。

表现"出色"的行为特征描述：

（1）自己及下属都积极主动跟踪相关领域的新技术发展；

（2）积极思考如何通过有效使用技术，提高办公室的工作效率，并鼓励下属提出应用新技术的建议；

（3）对新技术持开放态度，并学习使用新技术的最佳方法，启动学习程序，鼓励下属学习新技术。

表现"合格"的行为特征描述：

（1）总的来说，自己及下属能努力跟踪相关领域的新技术发展；

（2）愿意考虑有效使用新技术，提高办公室的工作效率，并对下属提出应用新技术的建议持积极态度；

（3）总的来说，对新技术持开放态度，努力学习使用关键程序和工具的最佳方法，并鼓励下属也这么做。

表现"待改进"的行为特征描述：

（1）不能主动关注相关领域的新技术发展，也不鼓励下属跟踪技术发展；

（2）对使用新技术来提高办公室的工作效率以及对下属提出有关应用新技术的建议，均持谨慎态度；

（3）只有当职责需要时，才学习使用技术的最佳方法，但不鼓励下属学习更多有关关键技术的知识。

表现"不尽如人意"的行为特征描述：

（1）即使被告知，对适用技术的新发展也没有兴趣，还反对下属跟踪技术发展；

（2）坚决反对任何有关有效使用新技术来提高办公室工作效率的建议；

（3）反对所有新技术，不愿学习使用新技术的方法，并反对下属学习和使用新技术系统，哪怕本部门的工作职责需要新技术。

除了需要履行与中低级管理人员相同的职责以外，高级管理人员还需要确保在更大管辖范围内高效率和高效益地使用技术。高级管理人员需要有更强的"技术意识"。下面是衡量和评估高级管理人员践行"技术意识"四档表现的具体行为特征描述。

表现"出色"的行为特征描述：

（1）积极跟踪相关领域的新技术发展，并确保本部门在技术的使用方面处于领先地位；

（2）积极考虑有效使用技术，提高本部门各项工作的效率，并鼓励下属积极提出应用新技术的建议；

（3）欢迎并努力学习使用新技术的最佳方式，启动学习程序，鼓励下属及时有效地学习新技术。

☺ 表现"合格"的行为特征描述：

（1）总的来说，自己及本部门下属能积极跟踪相关领域的新技术发展；

（2）愿意考虑有效使用新技术，提高本部门办公室的工作效率，并对下属提出应用新技术的建议持积极态度；

（3）总的来说，对新技术持开放态度，努力学习使用关键程序和工具的最佳方法，并鼓励本部门下属也这么做。

☺ 表现"待改进"的行为特征描述：

（1）不能主动跟踪相关领域的新技术发展，不鼓励本部门下属跟踪技术发展；

（2）对使用新技术提高办公室工作效率及本部门下属提出的应用新技术的建议，均持谨慎态度；

（3）除非其职责所要求，否则，不努力学习使用新技术的最佳方法，也不鼓励下属学习更多有关关键系统的知识。

☹ 表现"不尽如人意"的行为特征描述：

（1）即使被告知新技术的发展情况，对相关领域的新技术发展仍然毫无兴趣，还反对下属跟踪技术发展；

（2）坚决反对下属提出的有关使用新技术来提高办公室工作效率的建议；

（3）抵制所有新技术，不愿学习使用新技术的方法，不鼓励下属学习和使用新技术系统，哪怕是其管辖部门的工作所需要的。

一方面，国际组织需要对会员国负责，始终追求成果、效率和效益，依靠技术支撑不断变革，不断改进。另一方面，技术发展日新月异，要支撑国际组织的各项工作，支持国际组织的改革创新，就需要不断跟踪新技术的发展，不断学习新技术，不断提升技术意识。就拿听起来与技术不那么相关的笔译工作来说，在笔译工作中，译员的技术意识也十分重要。译员在联合国从事中文文件翻译，过去翻译用笔爬格子，或者由他们口授译文，然后打字员利用笨重的载有几千个基本铅字的字盘把文件打出来。现在早已"鸟枪换大炮"了，译员必须使用电子方式把译文输送给文本处理人员进行排版。

译员可以直接使用电脑打字,也可以使用声龙(Dragon)语音识别软件等手段输出译文,然后碰到重复率较高的文件时,译员还可使用塔多思(Trados)等电脑辅助翻译软件帮助翻译,可利用网络数据库和搜索引擎查找、核实信息。随着人工智能的不断发展,不排除在一定条件下和在一定范围内启用机器翻译来处理部分文件的可能性。可见,表面上看起来不是从事技术工作的笔译员,也需要有学习及使用技术的意愿。联合国常年为工作人员提供有关技术的培训和支持。特别值得注意的是,这条核心能力的原文是technological awareness(技术意识),说明更看重的是对技术的认识和采用技术的意愿,而不是技术知识或技术能力本身;不是具体会使用哪种技术,而是能否紧跟技术发展,是否有学习和使用技术的积极性,是否知道目前及今后对你工作的成功十分有用的技术和有关工具,是否会接受技术上挑战性很强的工作。

不断学习的精神 联合国处在各领域的前沿,在维护和平稳定方面需要应对各种各样的新情况,在经济和社会发展方面需要引领全世界。它的各项工作要求其工作人员提供合时宜的专家意见及专业意见,采纳新方法,解决新问题。只有不断学习,才能不断提高自己,向新的高峰进军。要想应聘联合国的职位,要想在国际组织中不断发展,"不断学习的精神"必不可少。下面是衡量和评估践行"不断学习的精神"表现的总的积极行为特征描述和不符合要求的总的消极行为特征描述。

✅ 符合"不断学习的精神"要求的总的积极行为特征描述:

(1)跟踪并了解自己专业或领域的最新发展;

(2)积极寻求专业上及个人层面上的不断发展;

(3)努力帮助同事或下属学习;

(4)愿意向他人学习;

(5)主动征求反馈意见,不断学习,不断改进。

❌ 不符合"不断学习的精神"要求的总的消极行为特征描述:

(1)对本领域专门知识的了解十分有限;

(2)不能与时俱进;

(3)不能积极承担有助于个人发展的任务;

（4）不愿意帮助别人学习；

（5）很少有人认为你有专门知识；

（6）听到别人的反馈意见，常常要辩解；

（7）不是任何领域的权威。

当然，"不断学习的精神"对不同岗位、不同级别的国际公务员的要求不尽相同。下面是衡量和评估一般工作人员践行"不断学习的精神"四档表现的具体行为特征描述。

☺ 表现"出色"的行为特征描述：

（1）寻找并充分利用一切机会，更新自己的专业知识；

（2）主动征求他人意见，不断自我反省，找出个人有待发展的领域；

（3）根据自己的现状及今后的发展需要，制订明确的个人发展计划，定期根据计划检查自己的进步情况；

（4）重视向他人学习，积极寻找可帮助自己增长知识、提高认识的人士。

☺ 表现"合格"的行为特征描述：

（1）抓住每个机会，更新自己的专业知识；

（2）根据他人的意见及个人的自我反省，找出个人有待发展的领域；

（3）为改善现状，制订了明确的个人发展计划；

（4）重视并利用一切机会向他人学习。

☺ 表现"待改进"的行为特征描述：

（1）有时能够抓住机会，更新自己的专业知识；

（2）能够根据他人的意见来确定个人有待发展的领域，但通常不自我反省；

（3）制订了一些个人发展的目标，但没有明确的个人发展计划；

（4）有机会时，会向他人学习。

☹ 表现"不尽如人意"的行为特征描述：

（1）不采取任何措施更新自己的专业知识；

（2）不征求他人意见，不进行自我反省，不设法寻找个人有待发展的领域；

（3）不制订个人发展的目标或计划；

（4）不愿向他人学习。

中低级管理人员需履行管理职能。他们必须确保不断更新自己所管理的领域的专门知识及专业知识，管理并指导手下的专业人员不断使用新方法，对下属的学习和个人发展负责，深入了解并透彻理解自己所管辖的部门业务。下面是衡量和评估中低级管理人员践行"不断学习的精神"四档表现的具体行为特征描述。

表现"出色"的行为特征描述：

（1）寻找并充分利用一切机会，确保自己及下属不断更新专业知识；

（2）主动征求他人意见，不断自我反省，寻找个人有待发展的领域，并定期为下属的个人发展提供指导意见；

（3）制订明确的个人发展计划，定期根据计划检查自己的发展进度，并与每一位下属定期讨论如何制订个人发展计划；

（4）鼓励下属向团队内外的他人学习，并设立论坛，提供互相学习的平台。

表现"合格"的行为特征描述：

（1）抓住每次机会，更新自己及下属的专业知识；

（2）根据他人的意见及个人的自我反省，寻找个人有待发展的领域，并向下属提供有关他们个人发展的指导意见；

（3）制订明确的个人发展计划以改进自己的工作表现，鼓励下属定期制订个人发展计划；

（4）鼓励下属尽可能向团队内外的人士学习。

表现"待改进"的行为特征描述：

（1）有时能够抓住机会来更新自己及下属的专业知识；

（2）能够听取他人意见，找出个人有待发展的领域，但通常不进行自我反省，也不向下属提供有关他们个人发展的指导意见；

（3）确定了一些个人发展的目标，但没有明确的个人发展计划，也不帮助下属制订个人发展计划；

（4）鼓励下属互相学习，但不鼓励他们向团队外的人士学习。

表现"不尽如人意"的行为特征描述：

（1）不采取任何措施来更新自己及下属的专业知识；

（2）不进行自我反省，不寻找个人有待发展的领域，不征求他人意见，也不向下属提供建议；

（3）既不制订个人的发展计划或目标，也不鼓励下属制订个人发展计划；

（4）不鼓励下属互相学习。

不同于中低级管理人员，高级管理人员领导的部门有时涉及多个专业领域，并有责任在自己领导的部门创建一种学习的文化。况且，高级管理人员自己也需要不断提升水平和能力。所以，"不断学习的精神"对他们来说，尤为重要。下面是衡量和评估高级管理人员践行"不断学习的精神"四档表现的具体行为特征描述。

😄 表现"出色"的行为特征描述：

（1）寻找并创造机会，更新自己的专业知识，了解并熟悉本部门乃至本组织的其他领域，确保下属也这么做；

（2）主动征求他人意见，不断自我反省，寻找个人有待发展的领域，定期向下属提供有关他们个人发展的指导意见，并确保自己领导下的中低级管理人员也定期向他们的下属提供个人发展的指导意见，通过这些行动来建设一种重视个人发展的文化；

（3）制订明确的个人发展计划，定期根据计划检查进展，以此确保全面积极主导自己的发展进程；并确保自己领导下的中低级管理人员定期与他们的下属见面，讨论他们下属的个人发展计划，并根据计划检查他们的进展情况；

（4）强调向本部门内外人员学习的重要性，建立一系列机制（如论坛、监测及辅导计划等）来推动学习，并持续督促自己领导下的所有中低级管理人员积极利用这些学习机制。

😊 表现"合格"的行为特征描述：

（1）抓住每个机会，更新自己的专业知识，了解并熟悉本部门各专业领域，鼓励下属也这么做；

（2）根据他人意见及自我反省，确定个人有待发展的领域，为下属提供他们个人发展的指导意见，鼓励自己领导下的中低级管理人员定期向他们的下属提供个人发展的建议；

（3）制订明确的个人发展计划，以改进当前的工作，并确保自己领导下的所有中低级管理人员定期与他们的下属见面，制订并检查他们下属的个人发展计划；

（4）鼓励下属尽可能向本部门内外人员学习，并制订一系列的学习机制来促进这种学习。

😊 表现"待改进"的行为特征描述：

（1）有机会时，尽可能熟悉本部门内不同专业领域，总的来说能鼓励下属不断更新专业知识；

（2）根据他人意见及自我反省，寻找自己的有待发展领域，但不向本部门下属提供促进他们个人发展的指导意见，也不鼓励他们征求别人的意见；

（3）制订了个人发展的目标，但没有明确的个人发展计划，不指导自己领导下的中低级管理人员为他们的下属制订个人发展计划；

（4）鼓励下属互相学习，但不建立任何正式的、系统的学习机制。

😞 表现"不尽如人意"的行为特征描述：

（1）不采取任何措施来熟悉本部门的其他专业领域，也不鼓励下属更新他们的专业知识；

（2）不反省，不听取意见，不寻找个人有待发展的领域，也无意在本部门内鼓励提意见或建议；

（3）不制订个人发展计划或发展目标，不鼓励本部门下属制订个人发展计划；

（4）不开展任何活动，不建立任何机制，也不做任何努力，来鼓励下属互相学习。

时代在进步，事物在发展，问题和挑战不断以新的面孔呈现，肩负三大使命的联合国必须适应变化，推动进步。这要靠国际公务员不断学习，与时俱进，这也是联合国把它列为八项核心能力之一的原因。联合国特别重视弘扬和鼓励"不断学习的精神"。联合国人力资源管理办公室组织和举办各种各样的培训班，提供多种学习机会，开发和制订了不少有助于专业成长和发展的工作坊和学习计划。打开 https://hr.un.org/page/your-learning 网页,就会发现联合国为工作人员提供了各种各样的课程和学习机会。联合国人力资源管理办公室表示,联合国有资源帮助它的工作人员了解联合国,拓展专业技能,提升工作能力和水平。联合国提供的学习机会包括必修课(mandatory learning)、语言课(language learning)、在线课(online learning)、外部学习机会(external learning)等。其中,必修课大多为在线培训课,适合不同部门、不同专业领域和不同岗位的工作人员。所有新入职的工作人员在上任后 6 个月之内必须参加的必修课包括"外地基本安全培训:工作人员的人身安全、健康和福利""预防工作场所骚扰、性骚扰和滥用权力""艾滋病病毒/艾滋病情况介绍""联合国的道德操守与廉政""联合国的人权责任""信息安全意识——基础课"等。所有管理人员必须参加"绩效管理和开发"培训课,面试考官必须参加"基于能力的选拔和面试技巧"课,采购部工作人员必须参加"采购套餐"课,派往由维和部队主导的外地特派团任职的 D1 级别以下官员必须参加"文职官员派驻前培训"课,新赴任的维和特派团人员必须参加派出前的培训等。语言课,毋庸置疑,是联合国使用的 6 种官方语言的培训课以及"联合国语言及沟通培训"课。其中,沟通能力培训包括口头表达技巧(涵盖演讲、谈判和开会发言等)和书面沟通技巧(电子邮件联系、项目文件等)等。联合国还有一个在线学习平台,帮助工作人员学习软件、技术和创造性技能等。这个平台通过影像等手段提供各种培训课程,如有效沟通、演讲技巧、组织有效会议、使用社交媒体、项目管理等。外部学习机会包括"研修假方案(sabbatical leave program)"。这个研修假方案给工作人员放学习假,方便他们到外部大学或研究机构、联合国训练研究所(UNITAR)、联合国系统职员学院(UN System Staff College)等机构学习专门知识或技术。

 ## 联合国官员的管理能力

在联合国,凡是负有管理或领导职能的人士统称为管理人员。从联合国制订核心管理能力的角度出发,管理人员分为两级:高级管理人员和中低级管理人员。这两级管理人员的基本职责是相同的,但高级管理人员指领导和管理司(Division)、部(Department)以上级别的单位的工作人员,往往负有建章立制或建设文化的责任。六项核心管理能力,是所有管理人员都必须具备的,但就践行核心管理能力的要求来说,对高级管理人员的要求比中低级管理人员的要更高一些。下面将具体讨论这六项核心管理能力对两类管理人员的要求及衡量和评估践行这些核心管理能力四档表现的具体行为特征描述。

战略视野 所有管理人员,包括中低级管理人员和高级管理人员,都应该具有战略视野。正如杰克·威尔奇与苏珊·威尔奇在《怎样做一个优秀的领导者》一书中所指出的,"领导者必须保证使人们具有战略视野,而且能够身体力行,让战略视野成为自己工作、生活中不可缺少的东西。领导者必须为团队确定长期目标,并使其成为有血有肉的东西"。一个人的战略视野以及一个部门的战略构想,必须与联合国的总目标一致,必须能够充分利用机会,规避风险,领导并团结部门的全体工作人员共同完成部门的核心任务。联合国要履行其使命,它的所有管理人员必须具有战略视野,制订远景规划,明确前进方向。下面是衡量和评估践行"战略视野"表现的总的积极行为特征描述及不符合要求的总的消极行为特征描述。

✅ 符合"战略视野"要求的总的积极行为特征描述:

(1)找准具有战略意义的问题、机会及风险;

(2)明确无误地将本单位的目标与联合国的宏伟战略目标相对接;

(3)确定并宣传联合国催人奋进的大目标,并激励下属为实现这一大目标而努力;

(4)感染、激励下属,使他们对美好前景充满激情和憧憬。

❌ 不符合"战略视野"要求的总的消极行为特征描述:

(1)不看大局,只看细节;

(2)被细节所困,只见树木不见森林;

(3)不能预测未来的需求;

(4)看问题时,眼光短浅;

(5)没有战略头脑;

（6）用简单化的方式考虑未来；

（7）眼光只盯着短期目标；

（8）考虑问题非常狭隘；

（9）不能激发下属对战略大目标的兴趣。

鉴于管辖的范围及承担的职责不尽相同，尽管中低级管理人员与高级管理人员都需要具有"战略视野"，但对他们的要求略有不同。下面是衡量和评估中低级管理人员践行"战略视野"四档表现的具体行为特征描述。

表现"出色"的行为特征描述：

（1）能够准确无误地找准战略问题、机会及风险，并就问题、机会及风险制订一个有轻重缓急顺序的计划，能够积极乐观地预测未来的发展；

（2）积极理解联合国的总战略，并结合联合国的总战略来制订本单位的工作规划；

（3）经常积极向下属宣传联合国的总战略，激励下属为此奋斗，并鼓励他们为战略大讨论献计献策。

表现"合格"的行为特征描述：

（1）找准战略问题，在战略问题与短期运行需要之间取得平衡，并考虑未来的各种可能性；

（2）确保本单位的工作计划与联合国的总战略构想相一致；

（3）积极向下属宣传联合国的战略构想，并激励下属为此努力。

表现"待改进"的行为特征描述：

（1）优先考虑日常业务运行，也能适当考虑战略问题及将来的发展；

（2）只关注制订本单位的战略，但当本单位的战略与联合国总战略发生冲突时能够采取措施适当平衡；

（3）能向下属概述关键的联合国战略目标，也鼓励下属对大目标感兴趣。

表现"不尽如人意"的行为特征描述：

（1）几乎不关注战略问题及未来发展的可能性，只关注眼前运行中的重要事务；

（2）制订计划时，只关注本单位的重要事务，不关心联合国的大目标；

（3）不向下属宣传总战略，也不试图鼓励下属考虑战略问题。

高级管理人员更应该具有"战略视野"，联合国对他们践行这条核心管理能力的要求也更高。下面是衡量和评估高级管理人员践行"战略视野"四档表现的具体行为特征描述。

😄 表现"出色"的行为特征描述：

（1）能够准确无误地找准战略问题、机会及风险，并就问题、机会及风险制订一个有轻重缓急顺序的计划，并积极乐观地预测本部门的未来发展；

（2）积极理解联合国的总战略，并结合联合国的总战略来制订本部门的工作规划；

（3）经常积极向本部门的工作人员宣传联合国的总战略，激励他们为此奋斗，并鼓励他们为战略大讨论献计献策。

😊 表现"合格"的行为特征描述：

（1）找准战略问题，在战略问题与短期运行需要之间取得平衡，并考虑未来的各种可能性；

（2）确保本部门的工作计划与联合国的战略构想相一致；

（3）积极向下属宣传本部门的战略构想，并激励他们为此努力。

😐 表现"待改进"的行为特征描述：

（1）优先考虑日常业务运行，也能适当考虑本部门的战略问题及将来的发展；

（2）集中精力制订本部门的战略规划，但当本部门的战略与联合国的总战略发生冲突时能够采取措施适当平衡；

（3）能向下属概述本部门的战略目标，也鼓励下属关心联合国的大目标。

😞 表现"不尽如人意"的行为特征描述：

（1）几乎不关注本部门的战略问题及未来发展的可能性，只关注眼前运行中的重要事务；

（2）制订计划时，只关注本部门的重要事务，不关心联合国的大目标；

（3）不向下属宣传本部门的战略目标，也不试图鼓励下属考虑战略问题。

管理人员,不论什么级别,都必须具有战略视野或战略头脑,不仅自己要时刻牢记使命和宏伟目标,而且能将使命和目标传递给下属,使所有工作人员明确前进方向,看到自己每天的工作与联合国的总体战略构想之间的关联,对未来充满憧憬和希望。这样才能使自己从日常事务的管理者上升到有远见、有战略视野的领导者。

领导能力   管理人员,都需要管理人及团队,那就需要为自己的下属及团队制订战略目标,解决团队内部及团队之间的矛盾和问题,引领变革,有时候还需要代表自己的团队或部门,甚至代表联合国。要顺利履行这些职责,就需要具有"领导能力"。下面是衡量和评估践行"领导能力"表现的总的积极行为特征描述及不符合要求的总的消极行为特征描述。

✅ 符合"领导能力"要求的总的积极行为特征描述:

(1) 是别人愿意效仿的榜样;

(2) 为下属赋权增能,使他们能将战略目标转化为具体成果;

(3) 积极制订实现目标的战略;

(4) 广泛建立并维护工作关系,了解需要,赢得支持;

(5) 预测可能的矛盾与冲突,并寻求各方能接受的问题解决方案;

(6) 绝不安于现状,不断追求变革与改进;

(7) 勇于采纳正确但不受欢迎的立场。

❌ 不符合"领导能力"要求的总的消极行为特征描述:

(1) 对管理角色感到不自在;

(2) 不表明任何立场;

(3) 逃避领导责任;

(4) 不制订明确的目标;

(5) 不为团队指明行动方向;

(6) 不愿与人打交道;

(7) 不知道如何激励员工;

(8) 不能正确下放权力;

(9) 倾向于让别人发挥带头作用;

(10) 不知如何处理矛盾或冲突。

虽然中低级管理人员和高级管理人员都肩负着管理、领导团队的重任，都必须具有"领导能力"，但由于他们的岗位重要性及职责范围不同，对他们"领导能力"的要求不完全相同。下面是衡量和评估中低级管理人员践行"领导能力"四档表现的具体行为特征描述。

表现"出色"的行为特征描述：

（1）能够发挥领导和榜样作用，能够激励下属效仿与学习；

（2）能够制订战略，协调整个团队方方面面的力量，实现团队明确的目标，定期向下属宣传团队的目标和战略，并与团队成员一起为实现目标而努力；

（3）能够预测、明确并迅速应对团队内部可能产生的矛盾，积极与有关人士共同努力寻找各方都可接受的解决方案；

（4）特别能够激励、推动团队成员在各个领域不断变革，不断改进工作。

表现"合格"的行为特征描述：

（1）是下属愿意效仿的榜样；

（2）能够制订本单位实现目标的战略，并向团队成员宣传目标及战略；

（3）当团队内部出现矛盾时，能够发现矛盾，必要时，亲自与各方一起寻找解决方案，确保解决矛盾；

（4）鼓励团队成员积极变革，不断改进工作。

表现"待改进"的行为特征描述：

（1）愿意发挥引领作用，但有时对领导的名义称谓感到不自在；

（2）牢记团队的目标，但既不制订明确的战略，也不向团队成员宣传战略，致使团队成员不能协调一致地实现团队的目标；

（3）当团队内部出现矛盾时，能够看到矛盾，但直到有关各方无法达成可接受的解决方案时，才出面解决；

（4）鼓励团队成员提出变革和改进的建议，但只采纳那些相对较实际的建议。

表现"不尽如人意"的行为特征描述：

（1）不主动发挥领导作用，尽可能逃避需要以领导名义出现的场合；

（2）不制订团队目标，也不传达实现目标的明确战略，任由团队成员自行决定如何合作共事；

（3）团队内部如出现矛盾，既看不到也不承认问题，不设法解决矛盾；

（4）不鼓励团队成员努力变革，不断改进，反对任何变革建议。

鉴于高级管理人员需要领导一个司或一个部，他们更需要具有强有力的"领导能力"。下面是衡量和评估高级管理人员践行"领导能力"四档表现的具体行为特征描述。

表现"出色"的行为特征描述：

（1）能够在本部门发挥领导和榜样作用，激励本部门下属乃至全体联合国职员效仿；

（2）能够制订战略，协调本部门各团队力量，实现本部门的各项目标，定期向全体下属传达本部门的目标及战略，并与他们一起为实现目标而努力；

（3）能够预测、明确并迅速应对本部门的各种矛盾和问题，积极与有关人士共同努力，寻找各方都可接受的解决方案，并预防今后出现类似问题；

（4）特别能够激励本部门下属，推动他们在各项工作中不断变革，不断改进。

表现"合格"的行为特征描述：

（1）是本部门工作人员愿意效仿的榜样；

（2）能够制订本部门实现目标的战略，并向下属宣传部门的目标及战略；

（3）本部门内部如出现矛盾，能承认并确保解决，必要时，亲自参与解决，共同寻找各方都可接受的解决方案；

（4）鼓励本部门工作人员积极变革，不断改进工作。

表现"待改进"的行为特征描述：

（1）愿意发挥引领作用，但有时对作为部门领导的名义称谓感到不自在；

（2）牢记本部门的目标，但既不制订也不宣传实现目标的明确战略，致使全体团队或各单位不能协调一致地实现部门目标；

（3）部门内部如出现矛盾，能承认问题，但除非有关各方无法找到各自

都能接受的解决方案,否则不亲自出面解决问题;

(4)鼓励本部门工作人员提出有关变革和不断改进的可能性建议,但只采纳那些相对较实际的建议。

☹ 表现"不尽如人意"的行为特征描述:

(1)不主动发挥领导作用,尽可能逃避需要以领导名义出现的场合,在部门内,没有作为部门领导发挥作用,而是任由下属单位自行其是;

(2)不制订部门目标,也不传达实现目标的明确战略,致使全体团队或各单位无法协调一致完成任务,由下级管理人员自行决定如何开展工作;

(3)部门内部如出现矛盾,既不承认问题,也不亲自出面解决问题;

(4)不鼓励下属寻求变革、不断改进并拒绝任何改革建议。

联合国要履行宏伟而艰巨的使命,必须有强有力的领导。所以,联合国要求所有管理人员学会倾听,建设健康的关系,赢得广泛支持,起模范表率作用,领导并推动变革,带领工作人员一起完成神圣的历史使命。

赋权增能的能力 联合国要履行使命,完成任务,不能只靠管理人员,还要靠所有工作人员的共同努力。因此,联合国的管理人员必须调动每一个工作人员的积极性,发挥团队的作用,激励所有工作人员努力工作;必须合理分配工作任务,并为他们制订合适的工作目标;还要积极协调部门内及部门外的各项工作。赋权增能是管理人员的一项基本能力、基本职责。下面是衡量和评估践行"赋权增能的能力"的总的积极行为特征描述及不符合要求的总的消极行为特征描述。

✅ 符合"赋权增能的能力"要求的总的积极行为特征描述:

(1)下放职责,明确工作要求,并在重要领域给下属以自主处事权;

(2)鼓励下属制订有挑战性的目标;

(3)要求下属担负起责任,把自己职责范围内的事情做好;

(4)真心实意地重视所有下属的贡献及专业技能;

(5)赞赏并给予下属做出的成绩与付出的努力以奖励;

(6)让所有有关人员参与有关事项的决策过程。

❌ 不符合"赋权增能的能力"要求的总的消极行为特征描述:

(1)自己包揽一切事务;

（2）不能独立自主地分配任务；

（3）不给下属充分、明确的指示；

（4）不鼓励主动精神；

（5）自己承担的事太多，使自己处于超负荷状态；

（6）不到特别必要时，不征求他人意见；

（7）不能充分发挥下属的能力；

（8）使自己成为离不开的人。

对于管理人员来说，哪怕是中低级管理人员，事事亲力亲为似乎很好，可惜，纷繁复杂的工作任务，往往不是一个人单打独斗能够完成的，更别说要实现国际组织所担负的神圣使命。不能发挥同事及下属的积极性、主动性，就不是一个好的管理人员。从这个意义上说，"赋权增能的能力"是管理人员必备的一项能力。下面是衡量和评估中低级管理人员践行"赋权增能的能力"四档表现的具体行为特征描述。

表现"出色"的行为特征描述：

（1）热情积极地给下属压担子，明确工作要求，同时尽可能让下属有自主处事权；

（2）与下属共同制订目标，鼓励下属制订具有挑战性的高目标，并帮助下属实现目标；

（3）用各种方式激励下属努力工作，并根据下属的个人及所面临的情况，使用合适的方式方法；

（4）尽可能广泛地让下属及同事参与关乎他们的政策的决策过程，征求他们的意见与建议，并永远尊重他人的意见。

表现"合格"的行为特征描述：

（1）能将关键任务分配给下属，明确工作要求，并赋予他们责任和自主处事权；

（2）为下属制订经努力可实现的高目标，鼓励下属通过实现既定目标来挑战自己；

（3）使用各种方法激励下属，并视情况采取合适的方式方法；

（4）通常情况下，能请下属及同事参与关于他们的政策的决策过程，征求他们的意见和建议。

表现"待改进"的行为特征描述：

（1）能将关键任务分配给下属，但有时工作要求不够明确，往往管得过多、过细，不给下属留有充分的自主处事权；

（2）通常能为下属制订有挑战性的目标，但有时制订的目标不够现实，又不充分说明制订具有挑战性目标的理由；

（3）试图激励下属努力工作，但方法有限，不能制订个性化的方案；

（4）决策时，有时会征求有关骨干下属及同事的意见，但通常不让其他人充分参与决策过程。

表现"不尽如人意"的行为特征描述：

（1）只给下属分配工作任务，不赋予职责，不明示工作要求，常常管得过多、过细，不给下属自主处事权；

（2）不为下属制订明确的目标，即使制订了目标，目标要么过高，要么过低，致使下属无法保证实现；

（3）几乎不激励下属积极工作，下属工作做得再好，既不赞赏，也不奖励；

（4）决策时，无意让下属或同事参与，不征求他们的意见，也不保证采纳他们的意见。

这项能力对高级管理人员比对中低级管理人员的要求更高。下面是衡量和评估高级管理人员践行"赋权增能的能力"四档表现的具体行为特征描述。

表现"出色"的行为特征描述：

（1）热情积极地给下属压担子，明确工作要求，同时尽可能让下属有自主处事权，并确保本部门中低级管理人员也都这么做；

（2）与下属共同制订目标，鼓励下属制订具有挑战性的高目标，并帮助下属实现目标；

（3）使用各种方式激励下属努力工作，并根据下属的个人及所面临的情况使用合适的方式方法，并在本部门创建一种积极的、具有激励性的工作文化；

（4）尽可能广泛地让下属及同事参与关乎他们的政策的决策过程，征求他们的意见与建议,并永远尊重他人的意见。

表现"合格"的行为特征描述:

(1)能将关键任务分派给下属,明确工作要求,并赋予他们职责与自主处事权;

(2)与下属一起制订既具挑战性又经努力可实现的目标,鼓励下属通过实现既定目标来挑战自己;

(3)使用各种方法激励下属,视情况采取合适的方式方法,并考虑如何提高整个部门的激励水平;

(4)通常情况下,能让下属及同事参与关乎他们的政策的决策过程,征求他们的意见和建议。

表现"待改进"的行为特征描述:

(1)能将关键任务分配给下属,但有时工作要求不够明确,往往管得过多、过细,不给下属留有充分的自主处事权;

(2)通常能为下属制订有挑战性的目标,但有时制订的目标不够现实,又不充分说明制订有挑战性的目标的理由;

(3)试图激励下属,但方法有限,不能制订个性化的方案,只关注激励个人,而不考虑在自己领导的部门建设具有激励性的文化;

(4)决策时,有时会征求有关骨干下属及同事的意见,但通常不让其他人充分参与决策过程。

表现"不尽如人意"的行为特征描述:

(1)只给下属分配工作任务,不赋予职责,不明示工作要求,容易管得过多、过细,不给下属自主处事权;

(2)不为下属制订明确的目标,即使制订了目标,目标要么过高,要么过低,致使下属无法保证实现;

(3)几乎不激励下属努力工作,下属工作做得再好,既不赞赏,也不奖励,在本部门不建设积极的、有激励作用的团队文化;

(4)决策时,无意让下属或同事参与,不征求他们的意见,也不保证采纳他们的意见。

一个好的管理人员,必须知道什么样的工作任务必须亲力亲为,什么工作必须分派给下属;必须了解每一个工作人员的专门知识、能力和长处;必须知道如何下放权责,如何让下属明白工作要求;必须尊重并珍视每一个工作人员的意见。获得下属的信任是管理人员成功的重要保证。给下属"赋权增能"是管理人员必备的能力。

绩效管理能力 管理人员,不管处于什么级别,都需要管理工作人员及团队,最终确保出成果。在这个过程中,必须建立上下级的报告体系,并给下级压担子、派任务,根据任务情况及要求合理使用人力资源,定期开会总结工作,并根据具体指标来监测工作表现和项目进展,评估下属的表现,通过正式或非正式的方式向下属反馈评估情况,辅导或指导下属的工作,帮助下属制订并支持他们的个人发展计划。只有这样,才能确保在自己领导下的工作人员取得最佳的工作成绩,确保整个团队出色地完成所有任务。下面是衡量和评估践行"绩效管理能力"表现的总的积极行为特征描述及不符合要求的总的消极行为特征描述。

✅ 符合"绩效管理能力"要求的总的积极行为特征描述:

(1)能够正确地下放职责和自主决策权;

(2)确保自己领导的每一个工作人员都明白自己的职能、责任及上下级报告体系;

(3)能够准确判断完成一项任务所需的时间及资源,并能根据下属的才能分配工作任务;

(4)随时根据工作要求及限期来监测工作进展;

(5)定期与下属讨论他们的工作表现,向下属提供反馈意见,进行具体指导;

(6)鼓励下属有适当的冒险精神,当下属出错时支持下属;

(7)积极支持下属寻求个人及职业生涯的发展;

(8)公平、公正地评估下属的工作表现。

❌ 不符合"绩效管理能力"要求的总的消极行为特征描述:

(1)不向下属明确工作要求;

(2)分派工作不是根据人的能力,而是根据人员情况;

(3)不按照工作要求及限期来监测工作进展;

（4）评估工作人员的表现只凭主观印象；

（5）下属出了错，采取不容忍态度；

（6）出了错，设法推卸责任；

（7）不积极与下属讨论他们的表现，且没有统一的标准；

（8）对下属的个人及职业生涯的发展，采取不支持态度。

提升工作人员的工作表现，是管理人员的职责。为此，联合国制定了评估和管理工作人员表现的体系，称为绩效评估体系（performance assessment system）。管理人员有责任建设崇尚突出表现、追求个人发展、不断学习提高的文化，有责任评估和管理下属的工作表现，有责任帮助下属积极主动全面地参与工作的规划、交付和评估。同时，管理人员必须奖罚分明，认可下属的工作成绩，并公平公正地处理表现欠佳的工作人员。绩效评估体系，有助于管理人员与其下属定期就目标和关键指标进行沟通，促使所有工作人员做出成绩。下面是衡量和评估中低级管理人员践行"绩效管理能力"四档表现的具体行为特征描述。

表现"出色"的行为特征描述：

（1）建立起上下级汇报体系以及明确团队成员各自的职责范围，并定期检查这一汇报体系，确保所建立的体系能够支持绩效目标的实现；

（2）定期并及时向所有团队成员提供明确、具体的反馈意见，通过辅导以及其他方式及时解决团队成员存在的表现欠佳问题；

（3）认真做好下属的绩效管理工作，重视绩效评估工作，包括正式绩效评估和非正式的有关绩效问题的讨论，并在评估前做充分的准备工作，永远公平对待下属；

（4）支持下属的个人发展和职业生涯的志向，帮助他们解决目前岗位上任何有关发展需要的问题，同时也帮助他们实现长期目标。

表现"合格"的行为特征描述：

（1）建立明确的上下级汇报体系，向所有团队成员明确其职责范围，支持下属实现他们的绩效目标；

（2）在定期进行的正式绩效评估时，向下属提供明确、具体的反馈意见；如下属存在表现欠佳问题，与下属共同制订合适的个人发展措施；

（3）高度重视正式的绩效评估，事前充分准备，公平对待下属，但一年中可能偶尔会因日常工作的压力而不与下属进行非正式的有关绩效问题的讨论；

（4）支持下属的个人发展及职业生涯的志向，帮助下属解决目前岗位上任何有关发展需要的问题，并与他们讨论制订较长期的职业发展目标。

😊 表现"待改进"的行为特征描述：

（1）建立清晰的上下级汇报体系，但不向全体团队成员明确他们的职责范围，未能支持他们实现绩效目标；

（2）虽能为下属提供一些反馈意见，但往往临时性、碎片化；虽能提醒下属注意其表现欠佳之处，但疏于跟进，不帮助他们制订明确的改进措施；

（3）迫于日常工作的压力，疏于进行正式的绩效评估及非正式的有关绩效问题的讨论，即使进行，事前也不一定做充分准备；

（4）支持下属的发展、进取，也会帮助他们制订个人发展计划，以改进他们在现任岗位上的不足，但不关注他们更长期的职业生涯的发展。

😣 表现"不尽如人意"的行为特征描述：

（1）不建立明晰的上下级汇报体系，也不向团队成员明确他们的职责范围；

（2）不为下属提供反馈意见，即使提供反馈意见，也是笼统、含糊的；会指出下属的问题所在，但不帮助下属制订改进措施；

（3）常常因日常工作的压力而不为下属做正式的绩效评估，也不与他们进行非正式的有关绩效问题的讨论，即使与下属进行非正式的有关绩效问题的讨论，事前也不准备；

（4）不支持下属的个人发展或职业生涯的志向，任由下属自己寻找并抓住个人发展的机会，有时甚至拒绝下属的个人发展要求。

高级管理人员的职责以及所负责的领域和范围比中低级管理人员更大、更广。下面是衡量和评估高级管理人员践行"绩效管理能力"四档表现的具体行为特征描述。

😃 表现"出色"的行为特征描述：

（1）建立本部门的上下级汇报体系以及中低级管理人员与下属各自的

职责范围,并定期检查这一汇报体系,确保所建立的体系支持绩效目标的实现;

（2）定期并及时向所有下属提供明确、具体的反馈意见,通过辅导或其他方式及时解决下属存在的表现欠佳问题;

（3）在本部门建设一种绩效文化,重视绩效评估工作,包括正式绩效评估和非正式的有关绩效问题的讨论,并在评估前做充分的准备工作,永远公平对待下属;

（4）支持下属的个人发展和职业生涯的志向,帮助他们解决目前岗位上的发展需要问题,同时也帮助他们实现长期目标。

表现"合格"的行为特征描述:

（1）在本部门建立明确的上下级汇报体系,明确本部门所有人员的职责范围,支持所有人员实现自己的绩效目标;

（2）定期与下属进行正式的绩效评估,反馈明确、具体的评估意见,如下属的工作表现欠佳,帮助下属制订合适的个人发展措施;

（3）高度重视正式的绩效评估工作,事前充分准备,公平对待下属,但一年中可能偶尔因日常工作的压力而不与下属非正式地讨论他们的绩效问题;

（4）支持下属的个人发展及职业生涯的志向,帮助下属解决目前岗位上任何有关发展需要的问题,并与他们讨论制订较长期的职业发展目标。

表现"待改进"的行为特征描述:

（1）建立清晰的上下级汇报体系,但有待向本部门所有人员明确他们的职责范围,便于其实现绩效目标;

（2）虽能为下属提供一些反馈意见,但往往临时性、碎片化;虽能提醒下属注意其表现欠佳之处,但不密切跟进,不帮助他们制订明确的改进措施;

（3）在迫于日常工作的压力下,有可能疏于进行正式的绩效评估及非正式的有关绩效问题的讨论,即使进行,事前也不一定做充分准备;

（4）支持下属的个人发展,并帮助他们制订个人发展计划,以实现他们在现任岗位上的发展需求,但不关注他们长期的职业生涯的发展。

☹ 表现"不尽如人意"的行为特征描述：

（1）不建立明晰的上下级汇报体系，不向本部门全体工作人员明确其职责范围；

（2）不为下属提供反馈意见，即使提供反馈意见，也是笼统、含糊的；会指出下属的问题所在，但不帮助下属制订改进措施；

（3）常常因日常工作的压力而不为下属做正式的绩效评估，也不与他们非正式地进行有关绩效的讨论，即使与下属进行非正式绩效讨论，事前也不准备；

（4）不支持下属的个人发展或职业生涯的志向，任由下属自己寻找并抓住个人发展的机会，有时甚至拒绝下属的个人发展要求。

绩效管理，是联合国管理人员的首要职责。要进行绩效管理，管理人员必须首先进行评估和指导。联合国采取多种手段进行绩效管理，包括正式的绩效评估以及非正式的有关绩效问题的讨论。正式的绩效评估，与我国机关里进行的一年一度的考核类似，但要求更具体、内容更充实、频率更高。联合国的工作人员绩效评估报告，包括年初的工作计划（说明一年之中计划达到哪几项目标、达标的措施以及检验达标的标准）、期中的回顾（检查时间过半的达标情况）、期末的总结（检查年初制订的每一项目标的落实情况、联合国工作人员必须具备的三项核心价值以及八项核心能力的具体表现）三个阶段的工作。在这三个阶段中，管理人员都必须与下属当面沟通，共同制订工作计划，包括商量下属的职业发展计划、学习目标、提高完成本职工作所需的能力等。因此，绩效讨论是一个持续的过程，绩效评估和面对面的讨论都是双向的，管理人员与下属之间有一个接受与不接受、建议与反馈的过程。

此外，绩效管理，说到底是为了激励团队成员，解决工作表现欠佳问题，取得最佳绩效。联合国举办各种绩效管理的培训课程，内容涵盖"解决管理问题""如何处理有难度的管理案子"等。管理人员必须首先定义哪些表现或行为属于表现欠佳，及时发现值得警觉的苗头（alarm signals），分析和确定问题的根源，制订解决方案，提出改进措施，帮助下属改进工作表现。绩效管理的培训课程非常具体、实用。培训课程会讲授如何通过问题来具体确定并分析下属绩效不佳的问题，如他们是否能够按时完成任务？完成任务过程中是否出错？导致产生问题的原因是缺乏培训、自满、个人困难、管理方法不当、沟通不到位，还是工作安排不合适？某个下属的表现欠佳在多大程度上影响到整个团队？是否有投诉？是否影响团队其他成员的表现？本人是否意识到自己的表现欠佳？管理人员是否已经找本人谈过，是否进行过指导或辅导？工作人员是否明白上级领导对自己的工作要求及期望？对工作人员进行的任何培训、辅导、指导是否都有书面记录？此外，这种培训课程还具体指导与下属谈话的用语及技巧。

建立信任的能力　没有下属、团队及各方面的信任，管理人员就无法管理下属及团队，无法分派工作任务，无法与部门内外进行谈判及沟通联络。下面是衡量和评估管理人员"建立信任的能力"表现的总的积极行为特征描述及不符合要求的总的消极行为特征描述。

✅ 符合"建立信任的能力"要求的总的积极行为特征描述：

（1）建设一个人人能够发表意见、采取行动而无须担心不良后果的良好环境；

（2）管理方式深思熟虑，且可预测；

（3）运作高度透明，没有潜规则；

（4）对同事、下属、客户都充分信任；

（5）恰如其分地赞赏他人的努力；

（6）落实达成一致的所有措施；

（7）正确妥善地处理所有敏感或保密的信息。

❌ 不符合"建立信任的能力"要求的总的消极行为特征描述：

（1）抱有个人目的，并掩盖自己的意图和想法；

（2）管理方法不可预测，实施前后不一致；

（3）常常不兑现承诺；

（4）言行不一；

（5）不鼓励他人自由表达意见，或让人难以自由表达意见；

（6）言行有时鲁莽、不检点。

下面是衡量和评估中低级管理人员践行"建立信任的能力"四档表现的具体行为特征描述。

☺ 表现"出色"的行为特征描述：

（1）鼓励开放、开明，使人们能够自由发表意见而无须担心不良后果，鼓励下属公开解决互相之间的问题；

（2）确保所有管理信息和措施都是深思熟虑、互不矛盾、可预测的，如下属有疑问，完全可以解释制订这些管理措施的考虑因素；

（3）公开表示对同事及下属有信心，合理分派任务，并让他们自主完成，不施加任何不必要的干预；

（4）正确妥善处理敏感及保密的信息，从不随意轻率地瞎说，并鼓励他人也这么做，看到有人破坏信任，立即采取坚决措施予以制止。

☺ 表现"合格"的行为特征描述：

（1）鼓励开放、开明，使人们可以自由发表意见而无须担心不良后果；

（2）通常会努力确保所有管理信息及措施都是深思熟虑、互不矛盾，且可预测的；

（3）对同事及下属有信心，合理分配任务，并让他们完成任务时有一定的自由斟酌度；

（4）正确妥善处理敏感及保密的信息，努力避免随意轻率地瞎说。

☺ 表现"待改进"的行为特征描述：

（1）试图鼓励他人开放、开明，但自己的言行有时不够透明，有时暗藏个人意图；

（2）总的来说，管理信息和措施是深思熟虑、互不矛盾，且可预测的，但偶尔会前后矛盾或不可预测；

（3）总的来说，对同事及下属有信心，但对下派的任务往往管得过细，不总是给下属以足够的自由度来独立完成任务；

（4）总的来说，能够妥善、安全地保管关键的、保密的及敏感的信息，但有时喜欢传播小道传闻，在不适当的范围分享敏感及秘密的信息。

☺ 表现"不尽如人意"的行为特征描述：

（1）工作作风不太透明，常常藏有个人意图，斥责工作作风开放透明的人；

（2）总的来说，管理的信息和措施往往前后矛盾或不可预测，让人感到

管理措施是冲动率性的产物,没有经过深思熟虑;

(3) 总的来说,不信任同事和下属,对于下派的任务往往过度管理,限制了下属自主完成的空间;

(4) 破坏了信任,在不适当的范围分享敏感及秘密的信息,常常参与小道传闻的传播。

高级管理人员,除了像中低级管理人员一样需要管理下属及团队以外,还需要在自己所领导的部门建设开放和透明的文化。下面是衡量和评估高级管理人员践行"建立信任的能力"四档表现的具体行为特征描述。

😀 表现"出色"的行为特征描述:

(1) 在本部门鼓励建设一种开放、开明的文化,使人们自由发表意见而无须担心不良后果;

(2) 确保所有管理信息和措施都是深思熟虑、互不矛盾、可预测的,如下属有疑问,完全可以解释制订这些管理措施的考虑;

(3) 公开表示对同事及下属有信心,合理分派任务,并让他们自主完成,不施加任何不必要的干预;

(4) 正确妥善处理敏感及保密的信息,从不随意轻率地瞎说,并鼓励他人也这么做,看到有人破坏信任,立即采取坚决措施予以制止。

🙂 表现"合格"的行为特征描述:

(1) 在本部门鼓励开放、开明,使人们可以自由发表意见而无须担心不良后果;

(2) 总的来说,能努力确保所有管理信息及措施都是深思熟虑、互不矛盾,且可预测的;

(3) 对同事及下属有信心,合理分配任务,并让他们完成任务时有一定的自由斟酌度;

(4) 妥善处理敏感及保密的信息,努力避免随意轻率地瞎说。

😐 表现"待改进"的行为特征描述:

(1) 在本部门,试图鼓励他人开放、开明,但自己的言行有时不够透明,有时暗藏个人意图;

(2) 总的来说,管理信息和措施是深思熟虑、互不矛盾,且可预测的,但偶尔会前后矛盾或不可预测；

（3）总的来说，对同事及下属有信心，但对下派的任务往往管得过细，不总是给下属以足够的自由度来独立完成任务；

（4）总的来说，能够妥善、安全地保管关键的、保密的及敏感的信息，但有时喜欢传播小道传闻，在不适当的范围分享敏感及秘密的信息。

☹ 表现"不尽如人意"的行为特征描述：

（1）工作作风不太透明，常常藏有个人意图，斥责开放透明的人，因此，总体来说部门的气氛不太开放、开明；

（2）总的来说，管理的信息和措施往往前后矛盾或不可预测，让人感到管理措施是冲动率性的产物，没有经过深思熟虑；

（3）总的来说，不信任同事和下属，对于下派的任务往往过度管理，限制了下属自主完成的空间；

（4）破坏了信任，在不适当的范围分享敏感及秘密的信息，常常参与小道传闻的传播。

联合国的工作，涉及世界各国的利益，往往复杂敏感。联合国的工作人员来自不同国家，具有不同的背景，合作共事，协调各方力量，本来也不是一件易事。因此，单打独斗是不行的，必须依靠团队的力量，上下拧成一股绳，才能不辱使命。这要靠各级管理人员建设信任的气氛，建设开放的文化和环境，集思广益，发挥每一个人的积极性和主观能动性，才能做好工作。而这正是"建立信任的能力"所追求的效果，这也是管理人员必备的能力。

决策能力 决策，是所有管理人员的一项日常工作。管理人员的决策，可能影响到自己所领导的团队和下属，甚至可能影响到联合国组织、联合国会员国以及联合国其他工作人员。所以，管理人员在决策前必须收集各种各样的信息，对情况进行尽可能正确的预判，以便做出深思熟虑的决策，解决复杂的问题，或提出替代措施或行动方案。为了大局，有时又不得不做出艰难的抉择，甚至是不受欢迎的决策。管理人员的判断能力和决策能力至关重要。正因为如此，很多有关管理人员的空缺通知中列入了这项核心管理能力，并制订了衡量和评估管理人员"决策能力"表现的总的积极行为特征描述及不符合要求的总的消极行为特征描述。

✅ 符合"决策能力"要求的总的积极行为特征描述：

（1）能够在复杂的情况下找准关键问题，并能迅速抓住问题的核心；

（2）决策前，能够充分收集有关信息；

（3）能充分考虑一项决策对其他人及对联合国可能产生的积极影响及消极影响；

（4）根据所有收集的信息，提出行动方案或建议；

（5）根据事实来检查假设的合理性；

（6）确定所提议的行动方案能否实现决策所明示及强调的宗旨；

（7）必要时，能够做出艰难的抉择。

❌ 不符合"决策能力"要求的总的消极行为特征描述：

（1）仅仅简单、一概而论地看待问题；

（2）所做的决定不合逻辑；

（3）依靠直觉进行决策；

（4）看问题主观；

（5）解决问题速度缓慢；

（6）进行不必要的冒险；

（7）得出不合适的结论；

（8）不试图收集更多信息；

（9）孤立地看待信息数据；

（10）看不到问题的核心或实质；

（11）难以做出艰难的抉择。

管理人员做出的任何决策或决定都可能影响其领导的个人及团队，甚至其他人员。他们往往需要解决复杂的问题，提出解决问题的行动方案或替代方法，有时还需要排除阻力，做出不受欢迎的艰难抉择。下面是衡量和评估中低级管理人员践行"决策能力"四档表现的具体行为特征描述。

😀 表现"出色"的行为特征描述：

（1）能够立即聚焦关键问题，迅速收集、分析、理解数据信息，并能够正确、准确地从各个层面了解、理解复杂的情况；

（2）决策时，能够多方面、多角度来考虑决定或决策可能产生的影响，包括对团队内、对联合国及对外等方方面面的影响；

（3）在决策时，能够使用所获数据和信息，分析方方面面的情况，征求相关专家意见，根据事实来检查各种假设的合理性，确保做出深思熟虑的决策；

（4）自觉自愿地做出并捍卫艰难的、不受欢迎的决定。

☺ 表现"合格"的行为特征描述：

（1）总的来说，能够聚焦关键问题，分析、理解数据信息，正确理解复杂的情况；

（2）能够考虑所做的决定或决策可能对团队内部及整个联合国组织会产生什么影响；

（3）总的来说，决策时能够使用现成的信息，分析各种情况，并根据事实来检查各种假设的合理性，但也许会在一定程度上依靠直觉；

（4）必要时，也会做出并捍卫艰难的、不受欢迎的决定。

☺ 表现"待改进"的行为特征描述：

（1）能够根据已获信息聚焦关键问题，但可能会因一些外围问题而分散注意力，还可能从单一角度来解读情况；

（2）决策时只考虑它对团队内部的广泛影响，不一定审视要做的决策是否会对联合国组织及外部产生什么影响；

（3）承认根据信息做出决策的重要性，在可能的情况下，也寻求根据事实来检查各种假设是否合理，但在相当程度上依靠自己的直觉；

（4）必要时能够做出不受欢迎的决定，但遇到挑战时就会软化自己的立场。

☹ 表现"不尽如人意"的行为特征描述：

（1）看不到也不能聚焦关键问题，往往凭直觉来解决问题，而不使用已有的数据信息；

（2）决策时，几乎不考虑要做的决策或决定对内、对外可能产生什么影响；

（3）决策时，在很大程度上依靠直觉，常常忽略关键信息，也不根据事实来检查假设是否合理；

（4）力图避免做出艰难的抉择，也不积极支持或捍卫联合国做出的不受欢迎的决定。

与中低级管理人员相比，高级管理人员的决策和决定影响的范围更大，责任更重。下面是衡量和评估高级管理人员"决策能力"四档表现的具体行为特征描述。

表现"出色"的行为特征描述：

（1）立即聚焦关键问题，迅速收集、分析、理解数据信息，并能够正确、准确地从多层面了解、理解复杂的情况；

（2）决策时，能够从部门内部、联合国组织及外部等多角度来考虑一项决策或决定可能对社会、经济及政治等方面产生什么样的广泛影响；

（3）在决策时，能够使用所获数据和信息，分析方方面面的情况，征求相关专家意见，根据事实来检查各种假设的合理性，确保做出深思熟虑的决定，并确保本部门所有中低级管理人员也这么做；

（4）自觉自愿地做出并捍卫艰难的、不受欢迎的决定，把自己看成联合国的代表，不管自己持什么观点，在公开场合永远捍卫联合国的立场。

表现"合格"的行为特征描述：

（1）总的来说，能够聚焦关键问题，分析、理解数据信息，正确理解复杂情况；

（2）能够从团队内部、联合国组织及外部等多角度来考虑一项决定或决策可能产生的广泛影响；

（3）决策时，能够使用所获信息，分析各种情况，根据事实检查各种假设的合理性，但不一定会在本部门更大范围内积极推动这种做法；

（4）必要时，能够做出并捍卫艰难的、不受欢迎的决定，但只有当自己赞同组织的决定或立场时，才愿意捍卫联合国组织的立场。

表现"待改进"的行为特征描述：

（1）能够根据已有信息聚焦关键问题，但可能会因一些外围问题而分散注意力，还可能从单一角度来解读情况；

（2）决策时只考虑它对团队内部的广泛影响，不一定从联合国组织及外部等角度来审视决定或决策可能会对社会、经济、政治等方面产生什么样的广泛影响；

（3）承认根据信息做出决策的重要性，在可能的情况下，也寻求根据事实来检查各种假设是否合理，但在相当大的程度上依靠自己的直觉；而且在本部门不鼓励通过缜密规范的分析来做出决定；

（4）必要时能够做出不受欢迎的决定，但遇到挑战时就会软化自己的立场；如不赞成组织的决定，有时甚至会破坏该决定。

😟 表现"不尽如人意"的行为特征描述：

（1）看不到也不能聚焦关键问题，往往凭直觉来解决问题，而不是用已有的数据信息；

（2）决策时，几乎从不关注做出的决策对内外部，对社会、经济、政治可能会产生什么样的广泛影响；

（3）决策时，在很大程度上依靠直觉，常常忽略关键信息，也不根据事实来检查假设是否合理，而且在本部门不鼓励通过缜密规范的分析来做出决定；

（4）力图避免做出艰难的决定，对联合国组织做出的不受欢迎的决定，既不积极支持，也不捍卫；并常常破坏联合国组织在有争议的问题上的官方立场。

 ## 能力框架适用于全部人事管理

综上所述，联合国的核心价值、核心能力和核心管理能力构成了联合国对国际公务员的基本要求。这一套核心能力体系是联合国招聘人才、建设世界一流国际公务员队伍的依据和标准。因此，它也是招聘面试、晋升面试及联合国工作人员表现考评的具体内容。要加入国际组织并在国际组织站住脚且有发展，就必须了解并践行国际组织的核心价值，了解并具备国际组织所要求的核心能力。

实际上，这些能力要求不仅仅涉及国际公务员做好自身专业工作所必须具备的理念、技能和能力，而且被运用于国际组织人事管理工作的各个环节。联合国等国际组织从岗位设立（job profiling）开始，就已经在应用这些框架;而且在职员招聘、绩效管理以及员工的学习与职业发展(learning and career development)等各方面都是以能力框架作为基本依据的。

◇ 岗位设立:国际组织内对各工作岗位均有职责描述,根据该工作的性质、级别、地点等,列出该职位所必须具备的能力。

◇ 职员招聘:在具体招聘过程中,同样以能力框架为标准,在笔试和面试过程中,不仅要考察申请者的学历、资历、能力,还要考察其是否具备该组织的价值观。联合国及其专门机构均施行"基于能力的招聘原则"(competency-based recruitment)。竞聘国际组织职位,首先要搞清楚岗位空缺通知(英文名称不同,如 vacancy notice、vacancy announcement、job opening 等)中所列岗位职责(post description),看自己是否具备有关岗位所要求的学识、技能、本领。同时,还应了解并熟悉该国际组织的能力框架的总体要求及其英文表述。在笔试和面试过程中,如能适时适当地表现出个人对这些要求的认知和认同,则会给考官留下较深印象,起到加分作用。这一点,我们将在第四章做进一步分析、介绍。

◇ 绩效管理:指对在职员工的绩效管理。联合国总部使用绩效评估系统(Performance Assessment System),联合国专门机构基本都使用绩效管理与发展系统(Performance Management and Development System)。不管怎么叫,根据这些系统,所有工作人员每年都需与其上级主管确定年度工作计划,每半年进行一次期中评估,先由本人填写表格,再由直接上级主管审阅后写出评语。期末还有总结与评估。遇有不同意见时,需要双方沟通取得一致,本人签字后交更高一级领导阅评,最后本人签字并送人事部门存档,作为职员能否转正、是否奖惩的依据。

◇ 学习和职业发展:通过绩效讨论,确定有待开发的能力以及为开发这些能力需要学习的科目或内容。为职业生涯的发展,职员可以表现出对开发一些能力的兴趣及意愿,人事部门则根据职员的意愿设计培训活动。

第四节　联合国专门机构的能力框架

联合国专门机构包括联合国粮食及农业组织（Food and Agriculture Organization of the United Nations），国际民用航空组织（International Civil Aviation Organization），国际农业发展基金（International Fund for Agricultural Development），国际劳工组织（International Labour Organization），国际货币基金组织（International Monetary Fund），联合国教育、科学及文化组织（United Nations Educational，Scientific and Cultural Organization），联合国工业发展组织（United Nations Industrial Development Organization），万国邮政联盟（Universal Postal Union），世界银行集团（World Bank Group），世界卫生组织（World Health Organization），世界知识产权组织（World Intellectual Property Organization），世界气象组织（World Meteorological Organization），世界旅游组织（World Tourism Organization），国际开发协会（International Development Association），国际金融公司（International Finance Corporation），国际电信联盟（International Telecommunication Union），国际原子能机构（International Atomic Energy Agency），世界贸易组织（World Trade Organization）等。联合国专门机构不是联合国的附属机构，与联合国不是隶属关系。它们根据各国政府间的协定而设立，并以特别协定与联合国发生关系。从运作及组织结构来说，它们是自治的，有自己的成员、立法和执行机构、秘书处和预算，其会员国数目和联合国的会员国数目不尽相同。它们通过经济及社会理事会的协调机构，同联合国以及其他机构在工作上互相配合和联系。其中世界贸易组织和国际原子能机构是相当于专门机构的政府间机构。联合国内很多有关经济、社会、文教和科技方面的工作，则由这些专门机构执行落实。因此，专门机构各自制定了自己的核心价值和核心能力，其内容设置及语言表述与联合国的核心价值和核心能力不尽相同，但本质上一脉相承。例如：《联合国粮农组织能力框架》（FAO Competency Framework）包含三项核心价值、五项核心能力、六项领导能力；《联合国教科文组织能力框架》（UNESCO Competency Framework）包括四项核心价值、七项核心能力、六项管理能力；《世界卫生组织全球能力模式》（WHO Global Competency Model）则提出了四项基本能力（mandatory competency）、三项核心能力、一项管理能力、三项领导能力；《国际劳工组织核心能力和价值框架》（ILO Core Competency and Values Framework）合并提出九项要求。

关于联合国粮农组织、联合国教科文组织和世界卫生组织的能力框架、模式的基本介绍及英文原文，请扫描二维码。

三个国际组织的能力框架、模式基本介绍

《联合国粮农组织能力框架》（英文）

《联合国教科文组织能力框架》（英文）

《世界卫生组织全球能力模式》（英文）

联合国秘书处在调查研究基础上对现行能力框架做出调整，于2022年发布《联合国价值观和行为框架》（UN Values and Behaviours Framework），即四种价值观（包容、正直、谦逊、人性）和五项行为规范（联系和协作、分析和规划、交付有积极影响的成果、学习和发展、适应和创新）。联合国秘书长古特雷斯指出：只有决心按照共同价值观共同努力，我们才能成功加强秘书处，使其成为包容和以人为本的组织；我请所有同事认真了解这个价值观和行为指引框架，并在日常工作中体现价值观和行为准则。（限于篇幅，新框架的中英文文件请扫描二维码）

《联合国价值观和行为框架》

《联合国价值观和行为框架》（英文）

第四章
国际公务员竞聘攻略

　　本书第二章和第三章介绍了国际公务员的范畴、性质和素质要求,对《联合国工作人员条例和细则》和《联合国能力开发——实用指南》做了解读。本章将结合三位笔者在国际组织的实际工作经验,探讨国际公务员的竞聘攻略,帮助读者在学习和工作中以国际公务员的素质标准不断完善自身,准确把握入职国际组织的时机,有的放矢地做好竞聘准备,从容应对国际组织的笔试和面试,并取得理想的结果。

　　联合国是一个庞大的系统,从机构组成角度看大致分为两个部分:其一是联合国秘书处各常设机构和联合国直属执行机构,如联合国开发计划署、联合国儿童基金会、联合国难民事务高级专员办事处、联合国环境规划署等,总计 40 多个部门和机构,工作人员 4 万多名;其二是联合国的专门机构及相关组织(UN specialized agencies and related organizations),如联合国教科文组织、世界卫生组织、国际劳工组织、联合国粮农组织、世界知识产权组织等,总计 20 多个机构和组织,工作人员 8 万多名。联合国国际公务员制度委员会是国际公务员体制建设、制度规范、政策制定和实施的专设机构，于 1954 年制定《国际公务员行为标准》（简称《行为标准》）。《联合国宪章》和《行为标准》是联合国系统所有机构人力资源管理部门必须遵循的基本原则和标准。联合国的国际公务员体制是一个由立法、制度、管理机构和运作机制构成的完整体系。但是，不同机构具体规则的制定和实施略有不同，如《联合国工作人员条例和细则》仅适用于联合国秘书处等常设机构和各直属机构，而不直接适用于联合国的专门机构。后者在各自专业领域内独立运作，有各自的章程或组织法（constitution）、会员国（member states）、会费（contributions）、规划与预算（programme and budget），在人力资源管理方面也有各自的人事条例（staff rules and regulations）。联合国系统以外的其他国际组织，特别是国际非政府组织（INGO），其人事制度不受联合国国际公务员制度约束，其职员不属于国际公务员。本章介绍的国际公务员竞聘攻略仅适用于联合国体系内的各机构和组织。

联合国各机构的人事条例是规范各机构工作人员的就业条件及其职责和权利的法律依据。对比《联合国工作人员条例和细则》和几个专门机构的人事条例，可以发现国际劳工组织的人事条例最为详尽，特别是有关雇用方面的条款，对招聘程序和遴选的每一步骤都做了具体规定，可以作为研究国际公务员招聘规则和制订竞聘攻略的依据。我们将在第一节至第四节主要以《国际劳工组织人事条例》（简称《人事条例》）的有关章节为依据，解读国际公务员的性质、招聘程序和遴选步骤，并以实例分析的方法介绍竞聘攻略。第五节将以联合国秘书处的人才招聘为题做更全面和更深入的介绍。最后，第六节将介绍一些我们收集到的实际案例供读者参考。

第一节　国际劳工组织招聘标准

我们先节录《人事条例》中对国际劳工组织的职员性质的定义和说明，包括该组织职员的公职身份、行为准则、职责委派、职员构成、职务分类、责任主管、级别和职责定位等。

职员的公职身份

国际公务员负有国际义务,而不是国家义务。一旦接受聘用,他们即承诺以国际劳工组织的利益为行使公务和规范行为的准则。他们接受国际劳工组织最高领导人,即总干事(Director-General,DG)的领导并在行使公务时对最高领导人负责。他们在行使公务时不应寻求或接受任何国家或任何国际劳工组织以外机构的领导。

职员的行为准则

国际劳工组织的职员在任何时候都应以符合国际公务员身份的标准行事。他们应避免有损其身份的行为,特别是任何形式的公众声明(public pronouncement)。本组织不要求他们放弃国家情怀或政治和宗教信仰,但在任何时候他们都应牢记符合国际公务员身份的言行标准。他们不应参与、从事任何有碍于正当行使职责的政治活动或其他活动、职业或担任公职,并且应在事先征得总干事批准之后才能从事本组织以外的职业。

职员的职责委派

(1)总干事根据聘用条款,并考虑职员资历后拟定其职责并分配工作职位。

(2)总干事在征得职员同意后可以委派其从事本组织以外的临时工作。

职员的构成

(1)依据本组织正常预算所设置的职位,以及理事会(Governing Body,GB)根据本组织可依赖的外部资金所设置的职位而任命的长期合同职员。此类职员应视为"编内职员"(established officials)。

(2)本组织聘用的固定期限职员应视为"定期合同职员"(fixed-term officials)。

职员的职务分类

本组织的所有职务是根据其职责分类定级的。

（1）总干事、副总干事、助理总干事、司库（助理总干事级）。

（2）司处长，包括 D2 和 D1 级，以及享有司处级待遇的特殊职位。

（3）专业类（Professional category，P），包括 P5、P4、P3、P2 和 P1，以及类似特殊职位（assimilated special jobs）。

（4）国家专业类（National Professional Officers，NO），包括 NO-D、NO-C、NO-B 和 NO-A。

（5）一般服务类（General Service category，GS），包括所有其他级别的职员。

职员的责任主管

每一位职员都应向其主管报告工作，而该主管应根据《人事条例》的相应规定对其工作负责。责任主管应随时告知对方自己对职员工作的看法。

《人事条例》所指的责任主管应该是：

（1）总干事负责管理向其报告工作的职员；

（2）副总干事和助理总干事负责管理直接向其报告工作的职员；

（3）各部门的司/处长负责管理其主管部门的职员，除非总干事指定另一名官员负责管理下级部门；

（4）所有以上第（1）、（2）或（3）条中未列明的职员由其报告工作的主管负责管理。

职员的技术考核主管

对在总部以外地区工作的技术专家或资深技术专家的绩效考核，应由一名技术评估主管协同负责该专家工作的主管做出评估报告。这名负责人应为该专家工作所在地的主管，而技术评估主管应是总部相关部门的主管。

职员的级别和职责定位

由总干事确定每个职位的级别和职责。

国际劳工组织作为联合国的专门机构之一,其人事条例对该组织职员性质的定义,以及对职员行为准则、职务分类和管理体制的规定是与联合国国际公务员体制完全一致的。对于立志为联合国及其他国际组织工作的读者来说,准确理解国际公务员的性质、义务和职责是至关重要的,否则会在申请工作和竞聘过程中发生认识方面的偏差,造成不利影响。国际公务员是相对于国家公务员而言的,两者的本质都是公务员。不同的是,国家公务员是为国家利益服务,而国际公务员是为联合国及其他国际组织的利益,也就是全人类的利益服务。

第二节 国际劳工组织招聘程序

《人事条例》对国际劳工组织职员的招聘和遴选程序有全面、具体和详尽的规定。这一方面是为了保证在招聘工作中的公平、公正和透明原则得到充分体现,另一方面是便于人事部门和用人部门在招聘和遴选过程中规范操作,按部就班,选出德才兼备且最符合职位职责需求的候选人。以下我们先节录《人事条例》中有关招聘程序的条款。

招聘和遴选的负责人

总干事根据本组织章程和《人事条例》的有关条款,包括有关集体协议的条款,遴选和聘用国际劳工局(International Labour Office,ILO)的职员。

招聘标准

（1）本组织对职位补缺的首要考虑是以效率、能力和忠诚的最高标准聘用职员。另外，要考虑到候选人能使本组织的职员具有最广泛的地域代表性，还要考虑到候选人的性别和年龄。

（2）要求每一位职员具备一种完全胜任工作的工作语言的知识。

（3）要求专业类和领导职务类的职员具备大学学历或相当于大学学历的教育经历。

（4）遴选时会考虑候选人在本组织已有的工作经历，包括在本组织地方机构的工作经历。

（5）在符合前述条件时，不得以年龄、种族、性别、宗教、肤色、民族、社会出身、婚姻状况、生育情况、家庭情况、性取向、残疾或政治信仰为由歧视候选人。

职员任用

（1）副总干事、助理总干事和司库的聘用人选由总干事与理事会主席团协商后确定。

（2）在与理事会主席团协商后，总干事可以委任一名常务副总干事。

（3）总干事可以用平级调动、提拔或直接任命的方法补缺司处级职位。此类提升或任命（技术合作项目职员的招聘除外），应向理事会报告，并对升职或聘用职员的资格做简要说明。内部审计官的聘用应由总干事与理事会协商后做出。

（4）以下各类职员由总干事以平级调动、提升和直接任命作为正常的补缺方法，包括：总部以外的支局局长（branch office director）和国家局局长（country director）、技术合作职员、总干事办公室职员、副总干事的首席秘书、固定合同期限不超过两年的临时工作职员以及固定合同期限不超过两年的专业职员（即不准备在本组织长期供职的专业职员，他们的合同延期受《人事条例》有关条款约束）。对于固定合同期限不超过两年的专业职员，总干事在咨询遴选、调配和职员流动委员会

(Recruitment，Assignment and Mobility Committee，RAMC)的意见之后以其他方式自行补缺。

（5）平级调动、提升和直接任命作为一般服务类、国家专业类和专业类职员的补缺方法，一般应根据《人事条例》中规定的招聘和遴选程序竞聘。而总部以外的地方工作职员，可以依据现有的方法招聘。对于总部以外的地方工作职员，在制订新的招聘机制，或调整已有的招聘和遴选方法时，需征得联合谈判委员会的同意。不过，下列情况中职员可以不通过竞聘的方式提升或任命，即：需要特殊资格的职位补缺、本职位原定级别提升时的补缺、一般服务类职位升格为地方专业类职位、地方专业类职位升格为专业类职位（提升1级或多级）、紧急招聘及其他职位的招聘以及上述各方法不适用时。所有不通过竞聘程序的平级调动、提升和直接任命须征得RAMC的认可。

（6）招聘时应优先考虑以下几种情况：

　①根据《人事条例》中有关因裁员而终止合同的条款，被终止合同的原职员提出的竞聘申请；

　②职员调动申请；

　③职员提职申请；

　④如总干事和职员工会同意，除被解雇和开除者以外的其他原职员的申请；

　⑤在对等条件下，由联合国、其他专门机构或国际法院书记官处的职员提出的申请；

　⑥职位原定级别提升时，该职位应视为空缺职位。

一般服务类职员的招聘

（1）《人事条例》中有关尽量保持职员来自各成员国的原则不适用于对一般服务类职员的招聘。此类职位应尽量雇用当地人。在招聘一般服务类的职员时应说明是本地或非本地聘用。

（2）一般服务类职员应分配至特定的工作地点，一般情况下不得调动工作，特别是未征得本人同意时，不得调动。

国家专业类职员的招聘

《人事条例》中有关尽量保持职员来自各成员国的原则不适用于对国家专业类职员的招聘。此类职位应招聘驻在国当地职员。国家专业类职员一般应安排在他们的所在国工作，而且不应被调配至其他国家的职位。

职员任期

（1）总干事的任期为 5 年。理事会可延长其任期，最多延长 5 年。

（2）副总干事、助理总干事和司库的首次任期最多 5 年。他们的任期可多次延长，但每次延长不得超过五年。

（3）对于预算编制内的职位和理事会利用特殊基金设置的职位可签发无限期合同，条件是在职者自就职以来在绩效考核中品行端正、工作令人满意、资历符合要求，且符合本组织今后发展需要，而本人又有志于所属专业领域内的职业发展。

（4）固定合同的期限应不少于 1 年，不超过 5 年。固定合同可以延长，但不意味必须延长合同期限或更改合同性质。雇用合同规定的时限到期后，合同将自动解除，不予事先通知。

职员的雇用合同

（1）职员的聘用条款应由合同具体规范，包括由总干事或其授权的代表签发的聘书，以及一份由受聘者签署的接受聘用的声明。

（2）聘书应说明：

　　①聘书是根据《人事条例》有关条款签发；

　　②聘用类别和期限；

　　③与聘用相关的职员类别、级别和薪酬，如适当，说明增薪率和本级别最高薪酬；

　　④说明聘用起始日期；

　　⑤任何特殊款项。

（3）聘书应提醒受聘人注意聘用前的体格检查。

（4）《人事条例》及将由受聘人签署的接受聘用的声明应随同聘书一并发出。

（5）受聘人履职后，组织应发通知确认其聘用的有效起始日期。

职员雇用合同的修改

总干事可以在不损害职员权利的情况下修改聘用合同的条款，使其符合本组织大会或理事会对在职职员的聘用条件所做的变更。

职员雇用合同的有效期

非本地聘用的职员，有效聘用起始日期应是其按照总干事批准的履职路线和交通工具，离开原居住地赴任的日期，同时考虑到有可能超出正常旅行所需的时间。本地聘用的职员，有效聘用起始日期应为实际履职日期。

职员雇用前的体格检查

在医疗顾问证明受聘者的身体健康良好，同时没有任何影响其履行职责的身体缺陷后方可依据《人事条例》发出聘书。

以上是国际劳工组织《人事条例》中有关招聘程序的条款。条款中对招聘和遴选的最终负责人、招聘标准、职员的聘用程序等做了详尽规定。条款中提及的两个内部机构，即遴选、调配和职员流动委员会（Recruitment, Assignment and Mobility Committee，RAMC）和职员工会（Staff Union）在招聘和遴选程序中各司其职，甚至有着举足轻重的作用，但鲜为外界所知，因此有必要做一介绍。

先简单介绍 RAMC。在联合国系统内，几乎所有的组织都设有类似的机构，由人事司指派一名秘书协助工作，其职责之一是审查职位设置和招聘需求、审阅遴选报告、向机构最高首长推荐录用人选。对于联合国系统内的其他组织来说，这一机构的称谓与国际劳工组织可能有所不同，但职责大致相仿。国际劳工组织的 RAMC 是由三方四人组成，成员包括人事司司长、总干事指派的两名官员和职员工会指定的一名代表（工会代表可由一名顾问陪同）。RAMC 的主要职责是协助总干事做好本组织的职员规划和职员内部流动的规划（即人力资源发展规划），并根据《人事条例》和其他有关规定监督招聘和遴选程序。其具体职责有以下四点。

（1）审查本组织的职员规划和职员流动情况，提出招聘职员的类别和级别的建议，促进职员的内部流动（即轮岗轮值）；

（2）审查空缺职位和空缺职位的职责说明；

（3）提出内部平级调动补缺的建议；

（4）根据竞聘结果向总干事提出聘用建议。

RAMC 享有的特权是自订议事规则，通常每年召开一次年会和至少三次例会。RAMC 在职员规划、招聘和遴选等工作中有分歧时，应如实向总干事报告，由总干事做最终裁决。所有遴选报告须经 RAMC 审查后呈交总干事，因此 RAMC 例会会期有时会成为影响招聘和遴选工作进度的关键因素。RAMC 不召开会议，遴选报告就无法呈交总干事，人事司也就无法着手办理聘用手续。为了提高招聘和遴选工作的效率，国际劳工组织把每年的招聘工作分为两季。第一季是年初发布招聘信息，年中之前结束遴选程序，发出聘用通知。第二季是年中发布招聘信息，年终之前结束遴选程序，发出聘用通知。其他国际组织的做法大致相同。在了解这一规律之后，有志为联合国工作的读者可以根据自身情况做出竞聘规划。

再说职员工会。联合国所属各机构，包括专门机构，都有各自的职员工会（以下简称工会），由各机构的人事条例规范其权力和职责，或由工会与本机构的最高管理者（senior management）谈判达成的协议规范其权力和职责。各机构的国际公务员秉承自愿原则加入工会，缴纳会费，接受工会的指导和服务。当选的工会负责人，即工会主席或副主席，以及地区办事处工会代表，或全职或兼职从事工会工作。人事司会协调他们所在部门的主管，适当减轻他们的工作量。以国际劳工组织为例，工会的主要职责是参与联席谈判委员会（Joint Negotiation Committee，JNC）的工作，与最高管理者谈判本组织职员的权力和利益的保护问题，通过集体协议（collective agreements）规范权益。工会在招聘和遴选过程中具有重要的监督作用并直接参与遴选工作。例如重要职位的招聘和遴选，均要求工会指派代表作为遴选小组（selection panel）的成员。

在简要介绍了遴选、调配和职员流动委员会以及职员工会之后,下面我们再来看本节需要关注的几个重点。

(1)联合国系统各机构的首席行政官(称为总干事 Director-General,或秘书长 Secretary-General,或执行主任 Executive Director)是该机构职员雇用的最终裁决者。不言而喻,这种"首长负责"的体制决定了每个机构中的用人问题是由一人一锤定音,特别是重要职位(D1 级别以上)的分配和任用问题。因此,每个组织的重要成员国的政府,尤其是那些"会费大国"都为增加本国职员数量或为本国人选担任该机构重要职务,而向总干事/秘书长/执行主任施压,推荐并协助本国候选人竞聘。

(2)无论是专业类还是一般服务类职员的聘用,首先考虑的是本机构内部在职人员递交的申请,以内部平级调动、提拔和直接任命作为补缺的首选;如无合适人选,则扩大到联合国系统内其他机构的候选人;如仍无合适人选,才考虑来自外部的候选人。也就是说,只有在空缺公告中明确说明是外部竞聘或国际竞聘(external call or international call),来自联合国系统以外的人员才会被考虑。可见联合国系统各机构的在职人员,在进入遴选程序时具有一定的优先权。根据某机构一位从事人事工作多年的官员介绍,对于专业类职位的竞聘而言,这种"双优先"的规定使得来自联合国系统以外的竞聘者的胜出概率只有 30%左右。显然,对于外部竞聘者来说,这种内部竞聘者优先的原则是造成联合国"门槛高"的原因之一。对他们来说,既然有入职国际组织的愿望,就需要有信心、有恒心,一次不成,就再次争取。

(3)RAMC,以及职员工会在遴选工作中的重要作用。了解这两个内部机构的作用之后,内部竞聘者可以充分利用它们为自己的职业发展做规划,做到有的放矢,而外部竞聘者则可以增加信息渠道,寻求最佳时机参与竞聘。

(4)竞聘一般服务类职位的申请人仅限于机构所在地的居民,而竞聘国家专业类职位的申请人只能是机构驻在国的公民。这两个条件限定了申请人资格。竞聘者若想申请一般服务类职位,先要确定本人是否符合条件,即是否是机构所在地的居民(任何国籍的公民,只要符合机构所在地居民的资格即可提出申请);申请国家专业类职位,则要看是否是机构驻在国的公民。

（5）第二章介绍了职员地域分配制度。这个体制是指将预算编制内专业类职位的一部分（不包括编制内的一般服务类、国家专业类、语言服务类；更不包括额外预算资金支持的职位，如技术合作项目雇用的职员）按照会费比例、人口总数和地域等因素分配给各个成员国，其数额相对于每个机构的职员总数是很小的一部分，一般不超过 20％。如联合国秘书处职员总数为 4 万人左右，其中属于地域分配的职员数额只有 3005 名。按照会费周期 2016—2018 年计算，中国会费比例为 7.921％，应有的职员数额为 164～222 人。又如国际劳工组织，全球各地职员共有 3000 名左右，属于配额体制分配的大约为 630 名，按会费比例 7.921％计算，中国应有职员数额为 50 名。目前中国在联合国秘书处、国际劳工组织乃至所有联合国机构的职员数额严重不足，属于职员缺额国家，因此近期需要尽快增加职员数目，加强中国的代表性。有人会问，配额体制内的职位和配额体制外的职位有没有区别。回答是：既有，也没有。主要的区别是，配额内的职位需要补缺时，只允许来自缺额国家和无代表性国家的候选人竞聘；相同的是，无论是配额内的职位还是其他职位，就业条件（terms of employment）是同样的。此外，两者的就业保障（job security）略有不同，前者是稳定的，候选人一旦被录用，只要工作出色，每年通过绩效考核，就会比较容易地拿到无限期任用合同（appointment without time limitation，WTL）。

第三节　国际劳工组织遴选步骤

第二节有关招聘程序的规定是总的原则，本节介绍的遴选步骤则是对实施原则的具体规定，极具实操性，一目了然，无须解读。从提出招聘建议到公示空缺公告，从建立遴选小组到呈交遴选报告，从安排候选人的排位次序到最终确定被推荐人选，有着全面而详尽的规定。如果读者能熟谙其中的每一个步骤，在竞聘时就能成竹在胸，知己知彼，百战不殆。以下是《人事条例》中有关遴选步骤的具体规定。

职员的语言要求

职位补缺时首先考虑的是申请者的语言知识。专业类职员,如母语为联合国工作语言之一,则应具备使用第二种工作语言的良好能力,甚至要求掌握第三种工作语言。专业类职员,如母语不为联合国工作语言,应具备完全胜任工作的一种工作语言的能力,甚至被要求掌握第二种工作语言。专业类职员如从事翻译工作,或被总干事要求从事类似翻译的工作,应同时具备两种工作语言和翻译语言的能力。

职位补缺的程序

遴选程序应包括三个步骤:

(1) 提出公开空缺职位的申请并审查职位空缺公告;

(2) 在内部职员中寻找平级调动或异地调动的合适人选;

(3) 如在内部职员中没有平级调动或异地调动的合适人选,可以筛选其他候选人,而具备资格的其他候选人必须通过能力评定和技术评估程序。

第一步:提出公开空缺职位的申请并审查职位空缺公告。

(1) 需由部门主管提出要求补缺的建议。该主管应首先确定空缺职位的一般职位说明、职位类别和相应的级别,说明该职位应具备的责任、义务和最低技能要求。人事司负责审查补缺建议。

(2) 由人事司确认空缺职位和相关说明,及以下有关信息需呈交遴选、调配和职员流动委员会:①基于以下原因而提出的不经竞聘程序的职员调动,即出于人道,或有医生证明的健康原因;本机构对职员承担的法律义务,包括那些职位被取消的职员,或是本机构有责任保护的一位或一部分职员的利益,或是为了维护平稳和有效的工作环境;②希望职位轮换或异地流动的职员;③停薪特别假和外借即将到期的职员;④性别和地域多样性指数;⑤对一般服务类职位规定职责的变通;⑥指派职员到临时空缺职位的建议。

(3) 遴选、调配和职员流动委员会向总干事呈送遴选报告。报告内容应包括对特殊空缺职位的补缺提出限定候选人资格的建议(即仅限内部候选人或在职的属于其他类别的职员),以及职位空缺公告的内容。

(4)总干事根据报告所做出的决定通知遴选、调配和职员流动委员会。

(5)所有遴选公告应公示至少30天,除非遴选、调配和职员流动委员会同意设定其他不同期限。人事司将利用内部电子通信网络向在职职员发布空缺信息,并利用其他合适的媒体向公众发布这些信息。

第二步:在内部职员中寻找平级调动或异地调动的合适人选。

(1)人事司将拟定一份内部候选人名单,包括提出平级调动申请的职员,并筛选出那些符合基本条件的候选人。

(2)主管部门的负责人应审查人事司提出的名单,同时准备对候选人的评估。

(3)遴选、调配和职员流动委员会应审查符合条件的内部候选人名单,以及人事司准备的评估意见。同时主管部门的负责人应起草一份呈交总干事的报告,内容包括对补缺的建议和推荐人选,首先顾及提出异地调动申请的职员,考虑他们在地方工作的艰苦性和任职时间。

(4)总干事以平级调动或异地调动方式补缺的决定应告知候选人。

第三步:如在内部职员中没有平级调动或异地调动的合适人选,可以筛选其他候选人,而具备资格的其他候选人必须通过能力评定和技术评估程序。

筛选其他候选人

(1)如果没有发现符合平级调动或异地调动条件的内部合适人选,应筛选其他候选人。

(2)在着手筛选其他候选人之前,主管部门的负责人和人事司应确定评估合格的候选人各项要素的权重(简历、笔试、面试等)。

(3)人事司应为主管部门的负责人准备一份基本符合职位空缺公

告条件的候选人名单。

（4）主管部门的负责人和人事司在咨询技术审查小组之后，必要时可通过淘汰测试的方式，确立一份候选人短名单（shortlist）。

（5）对于外部候选人和提出晋升更高职员类别申请的内部候选人，应参照联合谈判委员会确定的 G1 至 G4、G5 至 G6、P1 至 P3 和 P4 至 P5 各级别职员应具备的核心能力标准进行评估。

（6）人事司应负责能力评定工作。负责评估工作的职员应由人事司和职员工会共同选定。

（7）只有成功通过能力评定的候选人方可进入下一步遴选程序。

（8）任何经过能力评定的候选人可以提出了解评定结果的要求，包括其今后需要改进的方面。

（9）对未通过能力评定的在职职员，鼓励他们利用本机构提供的职业发展和咨询机会，在 6 个月之后再做能力评定。作为职业发展的激励手段，本机构尽量为在职职员提供参加某项竞聘以外的能力评定机会。

（10）应成立技术评审小组来评估短名单中通过能力评定的候选人。

（11）技术评审小组的成员是空缺职位部门的主管或候选人的代表和人事司代表，而第三名成员是从一份在职职员名单中挑选并征得职员工会的同意的。

如必要，可以请技术专家协助技术评审小组进行对候选人的评估工作。技术评审小组成员和技术专家应秉公办事，与任何竞聘该职位的候选人不应有利益冲突或被他人认为有利益冲突。

（12）技术评审小组应依照事先确定的技术标准，并通过面试或部门主管和人事司商定的其他测试手段，对候选人进行严格的技术评审。

（13）技术评审小组应起草一份推荐报告，内容包括技术评估之后确定的候选人名次，推荐拟聘用人选并做评语。

（14）任何落选的内部候选人，或任何在职的候选人都有权了解对自己的评估结果和今后需要改进的方面。这种反馈应由部门主管或人事司的代表以口头或书面形式告知被评估人。

聘用建议和决定

遴选、调配和职员流动委员会审查技术评审小组提交的报告，提出意见和对有关事宜的建议并呈送总干事做决定。

竞聘流产

（1）在对其他候选人进行能力评定和技术评估后如果还有可聘用的人选，就不应宣布竞聘流产。

（2）在宣布竞聘流产之前，技术评审小组可以挑选短名单以外的其他合格的候选人参加能力评定和技术评估。

（3）如以上步骤仍不成功，遴选、调配和职员流动委员会应提出以其他方式补缺的建议。

公布竞聘结果

人事司应尽快在国际劳工局的内部通信网络上公示总干事所做的任命、调任和晋升的决定。人事司也会将竞聘结果通知所有候选人。

内部候选人

（1）仍在试用期的职员不可作为内部候选人申请竞聘。

（2）技术合作项目聘用的职员（由本机构调往技术合作项目工作的职员除外），以及签约短期合同的职员一般不具备作为内部候选人参加竞聘的资格。遴选、调配和职员流动委员会可以视情况扩大范围，使这些职员具备资格，但需要提出特别要求。

国际劳工组织对遴选步骤的具体规定略显死板，但的确可以保证招聘原则的实施，提高招聘工作的效率，有效地防止招聘程序中的偏差和徇私舞弊。需要说明的是，国际劳工组织的这些规定与联合国总部的略有不同，如对语言的要求、筛选其他候选人各项要素的权重、淘汰测试、人事司负责能力评定的组织工作、被淘汰的内部候选人有权要求了解能力评定结果等。

第四节 联合国专门机构应聘攻略

通过以上三节,读者对国际公务员的性质以及国际劳工组织的招聘程序和遴选标准已经有所了解。本节将结合联合国各专门机构目前招聘和遴选的通行做法,选择有代表性的专业类职位空缺公告,做实例分析,帮助读者更好地寻求进入国际组织工作的机会,以便读者在机会出现时及时把握,在竞聘时取得理想结果,实现做国际公务员的梦想。

通常人们会认为一个国际组织的人事部门对职位补缺负有全权责任,是做聘用决定的部门。其实不然,各机构的首席行政官才是那位"一锤定音"者,而人事部门只是根据各机构人事条例赋予的职责,协调有职位空缺的部门("用人单位"),为遴选工作的组织和实施提供服务,确保受聘者达到"最强能力、最高效率和最大忠诚"(the highest competencies, efficiency and integrity)的标准。为此,各机构职位补缺过程的每一步骤都是严谨的,遴选标准的每一项都是实际和严格的,考核候选人的手段和方法都是灵活多样的,而笔试和面试仅作为能力评估(competency assessment)的主要手段而已。目前各个机构都在总部设有能力评估中心(Competency Assessment Center, CAC),由人事部门负责运作,组织对候选人的全面考核,俗称"全方位评估"(the 360-degree assessment),内容包括笔试、面试和各种形式的实际场景(in the actual scene)测试。

能力评估中心主要对高级别职位(即 P5、D1 和 D2)的候选人进行考核,以甄别他们的分析、判断、决策能力和组织领导能力。在联合国国际公务员体制内,P5 级别以上的职位属于领导职务,对应这些职务的职位均属正常预算编制的固定职位,一般只对本机构内的候选人开放竞聘(internal call),即便同时对外开放竞聘,也很少有"外来者"胜出的情况。另外,对领导职务的竞聘必须严格遵循人事条例规定的遴选程序,最终以机构首席行政官直接任命的方式聘用。能力评估中心首先建立评估小组(assessment panel),成员 3 至 5 人,从本机构内部选人,由出缺部门的负责人领导,制订考题和考核的时间、地点、方式方法。必要时,人事部门会临时聘请该机构以外的专家,以第三者的身份做特殊形式的面试,通常是一对一(One on One)的形式,以期得到客观准确的评估意见。经历过能力评估的人共有的体会是:其笔试的阅读量相当大,内容涉及的专业领域广泛,候选人在规定的时限内(一般为 3 个小时)很难百分之百地完成考题;而面试的形式不拘一格,除了问答式,有时还会设置场景,做问题处理或方案选择式的考核。对于只有书本知识而无实际工作经验的候选人来说,他们不会成为竞聘的"幸运儿"。

通常联合国各个机构除了正常预算资金(由会员国缴纳的会费),还有为数可观的额外预算资金(extra-budgetary resources),以开展各类技术合作项目,而这些技术合作项目会大量聘用职员,包括国际的和受援国国内的职员(international and national staff)。对项目工作职员的聘用,各机构的人事条例亦有明确规定,他们属于联合国职员,享受国际公务员待遇。技术合作项目职员的聘用程序略有别于上述正常预算内职位的聘用程序,一般无须通过能力评估中心的遴选程序,在此不赘述。其原因是,这类职员持有的是定期合同,当一个项目结束时(或一两年,或三五年)该项目所聘用的职员的雇用合同将全部自动解除。对于从事技术合作项目的职员来说,虽属国际公务员之列,可他们的职业稳定性(job security)和某些福利待遇自然不如"编内职员"。他们可以在为技术合作项目工作的同时寻求编内职位,也就是"转正"的机会。在项目周期结束之后,也就是为技术合作项目工作的雇用合同结束后,他们才具备提出竞聘编内职位的资格。有志于入职联合国或其他国际组织工作的年轻人,不妨先进入各机构的发展援助合作项目工作,熟悉联合国的工作环境和运作机制,积累工作经验,而后伺机竞聘正式职位,这种方法不失为入职国际组织的另一有效途径。

作为雇主,联合国各机构在招聘和遴选职员时对候选人的考察内容除了前述的学历、资历、行为能力和人品,更重视候选人的竞聘动机。在实际工作中,我们根据经验把这几项考察内容简单地归纳为 MPP 三要点(motivation,professionalism and personality),即动机、专业能力和人品。对竞聘者动机的考察主要是在初步筛选候选人(审阅申请人的简历)和面试两个阶段进行的。专业能力所涵盖的不仅仅是专业技术能力和行为能力(technical competencies and behavioral competencies),更重要的是敬业和职业奉献精神。对候选人人品的考察,也可以说对"德"的考察是比较难的,遴选小组会通过审阅和观察候选人的简历、笔试结果和面试情况做出直接判断,必要时联系推荐人,了解候选人的有关情况,淘汰有明显人品瑕疵的候选人。

作为竞聘者,在提出申请和参加笔试和面试的全过程中有几个要点需要把握好,我们根据经验将其简单地归纳为 EQC 三要点(eligibility, qualification and comparative advantages),即申请资格、专业技术,以及竞聘者在专业知识、工作经验和行为能力方面的比较优势。申请资格比较简单,申请者首先要看本人是否具备申请资格,包括学历、资历、语言能力、申请人国籍的限制等(如前所述,联合国各机构的编制内职位有一部分,一般不超过总职位数的三分之一,是按会员国会费比例和国别代表性分配数额的,属于"配额"职位,因此职位空缺公告中会列出缺额国家和无代表性国家,只有来自这些国家的人才有资格申请)。对专业技术和行为能力资格的要求完全是根据补缺的职位提出的,申请者如符合要求即可提出申请。而申请者本身的比较优势则是取得竞聘理想结果的关键。可以设想,一个有几十甚至上百人竞聘的职位,如果没有略胜他人一筹的比较优势,候选人在前两轮筛选中就会被淘汰(前两轮筛选是指各机构的人事部门在申请者报名结束后根据本组织的雇用标准的初步筛选,以及遴选小组在审阅候选人的申请资料后所做的第二次筛选),无法进入"短名单"。什么是候选人的比较优势?一是要看候选人在专业技术和行为能力方面是否比别人更高一筹,具有更相关的专业背景和工作经历。再者要看候选人相对于其他竞聘者是否具备"额外价值"(additional value),也就是说一旦被聘用,候选人是否会在工作中发挥比规定的职位职责更大的作用,即所谓"超值"。没有比较就没有甄别,遴选小组的成员会根据已有的用人经验,在通过笔试和面试的候选人中做比较(一般是 3 至 4 人),从中确定一人作为推荐人选,另一人作为备选,由总干事做最后决定。如何展现申请人的额外价值?我们会在下面结合实例做简要说明。

俗话说机会属于有准备的人。每一个新设置职位或空缺职位的竞聘都是十分激烈的,毕竟僧多粥少,要想取得成功,必须在以下三个方面做充分准备:其一,确定目标并寻求最适合自己的机会;其二,在确定机会之后提出最有力的申请;其三,在申请被接受之后做最全面和细致的准备,争取顺利通过笔试和面试。这三方面的功课做得是否充分是决定竞聘结果的关键。

确定招聘的内部程序

联合国体系内的各个机构都定期在自己的官方网站上发布职位空缺公告。各个机构的人事部门会遵循本组织的人事条例,按照程序提出补缺需求,建立遴选小组,发布职位空缺公告,筛选符合条件的候选人、组织笔试和面试,确定被推荐人选,撰写并呈交遴选报告,履行聘用程序,最后发出聘书。各机构的人事部门为了提高工作效率,尽快满足职位空缺部门的用人需求,对遴选和聘用全过程的时限有明确规定,一般是 6 个月;急需用人时,会规定在 3 个月之内完成特定的招聘工作,而此类情况往往是针对技术合作项目职员的招聘。正常预算资金支持的职位补缺会按部就班,由各机构的人事部门根据本组织的双年度规划和预算(Biennial Programme and Budget)做职位补缺计划,协调需要补缺的各个主管部门有条不紊地实施招聘和遴选工作。联合国各个机构的官方网站上的职位空缺公告都会注明公告的发布日期和报名截止日期,而公告的发布日期即是遴选程序的起始日期,需要在 3 至 6 个月内完成遴选和聘用的全部程序。

我们在前面简单介绍了专业类职员的级别设置,即 P1、P2、P3、P4 和 P5。P1 和 P2 为低级别职位(junior level),P3 和 P4 为中级别职位(middle level),P5 为高级别职位(senior level)。而有些机构把 P5 和 D1、D2 合为一类,称为高级别职位。

联合国对各个级别的专业类职员的语言资格要求是统一的,即至少能熟练使用英语、法语、西班牙语三种工作语言之中的一种,而对于母语是三种语言之一的候选人和从事翻译工作的候选人则要求掌握两种以上的工作语言。除了语言资格,联合国对各个级别职员的学历、资历、能力等各项资格要求是由低至高,职责由轻至重,任务由简至繁。由于最初设置的 P1 级别职位属于实习性质,目前各机构已不再公开招聘 P1 级别的职员,而代之以实习生项目(Internship Programme)。目前 P2 级别是联合国各机构的入职级别。为了实现联合国职员的广泛代表性,即每个会员国至少有一名职员在各个组织工作,也为了满足缺额国家增加职员人数的要求,几乎所有的联合国机构都实施了 YPP,聘用这些国家有一定工作经历的青年专业人员(32 岁以下)进入联合国工作,定级 P2。可以说,YPP 的招聘是对缺额国家和无代表性国家的定向招聘,而中国目前属于严重缺额国家,因此我国的青年人在竞聘上具备一定的优势。

联合国对专业类职员的最低学历要求,最初设置为学士学位(大学本科),随着时间的推移,虽然有些机构在招聘公告中仍要求申请人具备大学本科以上学历,但实际录取的候选人均为硕士研究生以上学历(advanced education),罕见持本科学历直接竞聘入职的情况,除非他们具备较长时间的相关工作经历(3 年以上),以经历之长补学历之短。

联合国各机构对职员的资格要求基本一致。现将国际劳工组织对 P2 至 P5 级别的专业类职员的学历、资历和能力要求分述如下:

(1) P2:大学以上学历,具备相关专业知识和背景,2 年以上工作经历,能在最低限度的指导之下(under minimum guidance)完成工作任务;如候选人具备博士研究生学历,可不对工作经历做要求;

(2) P3:大学以上学历,具备相关专业知识和背景,5 年以上工作经历(其中 2 年以上国际经历),能独立完成工作任务;

(3) P4:大学以上学历,具备相关专业知识和背景,8 年以上工作经历(其中 3 年以上国际经历),具备组织和管理能力;

(4) P5:大学以上学历,具备相关专业知识和背景,10 年以上工作经历(其中 5 年以上国际经历),具备全面管理和开拓能力。

需要说明的是,以上对学历、资历和能力的要求是申请相应级别职位的最低标准。实际情况是,联合国各机构的一个空缺职位会有数十,甚至上百人申请,竞争是十分激烈的,而最终胜出者的学历、工作经历和各项能力都会大大超过最低标准。2017 年,联合国外联项目在中国介绍联合国等国际组织的招聘情况时说每个空缺职位的竞聘人数为 50~1500 人。

因此,我们建议有志为联合国和其他国际组织工作的读者在规划职业发展时根据自身学历、资历和能力积极寻求适合自己的机会,并通过努力把机会变为现实。

申请攻略及案例分析

联合国各机构的职员招聘会由人事部门通过内部工作网络和公众媒体两种渠道发布职位空缺公告。如果是内部竞聘,只通过内部工作网络发布职位空缺信息。如果是公开竞聘,则同时在内部工作网络和公众媒体发布招聘信息。在披露空缺信息方面,凡是公开招聘的空缺职位,必须在当地或国际有影响力的平面媒体(报纸或杂志)和公众网络刊登公告,以期信息透明。空缺公告的格式是非常规范的,内容包括:(1)基本信息(general information);(2)申请人应具备的资格和资历概述(general introduction);(3)职位介绍(introduction);(4)职责说明(description of duties);(5)专业资格说明(required qualifications);(6)补充信息(additional information);(7)附件(appendix)。

◇ 基本信息包括职位空缺公告的编号、发布日期、报名截止日期、职位名称、级别、合同类别、工作部门名称和工作地点。

◇ 资格和资历概述是对申请人最基本资格的说明,如内部候选人和外部候选人的资格,以及对申请人资格的其他要求。

◇ 职位介绍是对工作部门、主要职责和隶属关系的说明。

◇ 职责说明一般包括两个部分:一是该职位从事的具体工作内容,由聘用部门的主管逐一列明;二是人事部门根据本机构的专业领域和工作性质对每个级别应有职责制订的一般工作概要,即"定岗定责"。

◇ 专业资格说明是对与职位对应的学历、工作经历、语言和核心能力之外的其他专业技术能力和行为能力的具体要求。

◇ 补充信息是对能力评估的方式方法,以及笔试和面试的时间地点等事项的补充说明。

◇ 附件包括对申请人国籍的限制(缺额国家名单)和雇用条件(包括工资和各项福利)。

下面,我们以国际劳工局(国际劳动组织的常设秘书处)于 2017 年 10 月 16 日发布的一份职位空缺公告为例做实例解读。

【实例】（ILO/Vacancy No：RAPS/4/2017/DCOMM/01）

Human Resources Development Department
International Labour Office

Vacancy No：RAPS/4/2017/DCOMM/01
Title：Internal Communication Officer
Grade：P2
Contract type：Fixed-term appointment

Date：16 October 2017
Application deadline（midnight Geneva time）：
20 November 2017
Organization unit：DDG/MR DCOMM
Duty station：Geneva，Switzerland

General introduction

The following are eligible to apply：

—ILO Internal candidates in accordance with paragraphs 31 and 32 of Annex I of the Staff Regulations.

—External candidates.

Staff members with at least five years of continuous service with the Office are encouraged to apply and will be given special consideration at the screening and evaluation stages.

Applications from officials who have reached，or will reach their age of retirement as defined in Article 11.3 of the Staff Regulations on or before 31 December 2017，or who have already separated from ILO service upon retirement or early retirement，will not be considered.

In accordance with the Staff Regulations and letters of appointment，successful candidates for positions in the Professional category would be expected to take up different assignments（field and Headquarters）during their career，the desirable length of an assignment in any specific position being two to five years，following which the incumbent should be willing to move to another assignment and/or duty station.

Within the context of the Office's renewed efforts to promote mobility，staff members seeking mobility are encouraged to apply to vacancies. Mobility will be given special consideration at the screening and evaluation stages.

The ILO values diversity among its staff. We welcome applicants from qualified women and men，including those with disabilities. If you are unable to complete our online application form due to a disability，please send an email to erecruit@ilo.org.

Applications from qualified candidates from non- or under-represented member States，or from those member States which staffing forecasts indicate will become non- or under-represented in the near future，would be particularly welcome. A list of these countries is in Appendix I.

Successful completion of the Assessment Centre is required for all external candidates.

Conditions of employment are described in Appendix II.

（续）

Introduction

The position is located in ILO Internal Communication Unit of the Department of Communication and Public Information (DCOMM). The ILO Internal Communication Unit connects staff across ILO offices globally, engaging them in the delivery of common ILO objectives by managing effective communication channels that ensure they are kept up-to-date with what is happening across departments, projects and offices around the world.

The role of the Internal Communication Officer mainly focuses on the preparation and production of the internal communications newsletter and intranet platform (Inside). This includes the creation and publication of editorial and multimedia content and platform management.

The position reports to the Head of Internal Communication.

Description of duties

Specific duties:

1. Plan, prepare draft and publish engaging content for the monthly staff e-newsletter and intranet, in consultation with staff and relevant departments and field offices.

2. Under the guidance of the supervisor, update on a regular basis the content of the ILO intranet landing pages in the three working languages of the Organization (English, French and Spanish).

3. Assist with the organization of translation and proof-reading of all Unit content.

4. Support the production of audiovisual content, including editing of basic audio and video content to support internal communication (using dedicated software as needed).

5. Develop monthly internal broadcast emails (using an e-mail distribution system) by collating all recent content and relevant internal news and links.

6. Assist with the conception and organization of internal events in collaboration with relevant departments and units.

7. Monitor and collect monthly analytics for the intranet and newsletter.

8. Perform other relevant duties as assigned.

These specific duties are aligned with the relevant ILO generic job description, which includes the following generic duties:

1. Research and develop materials for specific information topics and/or outputs such as audio/video productions. Collect and compile information for dissemination.

2. Draft news releases, correspondence or other information publications, and assist with the distribution of information materials.

3. Prepare briefing materials for senior communication and public information specialists prior to their appearance at interviews, conferences and briefings. Participate in the organization of seminars, conferences and meetings.

4. Maintain lines of communication and working relationships with representatives of the media, NGOs and/or other groups to develop an understanding of information requirements.

5. Edit, write or rewrite articles, newsletters or other information materials as required.

6. Assist with the production of audio/video projects by conducting research, acquiring copyright and other clearances, and arranging for editing and audio mixing. Participate in the development and maintenance of web-sites.

（续）

Required Qualifications

Education

First-level university degree in communications, journalism, international relations, liberal arts or other relevant discipline, or its equivalent.

Experience

Three years of professional experience at the national level in public information or related fields of work.

Languages

Excellent command of English, working knowledge of another working language (French or Spanish) of the Organization.

Competencies

In addition to the ILO core competencies, this position requires:

Technical competencies: Excellent writing skills. Good interpersonal and communication skills. Ability to adapt message to culturally diverse audiences. Knowledge of the Organization's mandate and its programme of activities. Good analytical skills. Good knowledge of computer applications for information collection, management and dissemination. Ability to work on own initiative as well as a member of a team.

Behavioural competencies: Ability to work in a multicultural environment and to demonstrate gender-sensitive and non-discriminatory behavior and attitudes.

Additional information

Evaluation (which may include one or several written tests and a pre-interview competency-based assessment centre) and the interviews will tentatively take place between November 2017 and March 2018. Candidates are requested to ensure their availability should they be short listed for further consideration.

APPLICANTS WILL BE CONTACTED DIRECTLY IF SELECTED FOR WRITTEN TEST.

APPLICANTS WILL BE CONTACTED DIRECTLY IF SELECTED FOR AN INTERVIEW.

APPENDIX I

APPENDIX II CONDITIONS OF EMPLOYMENT

解读公告

这个职位空缺公告招聘的是一位 P2 级别的专业类职员。公告的格式和行文规范,完整地提供了招聘的各项信息,包括以下几个方面的内容。

(1)基本信息——公告发布者是国际劳工局人事司;发布日期为 2017 年 10 月 16 日;报名截止日期为 2017 年 11 月 20 日;职位为内部通讯官;级别为 P2;合同类别为定期合同;工作部门为 DDG/MR DCOMM(由副总干事主管的通讯和公众信息司);工作地点为瑞士日内瓦。

(2)资格和资历概述:①由于空缺职位对内和对外同时开放竞聘,对内部候选人和外部候选人的申请资格做了说明;②根据《人事条例》规定,凡受聘的专业类职员都应接受雇用之后的工作调配,即总部和地方工作职位的流动,每一职位的工作期限为 2 至 5 年;③欢迎女性和残疾人提出申请;④特别欢迎来自无代表性国家和缺额国家的候选人;⑤对外部候选人须做能力评估。

(3)职位介绍——工作部门为国际劳工局通讯和公众信息司内部通讯科,主要工作任务是撰写内部通讯稿,接受科长的领导。

(4)职责说明——列明 8 项具体工作职责和 6 项一般工作职责。

8 项具体工作职责分别是:①协调各方,准备资料,撰写国际劳工局内部的职工电子通讯稿件(月刊);②在科长的领导之下定期更新内部网站首页的内容(英、法、西班牙三种语言);③协助组织翻译和校对来自各部门的稿件;④协助视频内容的制作;⑤编制由内部电子邮件系统每月发布的群发邮件;⑥协调各部门并协助策划和组织各类内部活动;⑦监控和搜集每月的内部工作网络和通讯分析;⑧其他分配的工作。

6 项一般工作职责分别是:①搜集、整理、编辑和传播专题信息;②起草新闻、通讯和其他信息稿件;③为通讯和公众信息司官员准备专访简介材料;④维持与媒体、非政府组织和其他机构的工作关系,了解他们的需求;⑤编辑、起草或改写通讯稿;⑥协助视频稿件的制作,包括调研、申请版权、开发和维护网站。

※这些工作职责的内容需要申请者仔细研读,特别是规定的工作职责部分,确定自己是否有能力承担所列各项工作。

（5）专业资格说明：①学历：要求具备相关专业的学士学位。②工作经历：要求3年以上的国内相关工作资历。③语言：要求熟练掌握英语，同时具备第二种工作语言（法语或西班牙语）的基本知识。④能力：除国际劳工组织规定的核心能力，本职位还要求具备以下两种能力。（a）专业技术能力：出色的写作能力，良好的人际关系和沟通能力，为不同文化背景的读者编制合适的信息的能力，熟悉本组织的职责范围和行动计划，良好的分析能力，在信息采集、管理和传播工作中熟练使用电脑的能力，主动工作和作为团队成员配合工作的能力。（b）行为能力：适应多元文化工作环境，具有性别平等意识，能在行为和态度上避免性别歧视。

※遴选小组在初选（审阅申请人资料，包括简历、求职信和推荐信等）、确定短名单（审阅笔试结果，必要时做能力评价）和面试的全过程中重点考察的是申请人是否具备承担此项工作的各种能力。

（6）补充信息——评估（包括一次或多次笔试和面试之前的一次能力评价）和面试的暂定时间，即2017年11月至2018年3月之间。被列入短名单的候选人应保证在该期间能参加能力评估和面试。

※这条信息给我们的提示是，本次招聘和遴选工作应在公告发布之后的6个月之内完成，即2018年4月中旬以前。另外这条信息还暗示此次招聘的主要对象是外部候选人（external candidates）。

申请攻略

如果有人对这份工作有兴趣，又确认自己完全具备上述学历、资历和能力等各项条件，就应及时提出申请。申请时应注意的主要问题有以下几点。

（1）仔细阅读职位空缺公告，真正读懂该职务从事的具体工作是什么，理解该职务对专业技术和行为能力的每一条要求和内涵。

（2）目前所有联合国机构只接受网上申请（on-line application）。

（3）填写表格时应按照要求提供完整无误的信息。

（4）在工作经历栏目中突出符合职位职责要求的工作经历，比如候选人有制作网站的经验和熟练使用视频制作软件的能力等，简明扼要地举例说明专业能力。

（5）推荐信（letter of recommendation）。竞聘专业类职位，特别是P3

级别以上的职位,申请资料中最好包括推荐信。推荐信无须面面俱到,篇幅在一页纸(A4)左右,根据所申请的职位职责着重介绍被推荐人的能力和相关的工作经历。

(6)著作(publication)。申请专业类职务时要列出已发表的著作,特别是与竞聘职位相关的专业著作,专著在前,合著在后。

(7)按要求附上学历证明。

(8)最重要的是写好求职信(cover letter/personal statement)。求职信会在第一时间给人留下比较深刻的印象,有时甚至是决定取舍的关键。求职信之所以重要,是因为它是申请人介绍自己、表白志愿、说明动机、强调能力的第一个机会,也是最佳时机,有时会起到让审阅者"一见钟情"的效果。而审阅者在阅读求职信时,至少可以对申请人的文字水平、逻辑思维、申请动机(motivation)和工作能力有一个基本判断。求职信的篇幅不宜过长,一般在 800 至 1000 字(2 至 3 页纸),格式要规范,内容要完整,逻辑要清晰,语言要准确。一份好的求职信,除了文笔好,包括前述几项内容,更重要的是重点突出,要在申请动机上做足文章,充分说明竞聘的理由,同时说明本人与竞聘职位匹配的能力,强调自身的特殊价值(extra value)。本章之前提到的动机、专业能力和人品考察三要点(MPP),首要的是对动机的考察。

三位笔者曾经参与对国际组织应聘人员的阅卷和面试工作,也曾辅导国内高校同学撰写求职信。以下案例是某高校研究生的习作,供读者参考。

【案例一】

Dear Sir/Madam,

I am interested in applying for an internship position with Environmental Affairs, United Nations Environment Programme(UNEP)advertised on UN Careers.

My role as administration assistant in International Union for Conservation of Nature(IUCN)in ×××has given me invaluable experience of working collaboratively with colleagues to achieve organizational goals. In IUCN, I conducted research and analysis on the natural heritage of China. This has helped me gain competent skills in desktop research, in communications with project partners and communications with different parties，which are all relevant to this internship. And my work on natural heritage protection has helped me gain sound knowledge of climate change and environmental policies and made me keenly interested in the climate change adaptation projects/programmes in the UN.

My internship in the Marketing Department of ××× allowed me to fully use my communication skills learned during college. As a marketing intern，I reached out to clients and helped to organize events frequently，from which I have learned that to gain clients' trust and respect，you have to put yourself in others' shoes，identify clients' needs and match them to appropriate solutions.

My work experience in international organization and transnational company has enabled me to successfully interact with individuals of different cultural backgrounds and beliefs.

In addition，my proficiency in Chinese and English enables me to fit comfortably into the multinational team，which I know is an essential feature of the internship with UNEP.

If I am fortunate enough to be selected for the position，you will be employing an asset who is a dedicated，open-minded and cooperative team player. I am available for interview at any time and would like the opportunity to make a positive contribution to UNEP. I have attached my resume and look forward to discussing my qualification with you. Thank you for your time and consideration.

这名学生在信中写道，她申请的是联合国环境规划署环境事务部门的实习职位。在这份求职信中，申请人从语言能力、工作经历和实习体验三个方面陈述了她具有所申请岗位所需的能力和优势。申请人曾在世界自然保护联盟工作，从事过研究和分析中国自然遗产的工作，对气候变化和环境政策有比较深入的了解，因而激发了她对联合国气候变化项目的兴趣。这样的介绍让人感到申请人的动机自然、可信。

申请人懂汉语和英语，符合国际组织对工作人员的工作语言要求。申请人在国际组织工作时,增长了研究和沟通能力以及案例研究能力。在跨国公司的市场部实习时,她经常联系客户、组织活动,为客户着想,了解客户需求,找到满足客户需求的方法,取得客户信任,展现了沟通能力。以上经历锻炼了她与不同文化背景和宗教信仰的人士进行互动的能力。

从求职信中可以看出,申请人具有国际组织所要求的语言能力、沟通能力、团队精神、研究分析能力、尊重多样性精神,并有在世界自然保护联盟工作的经验。申请人重点突出的能力和优势正是国际组织所看重的。

求职信本身反映了申请人的英语表达能力。可以看出,申请人语言通顺、易懂,语法使用较为规范。但如要到国际组织工作,申请人仍需进一步提高语言的表达能力。

【案例二】

I am of great interest in the UNICEF Internship Program on Human Resources Management and Outreach, and fervently hope to be part of your New Talent Team.

I am now pursuing my Master's degree in Translation Studies at ×××University, and obtained my Bachelor's degree at ××× University. As both my undergraduate and graduate programs are open for international students, I have always been involved in multicultural studying environment, and am confident of my fluency in English and ability to work with colleagues of various nations or cultures.

The fate and future of kids, especially those in hardships, have always been my concern. During my undergraduate years, I was head of a volunteering organization named "Magic Classrooms in Mountains", which helped to establish modernized, artistic and standardized classrooms for primary schools in remote mountainous areas. Although having left the organization, I still look forward to making more contribution to kids, and therefore wish to be part of your program to follow my dream.

Although my major does not have much to do with communication or business administration, I minored in Human Resources Management in college, and was once in charge of the HR Department of one school club.

And I still long for more knowledge and practice in this career. Also, it seems necessary to mention that I am becoming skilled at multiple computer applications, systems and MS Office when working as an assistant for the Academic Affairs Office of my university these days.

With belief that my experiences and skills have made me qualified for the post, I look forward to hearing from you in the near future. Thank you for your consideration.

这位学生申请的是联合国儿童基金会人力资源管理和外联项目的实习岗位。申请人从学历、志愿者工作经历陈述了她具有这个实习岗位所需的能力和优势。申请人表示一向非常关心儿童特别是弱势儿童的未来和命运,为此曾在本科时领导过"山区教室"志愿者项目,致力于儿童教育事业。

申请人流利的英语能力符合国际组织对工作人员的语言要求。她本科和研究生时就读的两所大学都面向国际学生,这使她有机会接触来自不同国家和文化的同学,获得多文化体验。她本科时辅修人力资源管理,并担任学校某社团人事部门的负责人,培养了人力资源管理的能力,其教育背景及实践经验与所申请岗位相匹配。除此之外,她还擅长使用多个计算机应用系统和 MS 办公软件。申请人不仅关心儿童事业,并付诸实践,表明其动机纯正。申请人陈述的能力和优势比较切题,逻辑思维比较缜密。

求职信体现了申请人的英语表达能力。她的英语水平可以用于工作,但在修辞、语法等方面仍需改进。

在上述两个求职信的习作中,申请人都介绍了自己,表明了申请的动机,突出了其具有与所申请职位相匹配的能力和优势,让审阅者对申请人的申请动机、文字能力、逻辑思维、工作能力、性格特点都有一个基本判断。求职信篇幅有限,必须使用规范的语言,切忌啰唆重复;必须逻辑清晰,表述严谨,突出自己的特殊优势。

笔试攻略

笔试是能力评估的最基本形式,是对候选人的第二次筛选,通过笔试确定进入面试阶段的候选人短名单。笔试考察的目的有三:一是写作水平,二是专业知识,三是工作能力。笔试的时间一般为 3 个小时。考题一般为两类——必答题和选答题。目前联合国各机构的笔试最大特点是阅读量大,候选人在规定时限内一般很难百分之百地阅读全文并答题,需要见机行事,在时间分配上顾及其他考题。

笔试的必答题中必有一道阅读题,要求候选人快速阅读一份文件(或演讲稿),提炼要点,做评论。这篇文件的篇幅一般在 10~15 页,单倍行距(single space),含有 10 个左右的要点,作为要点提炼(summary of the key points)和评论(comments)的依据。快速阅读能力是在国际组织工作的语言基本功之一。因国际组织运作的特点之一是"文山会海",专业类职员每天要阅读和处理的文件量相当大,如果没有快速阅读的基本功,是很难适应国际组织的工作的。因此,阅读题是考察专业类各级别候选人的必考题,包括 P2、P3、P4 和 P5 及以上级别。例如多年前国际社会保障协会(International Social Security Association,ISSA)招聘一位 P4 级别的专业类职员,笔试时间为 3 个小时,其中的一道必答题是一份长达 14 页的报告,内容是关于世界各国社会保障制度改革的趋势,要求候选人做快速阅读并提炼要点,而应试者中几乎无人百分之百地完成答题。

笔试的选答题部分形式多样,其中肯定会有一道写作题,要求起草一份演讲稿或一封信,或是说明一个观点。一般一份 3~5 分钟的演讲稿,篇幅应在 800~1000 字,考的是候选人的写作能力和专业知识储备能力。其他选答题会依据不同专业的职务设题,候选人需要了解自己申请的职位所涉及的专业知识和写作能力,并做充分准备,在此不做详述。

面试攻略

面试是遴选程序中候选人面对的最后一道关口,能否胜出在此一举。一般能进入短名单的候选人(shortlisted candidates)已基本具备被聘用的资格。遴选小组在面试时会参阅候选人的简历、求职信和笔试成绩,针对其中的要点和疑点提问,对候选人做全面而且是最后的考察。在面试结束后,遴选小组在讨论被推荐人选时,往往以面试结果作为评估的主要依据,可见面试在遴选全过程中举足轻重的分量。

为了节省费用,联合国各机构对中低级职位的候选人一般采用视频面试(Skype interview),有时甚至是电话面试,而对高级别职位的候选人会采用面对面的面试(face-to-face interview)。不论采用何种方式,原则是一视同仁,对所有候选人要么视频,要么面对面,绝不会一部分人视频,而另一部分人面对面,以期公平公正。

遴选小组在面试前的准备工作包括讨论面试的程序、时间、提问方式和先后次序、提问内容和数量、评分标准和权重,确定主考人。在每位候选人的面试结束后,遴选小组的成员会立即交换意见,简单评论,保证最终结论准确无误。对每位候选人的面试时间一般是30~45分钟,对他们提出的问题是一致的,但特殊情况下主考人会追加一两个问题。遴选小组的最后一项工作是起草遴选报告(selection panel report)。报告内容一般包括:补缺职位的情况、遴选小组的成员构成、遴选的方式方法、遴选的程序和时间、笔试和面试问题的设置、候选人基本情况和候选人数,最后提出被推荐人选并说明推荐理由(一般正选一人,备选一人)。

了解上述情况之后,当得到面试通知时,候选人应该做到心中有数(用内行人的话来说,所有被通知面试的候选人此时已有50%的胜出概率),做好面试准备。作为最后一关的竞聘者之一,候选人面对的竞争对手或许是三五人,甚或七八人。候选人能否做到胸有成竹,在面试中脱颖而出,在于其准备是否充分。对于此,我们有以下建议。

(1)再一次认真阅读职位空缺公告,逐项对比公告中对候选人的素质要求,包括学历、资历(工作经历)、语言、专业技术能力和行为能力等,做最后的准备。

(2)如果是视频面试,要熟悉面试所涉及的设备(电脑)和软件(Skype),准备好设备并且做好心理准备。视频面试时,图像和声音的传送会有时间差,大约一两秒,因此在回答问题时要避免时间差造成的不良影响。

(3)把面试当成正式入职,不论是采用面对面还是视频的方式,候选人的着装和仪表是留给考官的第一印象,因此候选人要着装合适(最好是职业装），注意礼节，特别是在倾听和回答问题时要专注，要自然，不可拘谨，更不可过分注重外表而忽视内涵。

（4）通过问答，考官要考察的第一个专业能力是候选人的语言水平（language proficiency），包括遣词造句和表达能力，往往流利顺畅的语言表达会给考官留下深刻印象。

（5）考官在短短的几十分钟时间内会按照 MPP 三要点重点了解候选人的竞聘动机、专业和行为能力和人品素质，因此他们设置的提问都是有针对性的。而候选人的回答要简明扼要，要有内容（substance），切勿不着边际地夸夸其谈。

（6）对于动机的考察是面试的重点，提问中必有一问涉及候选人的竞聘动机，候选人可以在回答时把求职信中有关竞聘的理由做简要说明。

（7）对于专业和行为能力的考察，提问中必有请候选人举例说明的问题，即便没有，候选人也要在回答时尽量以实例显示自己的专业和行为能力，因为这是在候选人的简历和笔试答案中观察不到的重要考察内容。如何做到有备而来？候选人需要针对职位空缺公告中列出的具体工作内容和能力要求准备实例，在答问时以"讲小故事"的方式说明自己的能力。比如在候选人被问到"当你在工作中遇到两难处境（dilemma）时，你是如何处理的？"（提示：这是一个常问的问题），候选人需要讲一个工作中亲身经历的小故事，说明自己在关键时刻处理难题的能力。候选人需要准备许多"小故事"，而每一个小故事的要素要全，篇幅短小，讲故事的时间最好在两分钟之内。准备了这些实例，候选人就可以自然应对面试提问，取得理想效果。

（8）对于候选人人品素质的考察是一个比较难的问题，审阅简历和笔试结果只能对候选人留有初步印象，考官会利用面试机会对候选人察言观色，凭经验对候选人的言谈举止做简单判断，因此候选人的着装仪表、回答问题时的言语，乃至习惯动作和举手投足（body language）都是考官观察的内容。

基于能力的
面试的解释

联合国面试基本上是基于能力的面试。联合国官方网站做了明确解释，读者可以参阅官网或扫描本页的二维码。

希望上述实例分析和竞聘攻略有助于读者了解联合国各机

构的招聘规则和遴选程序,并举一反三,提高自己的竞聘能力,实现成为国际公务员的理想。读者可到上述联合国官方网站浏览查看自己感兴趣的职位空缺公告并做出适于本人情况的具体分析和判断。

　　为了协助读者更好地理解和掌握上述实例分析和竞聘攻略,我们特地选择了联合国粮农组织(FAO)于 2017 年发布的一份空缺公告(P3 级别的专业类职员),作为参考实例,公告详细内容可扫描右侧二维码。请读者针对公告中涉及岗位职责和能力要求的部分自行分析并制定竞聘攻略,其中包括:(1) 技术领域(technical focus);(2) 关键成果(key results);(3) 关键职责(key functions);(4) 特别职责(special functions)。

联合国粮农
组织招聘森
林监察官员
的空缺公告

　　本节没有对一般服务类和国家专业类职位的竞聘攻略做介绍,是因为这两类职员虽然属于国际公务员,但他们的雇用条件、招聘程序和遴选标准有着各自的特殊性,特别是国家专业类的职员,受机构驻在国的经济、社会和环境条件限制,不具备普遍意义。在第五节我们会对联合国秘书处对一般服务类和国家专业类职位的雇用做介绍,供读者参考。在这里,我们还要为读者简单介绍一下联合国专门机构的实习生招收情况。

　　联合国各机构历来高度重视实习生工作,尤其是近十几年来,随着联合国千年发展目标的制定、实施和评估,以及随后的联合国全球可持续发展议程的制定、通过与实施,各机构都适时加大了培养年轻人的力度,把实习生工作作为本机构人力资源发展规划的有机组成部分。例如国际劳工组织早在 2005 年就制定和颁布了实习政策(ILO Internship Policy)。该实习政策规定了实习生工作的各项细节,从政策到具体步骤,从接受实习生的标准到实习部门的职责,从实习生的个人实习计划到实习生的待遇都有明确规定(国际劳工组织是联合国系统内为数不多的为实习生提供津贴的机构)。目前,几乎联合国所有机构的官方网站都在就业机会(employment opportunity/job opportunity)栏目中介绍该机构的实习机会和申请程序。而作为中国的年轻学子,有机会在联合国和其他国际组织实习是深入了解这些组织、在多文化工作环境中历练并积累工作经验的最好途径,除此之外,还可以通过实习为将来寻求在联合国和其他国际组织的工作机会打下良好基础。

【案例一】 潘基文在担任联合国秘书长期间,经常会见从世界各国到联合国总部实习的年轻人。联合国实习生网站报道了很多关于中国同学到联合国实习的经历和切身感受的消息。XJD同学刚到联合国的第二天,就与刚从非洲考察埃博拉问题返回总部的潘基文面对面,并以碰手臂礼问候(图4-1)。XJD同学说:"走在联合国大楼里的感觉很神奇,外交家本身赋予了这幢楼独特超脱的气质。大厅里人来人往,大家都在紧张地讨论着当前发生的各种时事,也许某个重大决定就在我身边发生了。这里的工作比想象中更精彩。能够认识来自不同国家、不同背景的人,而且每个人都很优秀,逼迫你不断地去提升自己。这种影响不单是可以量化的,而且在与他人的交流中能够感受到自己在眼界、考虑问题上的不足。"

图4-1 XJD同学与潘基文以碰手臂礼问候

中国政府为鼓励年轻学子到联合国和其他国际组织实习,通过中国国家留学基金管理委员会(China Scholarship Council,简称CSC或留基委)制定和实施了一系列相关政策,并与多个联合国机构签署合作协议,有组织、有计划、有管理、有服务,向这些组织输送了一批又一批品学兼优的实习生。留基委还推出了更加灵活的举措,自2018年起为自行寻找联合国及其他国际组织实习机会并被接受的应届毕业生提供全额资助。

留基委与UNESCO进行了良好的合作,有规划、有组织、有实施、有监督和有跟踪地推送实习生。自 2015 年以来，UNESCO 每年接受大约 30 名中国实习生，年初向留基委提供实习岗位职责说明和选人标准，由留基委选派当年在读的本、硕、博学生赴 UNESCO 实习。

UNESCO 接受中国实习生的情况主要为：（1）所有实习岗位都是比照联合国 P2 级别专业类职员的职责和能力标准设置的，实习生可以在实习过程中学习专业知识、提高能力并得到实际锻炼；（2）实习期为 12 个月，是联合国系统中规定的实习期限最长的，对实习生来说这一年的工作经历和历练都会为他们的职业生涯打下良好基础。

【案例二】　FJ 于 2017—2018 年在 UNESCO 威尼斯办事处实习。过去，她对联合国完全陌生。2013 年到国家环保部实习，接触到了《生物多样性公约》（Convention on Biological Diversity）以及与联合国环境规划署和联合国开发计划署的合作项目，从此萌生了到 UNESCO 工作的愿望。此后的几年时间里，她几乎每天都会看 UNESCO 的有关文件，积累知识并不断思考。2017 年终于等到留基委招收实习生的喜讯。网上申请开通之前一个月，她便着手准备材料：英语及法语简历、动机信、推荐信、托福成绩单、法语八级证书、实习证明、获奖证书和其他文件等。由于留基委为申请成功者提供每月 2000 多美元的资助，选拔竞争十分激烈，不仅要通过留基委的筛选，更要通过国际组织的筛选，想要脱颖而出，成功的关键是写好动机信和简历。她申请成功的经验是：初稿写好后，请熟悉国际组织要求的前辈进行指导并自己反复推敲。由于年轻人普遍工作经验不足，觉得没有干什么重大的事，简历初稿中容易出现近似流水账、过于笼统、类似老师评语的自我评价，但国际组织看重通过具体事例而体现出的工作能力、水平和态度。她通过对照实习岗位的要求，和前辈一起逐条挖掘简历中的亮点，凡是参加过的比较大的活动，即使自己在其中扮演小角色，也都写出来，通过具体事例来体现自身的能力和见识。申请递交后，她在待考期间每天提早起床，听英语和法语新闻广播，既可了解国际形势，又能巩固外语水平。在她参加的笔试中果然有 2030 可持续发展目标、UNESCO 战略项目方面的考题，而她对这些内容都有所了解，便很快完成了答卷。

通过笔试后，她在准备第一轮面试时，特意学习了联合国对国际公务员的基本要求，如尊重文化多样性、正直诚信、专业精神等。面试当天，她选择了穿乳白色套装,回答问题时尽量声音洪亮显出底气,带着自信的笑容,用流利的英语和法语表达自己的观点。无领导小组讨论时,她不急于发言,首先观察情况并倾听他人意见,进入状态后以别人未提及的性别平等切入,发表自己的观点,给考官留下了很好的印象,顺利过关。而等待UNESCO下一轮的电话面试是紧张而激动的过程。有一天,她在地铁上接到巴黎打来的电话,对方详细询问她的履历后说了一声"Great",接着推荐了两个实习岗位。

2017年11月,她便开始了在威尼斯为期一年的实习。威尼斯办事处是UNESCO在欧洲最大的办公室。2018年1月,联合国经济及社会理事会(ECOSOC)召开世界青年论坛,威尼斯办事处团队受邀到联合国总部与会。FJ担任筹备组组长,统筹各项工作,参会过程十分成功。她还参与了欧洲科学教育项目,为欧洲12个项目成员国的中小学生提供科学教育,培养学生独立的科学探究精神,鼓励女性从事科研工作,促进性别平等。由于她的表现优异,进而获得了加入可持续发展教育项目的机会。这是一个科学和教育的复合学科项目,非常符合她的专业背景。她说"这个项目好像是为我准备的,是一个展现我的能力的平台。这将是一个良好开端,我期待着项目实施和顺利发展"。在为期一年的实习接近一半时,她已经开始为正式加入国际组织、实现自己的梦想刻苦学习,积极储备知识和积累工作阅历。

为了便于读者了解联合国对实习生专业资格/能力的要求,我们对UNESCO在2017年提供的30个中国实习生岗位说明做了简单分析,得出了以下一些结论。(见表4-1)

UNESCO于2017年提供中方30个实习岗位,其中11个是巴黎总部的岗位,其他19个分布在欧洲、亚洲、非洲和南美洲(简称地方岗位)。UNESCO对中国实习生候选人提出10个方面岗位资格/能力要求,包括语言、写作、研究、IT/WEB技术、2030可持续发展目标(SDGs)、项目开发和实施、筹资、沟通协调、计划和组织、工作经验。

表 4-1　UNESCO 中国实习生岗位资格/能力要求的分析(2017 年)

	资格/能力要求									
	语言	写作	研究	IT/WEB 技术	SDGs	项目开发和实施	筹资	沟通协调	计划和组织	工作经验
总部提出该要求的岗位数/个	8	9	9	9	5	7	0	0	5	3
占总部岗位数的比例/%	73	82	82	82	45	64	0	0	45	27
地方提出该要求的岗位数/个	9	19	14	16	8	17	15	13	12	5
占地方岗位数的比例/%	47	100	74	84	42	89	79	68	63	26
提出该要求的岗位总数/个	17	28	23	25	13	24	15	13	17	8
占总岗位数的比例/%	57	93	76	83	43	80	50	43	57	27

（1）语言

和总部设在欧洲的其他联合国机构一样，UNESCO 对在总部和非洲的职位普遍要求懂法语，在美洲、中亚和阿拉伯地区的职位则对西班牙语、俄语和阿拉伯语有所要求。因此，具备双外语能力的学生会有更多的机会去国际组织实习。

（2）写作

写作能力是联合国对专业类职员（包括实习生）最基本的能力要求。这30 个实习职位几乎都对写作能力提出要求，包括会议记录、讲稿、情况介绍、工作报告和项目文件等。

（3）研究

对实习生来说，研究是指资料/信息搜集和综合分析能力（analytical skill）。联合国的专业类职员，不论从事哪个领域的工作，都应具备研究能力。

（4）IT/WEB 技术

IT 是指各类微软办公软件等的使用，是联合国对专业类职员技能的基本要求，必须熟练掌握。近年来联合国各机构都在强调知识的管理（knowledge management），利用网络信息手段传播知识，对外宣传，因而对掌握 WEB 技能的要求比较普遍。

（5）SDGs

SDGs 已成为包括 UNESCO 在内的各个联合国机构的主要工作内容，因此要求中国实习生在实习期间从事与 SDGs 有关的工作，特别是在地区和国家办事处（field offices）工作的实习生。

（6）项目开发和实施

为实现其宗旨，积极配合 SDGs 的实施，UNESCO 不仅在教育、文化和自然科学各个领域内制订和实施了内容广泛的项目（programme/project），比如基础教育、青年就业、性别平等等，也要求中国实习生在实习期间了解和参与项目的全过程，包括项目设计、实施、评估和报告。

（7）筹资

筹资（fund raising）是联合国各机构的重点工作。这种筹措来的预算外资金主要用于开展政策研究和技术合作项目，特别是有关落实 SDGs 的项目，并为发展中国家提供支持。熟悉筹资渠道和方法，甚至参与其中，将对今后进入联合国各机构工作有所裨益。

（8）沟通协调

协调能力（coordination）是联合国专业类职员必备的基本素质，特别是在地区和国家办事处工作的职员。出色的协调能力，包括在各个层面以及对内对外的协调，是他们职业发展的重要素质要求。

（9）计划和组织

计划和组织能力（planning and organizing）主要是指策划和组织各类会议和活动的能力。对于在各个国家的地区办事处工作的实习生，他们会有许多机会参与各类会议和活动的筹备工作，从中提高组织能力。

（10）工作经验

一般不要求实习生具备工作经验，但有些特殊岗位会要求候选人具备一定的工作经验。

2017 年
UNESCO
中国实习生岗
位职责说明

下面我们提供一份 2017 年 UNESCO 中国实习生岗位的职责说明作为参考实例（请扫描二维码），请读者自己分析解读。由于是实习岗位，职责说明中列有三点实习目标。

最后补充一点,那就是申请到国际组织任职,必须有坚定的信念和决心。习近平总书记在十九大报告中说:广大青年要坚定理想信念,志存高远,脚踏实地,勇做时代的弄潮儿,在实现中国梦的生动实践中放飞青春梦想,在为人民利益的不懈奋斗中书写人生华章。[①] 我们应该锲而不舍、驰而不息地努力,不能因现实复杂而放弃梦想,也不能因理想遥远而放弃追求。下面的案例告诉我们,世上无难事,只要坚持不懈,不断努力,即使条件不利,也有可能获得成功。

【案例三】 20世纪90年代,YP自费到瑞士求学,但学校未获政府批准的资质。他感到上当受骗,只好留下打工,还曾在国际组织做保洁员。为取得合法身份,他把入职国际组织作为选择。凭借电脑技术,他拿到了世卫组织的一份临时合同,之后仍然坚持不懈的努力,不断寻找机会。为了寻找工作岗位,他中午在国际组织餐厅用餐,晚上和国际公务员打球,周末教新来的同事开车,这些都是他广交朋友、了解情况的渠道。后来,他获得了多个国际组织的临时合同,并且把妹妹带到了日内瓦。妹妹通过了联合国会计及英语考试,成为国际组织的正式国际公务员。

他不无感慨地说:父母教育我诚实做人勤恳做事。我发过誓,时刻牢记自己是中国人,一言一行都代表中国,绝不做有辱祖国的事。言谈之中透露出争口气、不服输的精神。此案例不具普遍性,但说明有志者事竟成。图4-2为笔者(宋允孚)与YP兄妹的合影。

图4-2　2007年YP兄妹与笔者(宋允孚)在日内瓦湖畔合影

① 习近平.决胜全面建成小康社会　夺取新时代中国特色社会主义伟大胜利.北京:人民出版社,2017:70.

【案例四】 在联合国儿童基金会北京办事处的 JY 有一段感人故事。她自幼患运动障碍疾病。父亲到国外任职,她以学生身份到位于日内瓦的一所美国大学的分校攻读人力资源管理专业。她在毕业后到瑞士某公司实习,遇到过很多困难。公司在洛桑,离日内瓦几十公里。冬季她一人在冰天雪地中行走,多少次跌倒后爬起来继续前行。结束实习后本有个就业机会,却因身体原因受到对方歧视,她不气馁。她到了世卫组织实习(见图 4-3),后参加联合国考试。她是考场里唯一的女性、唯一的东方人、唯一的残疾人,但是最终,她以 93 分的成绩通过考试。她的第一份工作是在资料室为笔译人员提供参考资料。这对她来说简单枯燥,"费眼大于费脑"而且用非所学。后经努力,她转到国际电信联盟担任人力资源助理。她不断积累实践经验,从普通职员到 P2 级别职员,经历了 4 年磨炼。虽然她父亲到了退休年龄回国时她必须一起走,但是她在此之前参加了联合国儿童基金会北京办事处助理职位的考试,因此回国后可以继续在她心仪的国际组织任职。JY 女士虽然肢体活动不便,但身残志坚,始终保持阳光心态。这说明,世上无难事,只要肯登攀。图 4-3 是 JY 在世卫组织实习时的留影。

图 4-3 获得硕士学位后的 JY 在世卫组织实习

第五节 联合国秘书处招聘程序与应聘攻略

本章第四节叙述了到联合国专门机构的应聘攻略。联合国秘书处对国际公务员的素质要求以及人力资源的管理,基本一脉相承,但具体做法有所区别,各有侧重。下面着重介绍联合国秘书处人才招聘程序及申请者应聘的实例及攻略。

 联合国秘书处人才招聘程序

为建设一支世界一流的国际公务员队伍,联合国必须确保在合适的时间、合适的岗位上有合适的人才。联合国人力资源管理厅制订了通过三个步骤来实现招聘到最合格的人才的目标:通过初审(pre-screening)确定符合基本条件、具备一定专业知识和技能的人选;通过笔试(written examinations)来测试一个人的专业才能(professional competence);通过面试来选择符合联合国要求、适应联合国工作的人士。其中笔试又根据所申请的职位情况分为四类:青年专业人员项目考试(YPP examination)、语言类竞争性考试(Language Competitive Examinations,LCE)、全球一般服务类考试和安全干事考试(Security Officer Test)。凡是申请青年专业类职位,必须通过青年专业人员项目考试;申请语言类职位,包括同声传译、笔译、编辑、逐字记录报告员、词汇专员,必须通过语言类竞争性考试;申请一般服务类职位或安全干事的,则必须通过全球一般服务类考试或安全干事考试。如一般服务类职员要转入专业类职员,则需要通过 G—P 考试。联合国每年有 70～100 个 P2 级别的专业类职员的职位空缺,申请者一般在 13000 人左右,其中大约 2500 人获得准考资格,通过者约 120 人。笔试通过者才会被邀请参加基于能力的面试。这三个步骤的每一步都是淘汰性的,只有通过面试之后,才能进入后备人员名册。

以下三个案例,是参加 YPP 考试和 LCE 考试的三位应聘者的实际感受和体会。

【案例一】 ZHQ 通过了联合国 YPP 经济和可持续发展类别考试。他通过这次考试体会到,联合国 YPP 考试分很多专业科目,各有相应的专业背景要求。加入国际组织必须根据自己的专业,了解哪些类别的考试适合自己的情况,以便早做准备。考试难度与本科毕业考试大致类似,如果有相关专业背景,考试并不太难。但考试涉及的专业知识面很广,需要对知识有全方位的掌握。考试之前,可以根据往年及当年相关考试科目的推荐书单进行复习,做好全面充足的准备,因为考点可能躲在推荐参考书目的任何角落。如可能,可以跟同年入选参加考试的考生一起复习,从而事半功倍。考试在全球进行,各国开考时间各有不同,考生可以根据考试时间调整作息,确保精神抖擞。笔试时,要特别注意时间的分配,考题量特别大,全部答完几乎不可能,应尽量多、尽量快地答题,不一定寻求回答尽善尽美。由于考试时间较长,考场允许携带巧克力等小零食,建议事先把包装打开,以免浪费有效考试时间。如笔试成绩优异,一般几个月后会收到面试时间通知。不同科目面试时间各不相同,需要耐心等待。面试主要考察与个人和工作相关的工作能力,考官会给出不同情境,考生根据自己的工作经验,回答当遇到各类情况时自己是如何处理的;考官进行评价的标准一方面是联合国对三项核心价值、八项核心能力的要求,另一方面是有关岗位的实际需要。近年来,联合国在 YPP 面试环节做了些调整,更多侧重于考察考生对联合国工作领域的认知。面试几个月后出结果,通过面试的人则将有机会成为联合国的一名国际公务员。

ZHQ 通过考试之后,常有人问他:我各方面都符合招聘标准,为什么没得到参加考试的机会?他回答说:各国每年 YPP 考试的席位总共只有 40 个,一般会根据申请人的专业和工作背景邀请 40 名最相关的优秀人员参加考试。如果立志成为一名国际公务员,就要在专业上磨炼自己,在工作上考验自己,使自己从众多申请人中脱颖而出。没得到参加考试的机会,也不要气馁,可以下次再战。有志者事竟成,坚持不懈努力提高,一定可以加入国际公务员队伍。

【**案例二**】 DD 成功通过了 YPP 的 IT 类考试进入后备人员名册（roster），现已申请到一个 P2 级别的临时岗位。她认为 IT 类笔试从内容深度看并不太高，但内容范围很广。考试前，联合国虽然给出了参考书目和考试范围，但是考生基本没有时间全部复习。参考书目中提到的联合国相关文件一定要仔细阅读，这些文件与实习岗位的专业以及联合国有关部门近期工作重点、未来发展方向可能相关，所以非常重要。IT 类的面试，基本也采用基于能力的面试方式，回答要参照 Case-Action-Result 模式。她的体会：首先，要按照联合国官网和申报岗位上的职责要求，找到联合国相应的能力要求；其次，要把自己的工作经验按能力要求和 Case-Action-Result 的结构总结归纳成若干内容充实、文字简练的外文稿，然后反复练习演讲技巧，直到能脱口而出回答提问的程度。此外，面试时要注意考官的"角色"分工，遇到提问习钻又紧扣细节的考官，要沉着应对不可慌张；遇到看似友善的考官提问，也不要掉以轻心，对表面看似简单的问题，也要牢记在回答时要表现出自己的实力，同时答案要呼应联合国相关能力的要求。对某问题有独到见解时，要设法充分表达。例如，她认为某项 IT 新技术在联合国工作中可能会得到应用，她便大胆陈述，结果看到考官脸上露出满意的神色，这说明她的陈述无疑给面试起到了加分作用。然而，通过 YPP 考核进入后备人员名册并不意味着可以高枕无忧了，毕竟也有人进入后备人员名册后在有效期内未能入职。她认为，在两年的有效期间内，需要积累相关经验，不断充实自己，深入了解国际组织工作，这对增加获得正式职位的可能性肯定有很大帮助。

汉语在联合国成立之初就被确定为 6 种官方语言之一，汉语在联合国语言体系中的地位不言而喻。联合国大会和会议管理部文件司中文处的任务是将联合国的文件译成汉语。2017 年，联合国印发的正式文件达一万多份，总篇幅近 2000 万个单词（以英文计）。保质保量地完成联合国文件的中文翻译，是中文处中国职员的职责。下面介绍的 TCH 已入职两年，他自称"资浅"译员，因为中文处有几十位同事都精通中英双语，大多是既熟悉联合国事务又具备专业知识的资深翻译。

【**案例三**】 TCH 与联合国的结缘，可说是某种机缘巧合。2013 年 5 月，他在网上闲逛，看到联合国将举行语言类竞争性招聘考试。他是工科出身,但平日工作也常常和文字打交道。他曾有过在世界知识产权组织实习的经历,于是决定一试身手。他出乎意料地顺利通过三层选拔,被列入招聘名册。与联合国其他招聘考试不同,语言类竞争性考试不是每年举办的。考题内容选材每次都有差异,但考题类型无外乎中英互译。近年来,联合国对译员的要求有所提高,除需熟悉翻译技巧,还要掌握第二外语(且水平最好也能用于做翻译),最好还熟悉一些领域的专业知识,如政治、经济、社会、科技、法律等。语言类竞争性考试的最大难点在于难以突击复习。翻译是一门学问,更是一门技艺,考试成败,取决于平日的学习练习、积累积淀,靠抱佛脚绝不可能实现弯道超车。不过,这并不是说不需要必要的准备。他采取了"以赛代练"的办法,报名参加人力资源和社会保障部的笔译资格证考试。他认为这两者都涉及官方公文那种"八股文"式的翻译,复习得当或能起到一石二鸟的效果。果然,他参加联合国考试时得心应手,顺利过关。他还说,拓宽阅读面,多接触与联合国2030可持续发展目标有关的文章和报告,对顺利通过联合国考核大有裨益。

关于全球一般服务类考试,将在下一节提供KN同学的案例。

招聘流程

联合国招聘人才,首先,由招聘主管(即空缺单位主管)创建一个空缺公告(job opening),交有关部门(Department/Office)执行办公室(Executive Office)的人员配置官员(staffing table manager)审核、批准,然后由招聘官员/资深招聘官员(recruiter/senior recruiter)审核、批准、发布(包括翻译)。空缺公告将视要求及情况公布15天、30天、60天不等,申请者必须在公布期间递交申请。在创建空缺公告的同时,招聘主管着手组织遴选小组,包括出笔试卷子、安排笔试阅卷人员、出面试考题及安排面试小组(interview panel)成员。从空缺公告公布直到截止日,人力资源管理办公室有专人先进行在线初审,将那些不符合申请资格的申请者直接淘汰,如申请人数太多,就不仅淘汰不符合最基本申请资格的人,还要淘汰能力不够强的申请者,由此制订一个短名单,发给招聘主管。但是,语言工作者的招聘略有不同,特别是中文翻译职位的申请者每次都多达数千人,短名单也常常是数百人。

然后,人力资源管理办公室与招聘主管一起组织笔试工作,有的采取在线考试的形式,有的则租用场地进行现场集中考试。考试结束,进入阅卷阶段,由遴选小组人员进行盲评,或打分或写评估意见,并决定各份卷子的权重以及及格的分数线,交人力资源管理办公室汇总并确定进入面试的短名单。完成所有三个招聘步骤之后,招聘主管必须提出对候选人的建议以及对他们的素质评估的意见和入选理由,交招聘官员审核。招聘官员审核并批准后交中央审查理事会(Central Review Board,CRB),中央审查理事会审核后将遴选决定交主管部门的副秘书长(Head of Department/Office),最后由主管部门的副秘书长做出有关 D1 及以下级别职位的遴选决定,D2 级别的任命则由秘书长决定。

招聘流程中的招聘主管往往是出缺单位的主管,应与执行办和人力资源管理办公室的指定官员合作启动空缺填补程序,负责招聘的全过程,包括创建并设计空缺公告以及切实可行并操作性强的评估程序等。

中央审查机构和外勤中央审查机构(Field Central Review Bodies,FCRB)负责审核招聘主管提出的有关遴选、任命和晋升的建议或者有关放入后备人员名册的建议。中央审查机构的主要职责是确保对应聘者的评估依据的是经批准的评估标准,并确保遴选程序符合规定。中央审查机构负责审核所有 D1 及以下级别空缺职位的填补事项,外勤中央审查机构则负责审核维和行动中有关职位补缺的事项。D2 级别职位的补缺则由高级审查小组进行审核。

寻找合适的职位

所有申请者必须通过联合国人才管理平台(Inspira)递交申请。联合国秘书处的国际公务员如要申请,必须使用他们自己在这个平台上的账户进行申请,外部人员则需在平台上新创建一个个人账户。

搜索联合国的职位信息

对申请人来说,首先需要了解联合国有哪些职位,同时考虑自己有哪些长处,对什么领域感兴趣,是否有资格申请自己所感兴趣的职位。为了获取有关信息,联合国的职业门户网(http://careers.un.org)是一个重要渠道。

它随时公布大量的职位信息,包括联合国的职位分类、职位性质、职位的资格要求、合同类别等。

合同

联合国秘书处的职员合同主要有三种:临时合同(temporary)、定期合同(fixed-term)、连续合同(continuing)。临时合同通常有具体期限,一般不超过 364 天,不能续签(no renewal)。如果外地特派团急需或因特殊项目有特别的需要,合同的期限可以延长,但最多只能延长 729 天,不能转为任何其他性质的合同。定期合同,其期限一般是 1~5 年。持有此类合同者,履行有限期的职能或从事联合国的经常性、持续性工作;视资金情况、工作表现以及组织的需要,也可续期 5 年,但不能续签或变更合同性质。连续合同只适合那些通过竞争性考试、已经聘用 2 年并具有满意表现的职员。此类合同没有终止日期。如果组织有需要,不是通过竞争性考试聘用的职员在完成一个 5 年连续聘用的定期合同之后,如满足一定条件,特别是工作表现及流动条件之后,可以经审核而转为连续合同。

空缺公告

联合国的空缺主要有三类:一是具体职位空缺(position-specific),特指新建职位,改变职等的原有职位,预计将空缺一年以上的职位;二是通用职位空缺(generic),主要是为创建一个切实可行的后备人员名册;三是从后备人员名册上招聘。凡是放入后备人员名册的人员被认为是符合条件者并已经由中央审查机构批准,如果招聘主管决定建议从后备人员名册上选择人员,则无须再经过中央审查机构的审核。如果招聘主管决定把所有申请者放在一起评估,那么后备人员名册上的人员也需经过整个遴选过程,包括经中央审查机构的审核。

联合国职位
空缺公告

请看一份联合国的职位空缺公告(请扫描二维码)。该职位空缺公告招聘的是一位 P3 级别的政府间事务官员,属于专业类职员。公告的格式和行文与国际劳工组织的职位空缺公告略有不同,但它同样十分规范,提供了各项信息,主要由以下几部分构成。

（1）基本信息——公布的职位名称（P3级别的政府间事务官员）、职位分类名称（政府间事务官员）、招聘单位（大会和会议管理部，简称大会部）、工作地点（纽约）、公布期限（2018年4月19日至2018年6月2日）、空缺公告编号（18-Conference Services-DGACM-95873-R-New York（G））、人事安排活动（无）。

（2）核心价值——诚信、专业精神、尊重多样性。

（3）职位介绍——该职位设在大会和会议管理部和经济及社会理事会事务司大会事务处。大会部和经济及社会理事会事务司通过提供实质性的会议管理支持，协助政府间专门性国际组织及相关联合国专家机构和联合国会议进行审议和决策。

（4）职责说明——在处长的领导下，在自己的职权范围内，政府间事务官员应：

①参与向联合国大会及其附属机构、联合国召开的会议提供秘书服务，包括起草并提交建议案、管理通过决议草案和决定的表决程序；

②协助会议主席起草每场会议的会议程序说明，并为每个议程项目保留机构记录；

③协助准备所有会前、会中和会后文件（包括议程、工作方案、决议清单和报告等）；

④协助编制会议进程的摘要和分析报告，并对会议的决定和建议的执行情况进行后续跟踪；

⑤协助起草联合国高级官员需要用的备忘录、背景文件、谈话要点和其他信件，并与联合国其他办事处和部门以及其他国际组织的代表和工作人员保持联系；

⑥需要时，随时协助发挥行政职能并履行其他相关职责；

⑦为大会主席办公室提供实质性和分析性的支持。

（5）能力要求（注：在此列举的三项能力，都是面试时的考题）：

专业精神：了解联合国或类似国际组织的政府间工作程序，包括有关的议事规则、任务及其他条款，了解过去的惯例和先例，并充分了解会议文件。为从事的工作和成就感到自豪。展示出专业才能，熟知会议所审议的各议题；认真自觉地履行承诺、遵守限期，取得成果；动机纯正，不掺杂个人考虑；

碰到困难或挑战,能够坚持;面对紧张压力,保持冷静;对尊重性别平等负有责任,确保男女平等参与各项工作。

计划和组织:制订符合既定战略的明确目标;确定优先事项及任务;能够根据需要调整优先次序;能够为完成工作而合理安排时间和资源;能够预测风险并能在做计划时为紧急情况预留应对余地;监测计划和行动的进展,必要时做出调整;有效利用时间。

用户导向:把所有的服务对象都看成用户,并寻求从用户的角度来看待事务;赢得用户的信任和尊重,并与他们建立和维护有效的伙伴关系;弄清楚用户的需要,并采取合适的措施满足其需要;随时关注用户的内部和外部环境,了解进展,预测问题,及时通报;随时向用户通报项目的进度或挫折;按期向用户交付产品或服务。

(6) 资格(主要是教育、工作经历、语言):

①教育:必须具有在国际关系、法律、外交或相关领域的硕士研究生学历(硕士或同等学历)。如有相关领域的大学本科学历,加上 2 年的相关工作经历,则可以代替硕士研究生学历。

②工作经历:在国际关系、法律、外交或相关领域至少具有 5 年工作经历,期间责任需逐步加大;具有在像联合国这样的国际组织为政府间工作程序及立法机构提供实质性支持的经历;具有在联合国大会、经社理事会和/或其附属机构等政府间机构处理工作程序、政策和做法的经验;最好具有向政府间机构的主席/主席团提供建议的经验;最好具有起草或协调会议文件的经验。

③语言:英语和法语是联合国的工作语言。申请者必须具有流利的英语能力。有能力使用联合国的另一门官方语言则更佳。

(7) 评估方法:笔试和面试。

(8) 特别通知(注:共提到 3 点):

①工作人员必须服从秘书长的领导,服从秘书长的调配。为此,所有员工应根据有关规则和程序定期流动到新的工作岗位。

②强烈鼓励 2017 年 11 月 30 日之前在联合国秘书处属于无代表性或缺额国家的公民申请此职位(共列举了中国在内的 50 多个国家)。

③联合国秘书处致力于其工作人员男女各占一半的性别平衡。强烈鼓

励女性应聘这个职位。

（9）联合国的考虑（注：强调了5点考虑）

①根据《联合国宪章》第101条第3款，聘用联合国员工的首要考虑是，确保效率、才干和诚信的最高标准。任何人如违反国际人权法、违反国际人道主义法、进行性剥削或性虐待或除轻微交通肇事罪行以外的刑事犯罪，或有合理理由被认为参与了上述行为者，联合国不予雇用（并具体解释了"性剥削"和"性虐待"）。

②联合国招聘工作人员应充分考虑公平地域分配原则的重要性。联合国对男女员工在平等条件下以任何身份参加其主要机构和附属机构的工作不设限制。

③申请者必须认真仔细阅读在线招聘平台上的所有指示。如要获得更为详细的信息，申请人可以前往联合国人才管理平台，获取《申请人指南》。

④联合国将根据《联合国宪章》、联合国大会决议、《联合国工作人员条例和细则》以及行政通知和指示等，在申请人提交的信息的基础上，对申请人进行评估。申请人在填写个人简历表（Personal History Profile，PHP）和提供有关资格的信息时，内容必须准确、完整，否则将不予考虑。申请人提交申请后，不得修改或增删。凡是纳入招聘考虑的候选人，其提供的信息将被核查。

⑤招聘网站上公布的职位空缺公告将于截止日期当晚11：59（纽约时间）撤销。

（10）费用：联合国在招聘的任何阶段都不收取费用。联合国也不需要了解申请人的银行账户信息。

寻找合适的空缺公告是申请人应做的第一步。但具体从哪些空缺公告中寻找适合自己的职位，还需要了解联合国的职员体系、职员分类等信息。

如何寻找合适的空缺职位？联合国秘书处的工作涉及的专业领域极为广泛。三位笔者查阅分析了2018年2月23日至2018年4月8日截止报名的221个专业官员及以上级别的职位空缺，按联合国的职位分类，涉及几类职位系列和几十个专业。同样，联合国提供的实习岗位的专业分布也很广，选择空间大。2018 年 2 月 23 日至 2019 年 1 月 23 日截止报名的联合国实习岗位涉及的部门包括：经济及社会理事会、后勤支助司、大会和会议管理部、和平行动部、全球传播部、亚洲及太平洋经济社会委员会、西亚经济社会委员会、非洲经济委员会、欧洲经济委员会、拉丁美洲和加勒比经济委员会、全球契约办公室、刑事法庭余留事项国际处理机制、裁军事务厅、人道主义事务协调厅、中央支助事务厅、反恐怖主义办公室、人力资源管理厅、内部监督事务厅、人权事务高级专员办事处、负责儿童与武装冲突问题的秘书长特别代表办公室、监察员办公室、黎巴嫩问题特别协调员办事处、建设和平支助办公室、贸易和发展会议、环境规划署、人类住区规划署、几内亚比绍建设和平综合办事处、减少灾害风险办公室、日内瓦办事处、毒品和犯罪问题办公室等。

联合国的九大职位系列

如果按职能或专业领域来分类的话，联合国的职位有九大系列（job network）：

管理与行政（Management and Administration）；

经济、社会与发展（Economic，Social and Development）；

政治、和平与人道主义（Political，Peace and Humanitarian）；

信息与电信技术（Information and Telecommunication Technology）；

法律（Legal）；

公共信息与会议管理（Public Information and Conference Management）；

内部安全与安保（Internal Security and Safety）；

后勤、运输与供应链（Logistics，Transportation and Supply Chain）；

科学（Science）。

每一个职位系列又有不同的职位类别（job family）及其相应的工作部门、具体的应聘资格。表 4-2 是一张管理与行政系列职位的空缺情况表格，从中可以看到该系列的空缺职位名称、级别、职位类别、工作地点及申请截止日期等信息。这些最基本的信息都是申请者需要了解的。

表 4-2 管理与行政系列职位空缺情况

职位名称	级别	编号	职位系列	职位类别	工作部门	工作地点	申请截止日期
人权官员	P4	93179	管理与行政	人力资源	人道主义事务协调厅	纽约	2018 年 4 月 11 日
财务/预算官	P3	92829	管理与行政	财务	人道主义事务协调厅	纽约	2018 年 4 月 7 日
调查员	P4	92915	管理与行政	调查	内部监督事务厅	特派团所在地	2018 年 4 月 6 日
调查员	P3	92908	管理与行政	调查	内部监督事务厅	特派团所在地	2018 年 4 月 6 日
调查员	P3	92547	管理与行政	调查	人权事务高级专员办事处	日内瓦	2018 年 4 月 5 日
执行干事	D1	92349	管理与行政	行政	人道主义事务协调厅	纽约	2018 年 3 月 30 日

◇ **管理与行政系列的职位** 管理与行政系列的职位主要分布在涉及行政管理、审计、道德操守、巡视与评估、调查、财务、人力资源、投资管理、管理与分析、监察、采购等的领域,工作主要聚焦人力及财务资源的管理、道德、调查、审计、管理与分析、行政支持等。所以,应聘者需要有商务、公共行政、金融、会计、管理学、经济学、社会学、社会工作、心理学或法律等学科的专长。

◇ **经济、社会与发展系列的职位** 经济、社会与发展系列的职位主要与下述领域的事务有关:药物管制和预防犯罪、经济、环保、人口、方案管理、公共行政、社会、统计、可持续发展等,主要从事经济、社会和发展类的工作,其岗位主要在联合国纽约总部的经社部和位于亚的斯亚贝巴、曼谷、贝鲁特、日内瓦和圣地亚哥的区域经济委员会。这个系列的工作人员主要为经济社会发展做贡献,具体工作要求工作人员能够分析各国、各地区及全球的经济形势,进行实证及实质性研究,分析与其具体任务有关的趋势、发展和相关政策,起草研究意见,编写报告和出版物。工作人员还必须擅长争取政府间支持、组织国际会议和论坛、编写简要报告等。此外,工作人员还要能够在药物管制和预防犯罪、为国家专家举办培训班、协调能力建设项目等方面开展技术合作。该职位系列中包括统计、人口事务等方面的职位,特别是需要能够研究、分析和报告社会经济指标的人才，所以，应聘者需要有社会学、经济学、统计学、数学、人口统计学、公共行政、公司治理、政治学、商务管理、法律、公共财政和其他社会科学等学科的专长。

　　◇ **政治、和平与人道主义系列职位**　政治、和平与人道主义系列职位的国际公务员，主要从事与下述事务有关的工作：民政、政治、法治、人权、人道主义、选举和安全机构等。这类工作要求工作人员参与以下工作：进行政治分析，为联合国大会、安理会以及它们的附属机构和委员会起草报告；参与编写有关政治、人道主义和紧急救济问题的研究报告；在各种机构间方案的框架内，参加并组织支持政策制定、选举及法治等方面的活动。此类职员可能需要参加在联合国中起关键作用的国际会议和委员会会议，在联合国纽约总部，他们按照大会的授权，与各会员国常驻代表团密切合作，协调政治工作，报告并监测各项专题的进展。这一系列的职位还包括在维和、和平建设、解决冲突、人权、人道主义事务、选举进程、裁军、反恐等领域的工作岗位，它们遍布联合国秘书处位于全球的办事处。要从事这一系列职位的工作，应聘者必须具有政治学、法律、国际关系、公共行政、商务行政、社会学、经济学等学科领域的专长。

　　◇ **信息与电信技术系列职位**　信息与电信技术系列职位的工作人员主要从事与媒体技术、通信技术和信息管理系统及技术有关的工作，在联合国落实技术方面发挥着至关重要的作用。他们为联合国制订技术方面的总体战略目标，规划并协调各种信息技术活动，提供企业系统和基础设施。这一职位系列的工作人员需要研究信息和通信技术，制定并执行政策，开发并建设基础设施，支持本组织的信息和通信技术系统，包括计算、通信、办公自动化、软件和硬件支持、互联网运行以及整个组织的应用程序。此外，他们还通过研究和开发电脑程序和通信技术，为管理本组织信息资产的工作流程提供技术支持。在这一职位系列中，高级主管官员还需要参加各种委员会会议、起草政策文件，协助全面管理一个部门的技术活动和运作，制定总的战略目标和政策。要履行这些职责，应聘者必须具有计算机科学、信息系统、数学、统计学、电子、通信工程、技术科学、信息科学、社会学及其他相关学科领域的专长。

　　◇ **法律系列职位**　法律系列职位的工作人员，主要从事与法律事务相关的工作。他们力求为联合国秘书处和联合国其他机构提供统一的法律服务，提供有关国家、国际、公共、私营、程序法、行政法等方面的法律服务，并为联合国机构提供实质性秘书处职能。他们还通过迅速制订和发布与条约有关的行动措施，登记并保存条约，促进人们对 1982 年《联合国海洋法公约》及其有关的执行协定的理解、接受和统一适用。此外，他们还在与条约法有关的事项上协助会员国。具体地说，他们需要向本组织提供法律咨询和服务，就《联合国宪章》和其他法律问题提出咨询意见，包括接纳会员国、代表的全权证书，与东道国的关系，国际公务员的权利、特权和豁免等，并解释本组织各机构、会议和其他机构的议事规则、国际公务员条例和细则，起草修正案。这一系列职位的职员还代表本组织参与司法程序，起草和解释国际公约、条约和其他法律文书以及决议，参与缔结协议或解决争端的谈判或其他程序，审核并起草法律文书，包括合同、契据、保险和其他协议，并就特殊法律问题进行调查和起草报告。他们需要应聘者具有法律、商务行政、国际关系、政治学、公共行政等相关学科领域的专长。

◇ **公共信息与会议管理系列职位** 公共信息与会议管理系列职位的工作人员，主要从事与会议服务、文件与信息的管理、语言服务、礼宾、公共信息有关的工作。他们的工作主要有两大方面。一方面的工作主要涉及促进人们对联合国工作的理解。他们利用无线电、电视、印刷品、互联网、视频会议和其他新的信息技术等各种通信工具，通过联合国信息中心在全球的网络，向全世界传播联合国的核心信息。另一方面，他们担负着管理会议的重要职能，如每年的联合国大会及在联合国纽约总部的各机构和其他国际组织的各类会议。为此，他们需要为会议提供 6 种官方语言的同声传译、文件翻译以及文件分发等服务。在这一系列职位中，主要工作涉及规划、管理和评估公共宣传活动，建立和促进战略接触与联络，建立伙伴关系以确保有效的公共沟通。这个系列职位的工作人员包括文件（文章）起草者，摄影师，插画师，广播、电影和视频的制作者，编辑，逐字记录报告员，笔译员，口译员，简要记录员，审读员，词汇专员，资料员，文本处理员，校对员，印刷人员和文件分发干事等。语言职位的工作人员需要真正精通自己的主要工作语言（通常是母语）和除母语外其他 2 种联合国官方语言，在入职时必须通过联合国语言类竞争性考试。此外，还有一些与语言无关的职位，如会场干事

(conference room officers)和礼宾官等。他们的职责主要是规划、协调各种会议,并为各种会议、各委员会和其他机构提供会议服务。他们的职责要求他们具有商务行政、新闻、国际关系、管理、政治学、社会学、公共行政等相关学科领域的专长。

◇ **内部安全与安保系列职位** 内部安全与安保系列职位主要涉及两方面的工作——安全与安保。这一系列职位的工作人员的主要职责是协调安全政策和管理安全人员。他们的工作主要涉及规划、制订和管理机制和方案,以确保本组织工作人员的人身安全和本组织的财产安全。安全和安保人员负责协助制订安全标准和安全程序,分析可能影响联合国工作人员及其工作运行安全的信息,评估威胁与风险,并落实降低风险的措施。他们有时需要处理骚乱,应对紧急情况或危机,管理涉及联合国工作人员人身安全及联合国财产安全的复杂情况。安全官员以及安全警卫人员要履行这些职责,必须具有军事或(和)担任国家警察的经验。在这一系列职位中,高级别官员还应拥有安全管理经验,并拥有政治学、社会学、国际关系、工商管理或其他相关领域的大学学位。此外,安全警卫人员和安全官员还需要进行特别的体格检查,并需要有使用防御武器的经验。

◇ **后勤、运输与供应链系列职位** 后勤、运输与供应链系列职位涉及的主要领域为工程、后勤及供应链、设备管理、财产与资产的管理、人居点、运输等。这一系列职位的工作人员的主要职责也分两大块。一是管理基础设施,运营,提供后勤支持。他们的工作内容范围广泛,包括设施管理、工程和运输等方方面面。二是后勤和供应链,管理资产。联合国雇用了大量的后勤人员、空中业务专家、运输调度专家和维和特派团的技术专家,以确保外地特派团获得用品供应和服务交付。因此,此系列工作人员必须具备商务、公共行政、建筑、工程、运输、航空、安保管理、航空交通管制、军事飞行交通管制等方面的专长。

◇ **科学系列职位** 科学系列主要涉及医学、自然生命科学领域的职位。这一系列中的一类职位主要指药剂师、医护人员等,他们重点关注与医疗相关的服务、人类学和自然生命科学。另一类职位涉及气象学、外层空间科学以及法医人类学和病理学。因此,他们必须具备护理、医学、社会学、社会工作、心理学、物理、工程学等相关学科领域的专长。

通过以上讨论可以清楚知道,申请联合国秘书处的职位,了解它的职位系列的专注领域及专长要求有助于我们根据自身条件及兴趣寻找合适的职位。

联合国工作人员的类别与级别

联合国有五类不同类别的工作人员,也就是第二章里介绍的:专业官员及以上级别人员、一般服务类职员、国家专业类职员、外勤服务人员、高级职务官员。除高级职务官员以外,不管申请哪一级别的职位,都需通过严格的竞聘程序,但申请不同级别职位,资格要求及聘用方式不完全相同。具体通过什么渠道申请有关职位呢?除直接申请专业官员及以上级别的职务这个渠道之外,国际组织还有帮助有志者加入联合国和联合国专门机构的若干项目和渠道,如青年专业人员项目、语言类竞争性考试、初级专业官员项目、临时职位(temporary jobs)和咨询顾问(consultants)等。以下介绍几种申请加入联合国的相关项目。

◇ **语言类竞争性考试** 联合国经常组织语言类竞争性考试来招聘语言类人才,包括编辑、同声传译员、逐字记录报告员、文本处理编辑员等。此类考试并非定期举行,要视有关语种、有关专业的缺员情况而定。因此,有意申请者必须经常浏览联合国有关网页,至少每个月一次。凡是符合基本资格者均可申请。在 2017 年 1 月 15 日公布的招聘中文笔译员、编辑、逐字记录报告员、文本处理编辑员的编号为 71129 的空缺公告中,列举了下述基本资格:教育经历——至少持有语言、翻译、法律、经济学、金融等学科领域的大学本科文凭或相关学历证明,并最好在一个公认的翻译教学机构接受过 1 至 2 年的翻译研究生课程的学习;工作经历——没有特别要求,如有 2 年及以上翻译的实践经验最好;语言——申请者的母语必须是中文,必须具有完美的汉语水平,同时精通英语,最好还懂联合国其他 4 种官方语言中的一种或更多,并有文凭等书面证明来证实所掌握的联合国官方语言,特别鼓励那些除英语外还懂阿拉伯语、法语、俄语或西班牙语的人士申请此类职位。

◇ **临时职位** 联合国提供各种各样的临时工作机会,通常为期不到一年,以应对它的季节性或高峰期的工作需求以及特殊的短期需求。临时合同一般不予延长,除非有激增的需求、外地业务有关的业务需求、环境允许并有固定期限的特别任务,才可延长一年以上。但临时职位合同,包括最初的任用及随后的延期,最长不能超过 24 个月。持有临时职位合同的工作人员,如要申请其他空缺时,一律被视为外部候选人。申请临时工作机会,也要通过联合国人才管理平台填写表格,递交申请,其申请程序与任何其他职位的申请程序相同。

◇ **咨询顾问** 联合国经常聘用专家、顾问等人士,与他们签署短期合同。咨询顾问指在某一特定领域公认的权威或专家,被联合国以咨询或咨商的身份聘用。顾问的职能是注重成果,通常涉及分析问题、指导研讨会或培训班、为会议准备文件或就其专长领域内的事项编写报告。凡是想申请这类职位的人需通过联合国人才管理平台填写个人简历表,递交申请,并从人才管理平台上寻找合适的顾问空缺。在一般情况下,申请者需要经常更新个人简历表,3年以上不更新,就可能不再被考虑。

联合国的职位系列、职位种类以及级别分类等,都是我们寻找合适职位时必须了解的信息。联合国的人才招聘项目或方案也为我们申请联合国职位提供了方便。但是我们也不要局限于一些职位的名称。当应聘国际公务员时,我们比较容易只考虑和个人专业相关的国际组织,而不关心其他机构。比如搞统计工作的,往往不会考虑申报世卫组织。认真研究职位系列及其要求,可以扩大我们的申报范围。确实,世卫组织专业类的岗位中 65％

联合国实习岗位涉及的部门

左右与医药卫生有关,但是,还有 30％以上的岗位涉及其他专业,如计划财务、统计、紧急援救、信息技术、人力资源、对外关系、新闻信息、项目分析等。同样,大学生到国际组织实习的专业选择也有很大空间。三位笔者在编写本书时,查看了联合国实习岗位所涉及的部门,详细内容请扫描二维码。

【案例一】 WJ 原先在国内某出版单位工作,赴欧洲进修期间获得了世界银行奖学金,从而到华盛顿进行短期交流。她的表现受到世界银行赏识,她的主管建议她到其他国际组织积累经验。简历送出后,两个联合国专门机构约其面谈,她选择了世卫组织,并成为总部的正式职员。她原来从事外文出版工作,没想到会成世卫组织的职员。她说,到日内瓦工作后,发现在国际组织的中国职员数量有限,决心凭自己的实力,让在国际组织中占绝对优势的西方人看看中国年轻优秀群体的表现。这一直是支撑她的精神力量。现在,她已在世卫组织工作十多年,非常适应世卫组织的工作,并在卫生出版发行方面表现十分优秀。图 4-5 是笔者(宋允孚)与 WJ 的合影。

图 4-5 笔者(宋允孚)与 WJ 在世卫组织的合影

上述案例说明,非卫生专业人员也可以应聘到世卫组织。笔者宋允孚在日内瓦期间结识了联合国日内瓦办事处中文科的一位译员。他虽是从事翻译,但原来却是一位理工科高才生。

【案例二】 TZH 先生原在联合国秘书处纽约总部中文处工作,后从纽约调任瑞士日内瓦办事处。TZH 是我国台湾省人,美国耶鲁大学高能物理专业博士研究生,博学多才、待人诚恳。我国自 1971 年恢复在联合国的合法席位后,不能马上派出合格人员到联合国秘书处,于是我驻美国大使馆动员爱国台湾同胞和海外侨胞参加联合国考试,加入联合国国际公务员队伍。TZH 先生曾参加"保钓"爱国运动,响应祖国号召,参加并顺利通过联合国秘书处的考试,成为联合国译员。翻译内容无所不包,政治、军事、物理、化学、裁军、限制化武、人权等。做翻译工作若不具备这些方面的专业知识,便无法准确翻译具有法律效力、专业性极强的联合国文件。TZH 一直负责裁军方面的文件翻译,他的专业背景和文学功底使他在工作中得心应手、游刃有余。

理工科背景的 TZH 都可以通过联合国考试进入联合国从事翻译工作,这就提示我们:报考国际组织的职位,不要受限于本人所学专业或国际组织名称。

准备申请材料

　　找到合适的空缺职位仅仅是第一步。正式申请需要先在联合国人才管理平台上建立自己的账户，然后开始填写个人简历表，并撰写求职信，才能正式申请。个人简历表及求职信都是联合国有关方面用来进行初审的，所以这一步至关重要。

　　填写个人简历表　这个表格需要填写你的一般个人信息，如：国籍、出生日期、性别、婚姻状况、在联合国机构是否有亲属、是否有需要扶养的亲属、犯罪记录、电子邮箱地址、受教育情况（中学与大学）、工作经历（单位名称、工作性质、工作内容、时间、上司）、社会工作和职务、联合国工作语言能力、推荐人（名字、职务、电话、地址、国籍、其他联系方式）。填写简历，特别需要注意以下几点。

　　◇ 详细、准确。在你填写的简历中，绝对不能出现拼写和语法等错误，因为这是招聘主管第一次看到有关你的材料，如果填写得详细、准确，起码可以留下一个认真负责的印象。曾有一位申请者获知其他一些申请者接到了笔试通知，打电话询问该机构为什么他没有接到笔试通知。经查发现该申请人在填写语言一栏时，使用了下拉菜单（drop down），可能不经意间点到了第一项阿拉伯语，而他申请的却是中文翻译，所以系统自动就将他淘汰了。还有一位申请者，没有看空缺公告中有关通过语言类竞争性考试的要求，她从来没有参加过联合国举办的语言类竞争性考试，她的申请自然被系统自动排除了。

　　◇ 熟悉联合国的一些用语。在招聘语言类人员的空缺公告中，对申请人的语言要求是很高的，也很明确。首先，申请人必须具有完美的母语水平（perfect command of your main language）。这里的"主要语言"相当于母语，不要只从字面上去理解，不要理解为除母语外的主要外语。专业类职位都要求有大学文凭，大多要求硕士研究生学历（advanced university degree），也有要求本科学历（first-level university degree）的，因为各国大学的设置不尽相同，所以用 first-level 和 advanced 的表述方法来说明学历要求。

◇ 信息准确。填写表格是为了让招聘官员了解申请人,因此既不要太谦虚,也不要夸大其词,实事求是最重要。只能在实事求是的基础上,进行适度包装。例如外语水平如果都填写"一般",很可能第一关(电脑筛选)就被淘汰。个人经历要会包装、组装,尽量向职位描述(post description)的要求靠拢,同样的经历通过不同的编排,效果大不一样。不过,凡是在表格中填写的内容,都要经得起考证和核查。比如你在表中填写自己懂好几种联合国官方语言,并在读、说、写的水平一栏中填写"好",那么在某一个阶段你需要出示能够证明你语言水平的证书。如有一位申请者顺利通过了招聘的所有阶段,到了正式聘用时,联合国人力资源管理办公室去她曾经工作过 3个月的单位了解情况,被那个用人单位告知她工作的 3 个月是试用期,试用期一结束,单位没有续聘,因为她主动性不够,但她本人在表格中展现的则是另一种情况。联合国人力资源管理办公室认为,此人不符合联合国有关"诚信"的要求,不能聘用。

◇ 文字简练、明确、到位。表格中关于工作经历的部分要求填写主要工作内容、工作成绩等。此处注意不要记流水账,而是要突出重点,填写能够展示你能力的内容。

◇ 不断更新简历。一旦在联合国人才管理平台上建立了你的个人简历,今后都有用。哪怕你已经被聘用,该简历在申请联合国系统内的晋升时也可使用。所以,简历必须经常更新。

◇ 选择合适的人作为你的推荐人。不要只看推荐人在国内的职位高低,最好选对方了解或认可的专业人士、该组织的资历深的国际公务员等,选那些既了解申请人情况又精通联合国工作语言的人员。

撰写求职信 求职信的长短,各机构的要求不尽相同,具体要看空缺公告。2017 年 1 月 15 日发布的编号为 71129 的翻译招聘公告中,有一段专门提及求职信:When filling out their applications in Inspira, applicants should write in the cover letter section(step 7)approximately 150—200 words in English explaining how their experience, qualifications and competencies match the position for which they are applying.(你只能用 150至 200 个英语单词来阐明你的经历、资格及能力完全符合你所申请的职位的要求。)求职信不能写成一篇流水账,不要简单重复简历中已有的内容。

申请者要学会归纳总结,学会突出重点。试想一下,语言专业职位,往往申请人多达数千人,看你求职信的人不可能花费太多时间研究你的流水账,替你总结出你的能力和资格。

联合国总部设有一个银行机构,为联合国总部和在世界各地的国际公务员及其家属提供类似商业银行的储蓄和信贷服务,其宗旨是"为服务于世界的人提供服务"(Serving the People Who Serve the World)。2018 年年初,该机构董事会改选,从 8 位候选人中选举 3 位董事。8 位候选人按统一规定格式递交竞选申请。虽然他们的申请不是求职信,但我们从中也可以得到一定启示。他们的申请内容包括:(1) 个人基本信息(姓名和居住地);(2) 相关经历和资历(Relevant Experience/Qualifications);(3) 候选人陈述(Candidate Statement);(4) 联合国的工作经历;(5) 联合国以外的工作经历;(6) 学历。毫无疑问,6 项内容中的第 2 项(相关经历和资历)及第 3 项(候选人陈述)是说明候选人资历和能力的关键。对照本章第 4 节和第 5 节所介绍的申请攻略,我们对 8 份竞选申请做了比较,发现有的候选人寥寥数语便将本人的竞选目的(即动机)、经历、资历和能力描述得一清二楚,极具说服力。而有的候选人则不得要领,没有对竞选目的、本人相关工作经历、资历和能力做有力说明。他们都是在国际组织工作 20 年以上的资深人士(或在职或退休),但在撰写个人陈述时写作水平仍然是参差不齐。我们从中选出两份,对第 2、3 项的内容做比较,供读者参考。

【案例一】 XX 先生申请中的第 2、3 项原文

Relevant Experience/Qualifications

After 28 years of employment within United Nations system (New York, Vienna, and Geneva), mainly in the field of financial management, including budgeting, treasury, ERM, oversight, and governance. I retired from UNHCR as the Controller and Director, Division of Financial and Administrative Management. There, I acquired extensive knowledge of its operations as well as work conditions of staff in the deep field. I also served as board member of the United Nations Joint Staff Pension Fund Board and International School of Geneva Board. Currently I am serving as a member of the Audit Committee of PAHO/WHO.

Candidate Statement

In 2016, I had the honor to be appointed as the Chair of the UNFCU Board of Directors, where I have been serving as Director since 2009. I am highly motivated and committed to the work of UNFCU to effectively meet the needs of members, to provide the highest standards of service, with secure and up-to-date technology. This should be achieved taking also into consideration the non-availability of reliable banking services locally, particularly in the deep field. If re-elected, I shall continue working in full cooperation with the UNFCU management, providing high standard governance, strategic and policy guidance.

分析：

XX 先生在经历和资历一栏中首先说明他有 28 年的联合国系统工作经历，尤其是在财务管理方面的工作经历，特别说明他退休之前曾担任联合国难民事务高级专员办事处财务和行政管理处处长兼审计官，而这一经历使他获得了广泛的机构管理知识并熟悉在边远地区工作人员的状况和工作条件（注：为边远地区的联合国工作人员服务是该机构的重点。他的言外之意是，或许其他候选人不了解边远地区工作人员的状况和工作条件，以此凸显他的比较优势）。他还补充说明了曾在联合国退休基金管委会和日内瓦国际学校董事会任职，目前在世卫组织下属的泛美卫生组织任职。

在候选人陈述一栏中，XX 先生说明他自 2009 年以来一直在为联合国联邦信贷联盟工作，而且自 2016 年起担任董事会主席。为此，他有极大的热情和决心继续为该机构工作，为满足该机构成员的需求提供最好、最有效和最安全的服务，特别是能满足机构成员深层次的要求。

XX 先生在这两段简短的文字中简明扼要地介绍了本人的相关经历、资历、能力，清楚地表明了竞选动机，不失为一份有力的竞选声明。

【案例二】 YY 女士申请中的第 2、3 项原文

Relevant Experience/Qualifications

My work experience has ranged from national to international positions. It has focused on working for developing countries. During my 40-year career, I have been a dedicated and active professional who came up with initiatives to improve working methods. I have developed a thematic network which includes national and international professionals from regional development banks. Since I retired from the UN, I am more dedicated to my family, and I still continue some academic and professional activities. I am open to new challenges. With my skills and experience I could make a good contribution to the Board of Directors.

Candidate Statement

Serving UNFCU would represent a new challenge for me. Since I joined UNFCU, I have realized that the bank offers account and investment opportunities which are affordable not only to UN members but also to their family members, even those who are in developing countries. It is quite easy to manage accounts, including online banking, and there is always staff to assist us. There are also interesting investment opportunities. I have been in contact with Geneva and New York staff from UNFCU, and I have always been well served. Therefore, I have not hesitated to recommend new members.

分析：

YY 女士在相关经历和资历一栏中介绍她本人具有 40 年的国内和国际工作经历，但没有说明她的相关经历和资历，只提及她在工作中曾建立开发银行的专业人员网络，并表示愿意面对挑战，在享受退休生活的同时为该机构做贡献。

她在候选人陈述一栏中没有说明她的竞选动机和能力，而是不着边际地介绍她对该机构的认识和其提供的服务内容。

这位女士的竞选申请书是一大败笔。也许她具备做董事会董事的资历和能力，但在看到这份申请时你会投票给她吗？

 认真准备笔试

递交了申请后，你填写的"主修课程"及"学习领域"如果符合所申请的职位的要求，你还需要回答一些预选问题（screening questions），以帮助招聘主管排除不合格人士,拟定短名单。只有通过了这一步,你才会被邀请参加笔试。笔试形式多样,大多为开卷考。不管报考什么职位,只有笔试通过者,才可进入面试阶段。

青年专业人员项目的考试,时长约 4 个半小时,分两部分:一是一般性试卷(general paper),适用于所有青年专业类职位;二是专业类试卷,是与你所申请的职位的领域有关的卷子,考你的专长。

笔译员、编辑等语言专业类职位的笔试也分两部分。第一部分是在线考试,由三份试卷构成,每一份试卷考一个半小时,分别是:从外语译入母语的一般性试卷,如考生太多,此试卷就是淘汰卷;从外语译入母语的专业类试卷(specialized papers,如政治、经济、社会、法律、财务、科技等);将除母语及一种联合国官方语言外的另一种联合国官方语言(你的第二外语)译入母语的一般性卷子。只有通过了第一部分的在线考试,才会被通知参加第二部分远程监考的、不能使用字典等资料的考试。

2014 年 7 月,联合国启动了全球一般服务类考试,代替此前的文员考试(Clerical Test)。但属于一般服务类职位的安全干事、护士、电工、司机等工作人员则不需要参加这项考试,而是参加与他们工作相关的其他考试。考试种类繁多,如有专门的安全干事测试、主管员考试等。限于篇幅,不一一列举。不管参加哪一类的考试,都有一些共性的小窍门,列举部分如下。

◇ 熟悉联合国的机构、宗旨、任务、活动、架构等信息,熟悉你申请职位的具体机构在联合国的任务、与可持续发展目标的关系等。申请语言类职位,需要熟悉联合国各种类型的文件,尽管考卷不会使用联合国的现成文件,但可能会使用类似联合国文件题材、风格的材料。参加其他类别职位的考试,也应尽可能在作答时使用联合国及有关组织的习惯用语。比如,礼宾官的招聘考试,考卷很可能与礼宾业务中碰到的场景有关。

◇ 看清题目再动笔,不要答非所问。

◇ 准备一些有用的素材。一般情况下,考卷会设计得很紧凑,时间很紧,不会让考生有时间临时上网查阅,这就要靠事前多准备一些有用的素材,至少熟悉联合国各种场合的讲话、文件等(如有关组织领导的讲稿)。如一次招聘副秘书长办公室主任的考试,申请者被要求在规定的时间内按照副秘书长的要求,以副秘书长的名义起草发给各国常驻联合国代表团的一份照会和一份通知。如果你很了解这位副秘书长所管辖的领域、可能碰到的问题、作为他的办公室主任需要处理的事项，就可有的放矢地做些准备。但熟悉有关讲话或文件，不是要你去背诵，笔试时不要直接引用，那样会令人生疑。

 ## 沉着应对面试

    联合国职位种类之多、涉及的学科之广，增加了申请者的机会，也增加了联合国内部工作人员的机会。不管是第一次申请，还是联合国内部工作人员想要改变专业、更换部门、改变工作地点，都需要通过笔试，还需要参加面试。联合国的面试又称为基于能力的面试，也就是说，必须根据联合国的核心价值和核心能力来设计问题。一场面试的时间在 40 分钟左右。面试前组织方需要向考生介绍考官、面试的范围、时间等，面试结束时向考生说明大概多长时间后可以接到通知等。面试的方式，可以是面对面，也可以通过电话或视频。如果说笔试重在测试申请者的技术、专业知识和能力的话，那么面试则重在测试一个人的沟通能力、管理能力和跨文化交流所需要的种种能力，以此来测试申请者是否能够适应联合国的文化和工作。

    联合国面试的理念是，了解一个人过去的表现，可以预测他今后会怎样表现。因此，面试考官常常会让你举一个不久以前的例子，来测试你某一核心价值或核心能力方面的表现，试图从中看出你过去的表现、成绩和贡献。面试小组将根据你的回答来判断你是否适合联合国的工作。可以说，面试的目的是了解一个人的表现和行为，而不是你知道什么，也不是你的知识。一个人知道多少，没法观察，只能听其言。而一个人怎么做，是可以观察的。而且判断一个人的表现和行为，有标准或指标（behavioral indicators），第三章已经就核心价值、核心能力的评估指标进行了详尽的讨论。面试的题目都是围绕着联合国的三项核心价值和八项核心能力进行的，申请管理职位的面试还需就六项核心管理能力提问。但由于时间有限，面试不可能就所有核心价值、核心能力、核心管理能力进行提问，常常只就其中 3 项或 4 项进行提问。所有的核心价值、核心能力都重要，其中有些更容易被问及，如

"专业精神""团队精神""责任心""技术意识"等。"沟通能力"常常不是通过提问的方式,而是通过观察考生回答问题的过程来评估的。一般情况下,面试考官事先有准备好的问题单,任何考官都可对考生提出追加问题。

面试究竟会就哪些核心价值和核心能力展开讨论?申请者只需仔细研究空缺公告就可知道。空缺公告中有一段是"能力(competency)",它会列举一些有关空缺职位特别看重的"能力",而这些"能力"就是面试的重点。既然面试是为了了解一个人的表现,面试官就会要求应聘者举例来展现其表现。

如果空缺公告在"能力"项下提及"诚信",那么面试时会就此提问,便于考官进行考察和评估。就此项提问的目的是了解一个人在日常的工作和行为中是否会体现联合国的价值、是否会把组织的利益置于个人利益之上、是否会滥用权力、看到不符合道德或不敬业的行为是否会制止等。面试问题可能以下述方式提出。

(1) When were you faced with a professional or ethical dilemma at work in the recent past? How did you feel? How did you resolve?(你最近遇到过专业上或道德上让你感到两难的问题吗?你怎么看?又是如何解决的?)

(2) When have you been asked to "bend the rules" by a colleague or client? Any time when you have interpreted the rules with more flexibility?(你是否遇到过同事或客户让你违背规定?你是否有时会灵活理解有关规定?)

"专业精神"是空缺公告中最经常被列入的一项。面试时,很多应聘者大多会滔滔不绝地谈论自己的学习和工作经历。虽然讲了很多,却不一定是所要求的内容。为了考察应聘者践行这一核心价值的表现,考官很可能会问:你为什么认为你是这一职位的最佳人选?这种开放性的问题给了应聘者很多发挥的余地,也更能让考官从多角度考察你。你应聘这一职位,也许你有很多的经验,但如果你的回答只停留在从哪一年到哪一年在哪一个单位做了什么工作的话,考官都已经看了你的简历,已经了解,无须面试了。工作经历固然重要,但简单的经历不足以说明你的水平、能力、知识面、敏感度、态度等方方面面的表现,况且,你的专业能力和水平在笔试中也已经得到了验证。面试时要考察的,主要是你的动机和态度以及你会以一种什么样的精神状态投入工作。关于这一项的面试问题有可能以以下方式提出。

(1) Please give us an example about how you handled a setback.(请举例说明你是如何应对挫折的。)

(2) Give us an example of a time when you used your problem solving abilities to resolve an issue.(请举例说明你是如何依靠你解决问题的能力解决了一个问题。)

(3) Tell us about a time when you had a number of demands being made on you at the same time? How did you handle it?(请告诉我们,你曾同时要完成几项任务,你是如何完成的?)

考官很多时候会从各个角度提出有关"专业精神"的问题,要你拿出例子来展示你的专业精神。很多应聘者往往会说如何通过加班来完成任务,这样的回答显得有点单薄,它只能说明你有奉献精神,但不够足智多谋,不会通过合理分配力量、确定轻重缓急等方法,或者通过使用技术、工具等各种手段来完成任务或解决问题。

前面已经讲到,"沟通能力"是面试时考察的一个重点,但大多不通过提问来了解,而是通过观察你在面试时的表现。面试考官可能会注意应聘者回答问题时是否有信心,回答是否到位,脸部表情是否呆板,是否能够保持注意力集中;回答问题时逻辑性是否强,思路是否清晰,交谈是否漫无边际,是否出现没有重点或从一点到另一点、跳来跳去又不断重复的情况。不少中国应聘者容易显得紧张,缺乏信心,声音轻,甚至发颤。如果自己都没有信心,又怎么让考官对你有信心呢?如果你的回答条理不清、逻辑混乱、颠三倒四,又怎么吸引考官听下去呢?当然,不是所有空缺公告都把这一项核心能力专门列出。但只要列出,就可能对它进行提问。这里举两个常见问题的例子:(1) Tell me about a time when you perhaps haven't listened as good as you could have.(举一个你没有像往常那样认真倾听的例子。)像这样的问题,肯定会有后续追问的问题。(2) Describe a time when you demonstrated excellent listening skills.(举一个你曾表现出极好的倾听技能的例子。)

"团队精神"也是几乎所有空缺公告都会列出的一项核心能力。凡是在国际组织工作的人,都需要能够团结合作、共同实现指定的目标的能力。这一项核心能力强调的是能否与他人合作,能否获得他人的帮助,能否共享成绩、共担责任,能否正确对待他人的想法,能否正确评价他人的长处并注意向他人学习。面试时考官很可能会从不同的角度来询问应聘者对团队精神的理解,以便从应聘者的回答中做出判断,应聘者在一个团队中会起什么样的作用、会是一个好的团队成员还是一块好的团队领袖的料。那么考官会抛出什么样的问题呢?这里仅举一例:Describe a team where you found it particularly difficult to work in? What went well? What could be improved? How did you contribute?(请举一个特别难合作的团队的例子。哪些方面进展顺利?哪些还能改进?你在其中起了什么作用?)

以上介绍了联合国面试的理念、范围、目的、提问方式等。从中可以看出,要想面试成功,需要精心准备,也需要了解一些窍门和注意事项。特别提请应聘者注意以下几点。

(1)根据联合国的面试理念,面试考官会通过应聘者的过去来判断他今后的表现。面试考官往往请应聘者举例说明,所以考官的问题大多使用过去时,应聘者的回答也应该使用过去时,列举过去经历过的例子来说明问题。

(2)有条理地准备一些真实可信的实例。面试的问题范围不会超出空缺公告中所列的"能力"项,应聘者完全可以据此准备方方面面的例子。举例子的目的是要通过例子表明你有什么样的技能,表明你在碰到挑战和问题时是如何应对的,最后是成功还是失败,成功了有什么经验,失败了有什么教训,从中看出你的优势和短板。临时想的话,有时会想不出合适的例子。如有国际工作的经历,可适时提及,因为国际组织还是希望聘用有国际工作经验的人士。回答问题时,不要先假设,再就假设来陈述你可能采取的行动。不用集体人称的"我们",而是要用第一人称的"我",因为是要了解你,不是了解你所在的团队。

(3)熟悉你申请的国际组织。尽可能多地了解你所申请的组织的使命、出版物、战略方向、新闻事件、组织结构等。

(4)认真研究空缺公告。空缺公告会详细介绍有关职位的工作内容、职责范围等。如 2017 年 1 月发布的有关招聘翻译、编辑等语言专业人员的空缺公告,详细介绍了工作类别、工作地点(日内瓦、内罗毕、维也纳、曼谷、纽约）、职责范围、能力、基本资格、评估方法、联合国的考虑等（详细信息请扫描下方二维码）。其中有关编辑的职责范围是：确保正确使用用语、术语，准确翻译；确保根据受众来选择译文的风格；确保译文的连续性、逻辑性、完整性、相关性和可读性，确保表述的清晰度和一致性，确保拼写、标点符号和语法的正确；核对事实、数字和参考资料的准确性；如译文中有模棱两可的表述，提出修改意见，提交作者、资深编辑或有关翻译处考虑。在联合国从事中文编辑，主要是与其他 5 种联合国官方语言的编辑一起对有待收入联合国正式文件编撰集的文件进行意思等值的编辑（concordance），确保同一文件 6 个语种的文本表达相同的意思。曾有一位应聘联合国中文编辑职位的申请人在面试时滔滔不绝地大谈他的编辑经验，特别强调通过他的增删和改写，使译文的语言更加优美，并因此受到他服务的杂志社的表扬。根据他的描述，面试考官认为他会习惯于随意增删、改写，不符合联合国要招聘的中文编辑的要求。如果认真研读空缺公告，了解有关职位的工作性质和要求，就不会这么回答了。

2017 年招聘翻译、编辑等语言专业人员的空缺公告

（5）面试时，必须认真听清问题，明白考官提问的目的。没有听清，可以问，而不要想当然地回答，否则就会答非所问，弄巧成拙，但注意不要反复问。

（6）回答面试问题，要简洁、有条理、有逻辑，内容要合适、要具体。不要多讲大道理，不要讲得太虚，不要太笼统。比如问你有关团队精神的问题时，你不要只讲团队精神多么重要，没有团队精神工作就不能成功等，而应该告诉考官，你在一个团队中的表现。碰到好合作的人，怎么办？当碰到不好合作的人时又怎么处理？当碰到一项工作遭到客户投诉时，你采取什么态度？是推给团队，还是勇于代表团队承担责任？团队出现分歧时，你又怎么处理？又如在回答有关"技术意识"的面试问题时，不宜泛泛地谈电脑的好处和技术的重要性，而是要具体说明在哪一次使用了什么技术或工具，解决了什么难题，你的回答是为了让考官了解你实际表现出来的技术意识。为了使你的回答逻辑性强、条理清晰，最好是给出结构性的回答，用英语来说就是 CARL 原则。在这里，C 代表情景（context）：当时处于什么情况？你是怎么被卷入的？发生了什么？发生的时间背景？A 代表行动（action）：你采取了什么行动或措施？R 代表结果（result）：你采取的措施产生了什么

结果、影响和成果？L代表学习（learn）：从这次事件中，你能学到什么？有哪些教训可以吸取？

（7）面试时注意仪表仪态。尽可能与考官有眼神交流，面露笑容，注意谈吐和坐姿，注意你的衣着打扮。你的肢体语言会让考官感受到你对工作的兴趣和热情，也让考官了解你的沟通能力。

（8）了解国际组织的文化。联合国是一个鼓励流动的组织，2014年4月联合国大会通过了《流动框架》的改进版，从2016年1月1日起实施，其中最重要的就是工作人员的流动机制，工作人员定期向不同的职能、部门和联合国在世界各地的办事处流动，该机制旨在建设一支充满活力、灵活机动的全球队伍。记得有一次面试，在最后阶段，面试小组中人力资源管理办公室的官员问应聘者是否愿意到任何联合国办事处工作，应聘者表示只考虑纽约，不考虑其他地方。人力资源管理办公室的官员便告诉她，所有联合国工作人员都须听从秘书长的调配，如果有其他办事处要聘用她，她拒绝后虽然还可能有机会，但不再优先考虑。另外，在联合国工作的国际公务员，也会需要加班或上夜班。曾有一位应聘者表示，她报考联合国的目的就是看中了联合国的工作条件。她说，在很多地方，加班是家常便饭，而联合国作为国际组织，据说不会让职员加班的。考官告诉该申请者，如果是为躲避加班，那么联合国不适合她。

（9）如果通过Skype进行面试，请事先核查电脑设备，并确保面试时不会有人打扰。

总之，为了公平、公正，联合国的招聘程序比较复杂，时间比较长。从发布空缺公告到申请者拿到通知，有时长达大半年甚至将近一年。很多时候，即使你拿到了联合国的通知，也只说明联合国认为你符合招聘条件，并已将你列入后备人员名单，何时录用，还得看有关部门何时有空缺。

第六节　国际组织实习、任职的其他案例

本章前五节介绍了联合国及专门机构的人力资源的管理办法和应聘攻略的总体情况。在招聘过程中，国际组织通常遵循这些原则和办法。然而，

实际招聘工作中也有某些特殊情况,本节介绍的实际案例,有的可能属于不具代表性的非典型案例,但同样可供读者参考。

实习岗位全面锻炼

申报国际组织实习生岗位,不是到国际组织任职必不可少的前提条件,但是通过实习可以更好地了解国际组织的宗旨任务、组织架构、文化氛围、专业领域,并按联合国要求,培养国际组织所需的核心价值与核心能力。以下是几位同学在国际组织实习的体会,可供参考借鉴。

【案例一】 YF 是国内某重点高校医学院本硕连读五年级同学,参加了国际医学生联合会(International Federation of Medical Students' Associations,IFMSA),经常与各国医学生讨论医学教育、公共卫生等议题。2016 年 5 月,她收到来自联合会的通知,鼓励她申请世卫组织总部的非传染性疾病全球协调机制处的实习岗位。她认为这是非常宝贵的机会,很快递交了简历和个人陈述。同年 8 月她通过初筛,应约参加视频面试,9 月申请成功。随后她在世卫组织日内瓦总部实习了半年。她说她获得的不仅是专业知识、工作能力,还开拓了眼界和人脉,学会了如何突破自身局限,协调多元化的团队共同完成任务。总干事谭德塞非常重视实习生,在他上任后的第一次和实习生对话活动时,YF 正好第一个发言,她演讲的题目是"促进青年人加入全球卫生治理"(见图 4-6)。只有一周的筹备时间,她感到无比大的压力。但她带领她的团队,和来自加拿大、巴西、葡萄牙等国的实习生一起讨论演讲方式,一度对采用案例论证还是直击主题的方式产生分歧,僵持不下。经

图 4-6　世卫组织总干事谭德塞(左 6)听取 YF 同学(左 4)汇报

过反复沟通最终达成了一致,合作完成了演讲稿和给总干事的议案。在世卫组织这样的国际机构,每个实习生都有强烈的个性和丰富的经验,但亚洲的实习生很少站在聚光灯下主导团队,而更乐于选择幕后工作。YF 感到,在这个平台上,拥有充分自信、良好心态和稳定成熟的处事方法的实习生收获的是意想不到的成果与尊重。

实习生在申请和面试时如何体现自己的优势呢？首先,YF 认为最重要的是要体现出自己能够承担国际组织实习岗位的职责,而不仅是符合要求。因为,一个岗位,可能有数百人参与竞争,在大家都能满足基本条件的情况下,只有最契合那个部门需求的人才可能胜出。不同部门、不同岗位有不同要求,有的需要媒体宣传能力或沟通协调能力,有的需要科研能力或学术水平。当递交求职信和面试时,必须换位思考,突出对方所需要而自己又具备的优势。她申报的部门侧重于报告文书的撰写及会议的筹备,她恰好有给医院微信公众平台编写科普文章的经历。面试时,考官特别问到了这点,她借此充分发挥,事实证明考核中并没涉及她参加科研项目方面的问题。其次,显示软实力也是需要注意的关键,包括多元文化素养、团队合作精神、沟通交流技巧等。在国际组织共事的同事,来自不同国家,有着不同的文化和职业背景。她曾参与国际交流活动,遇到过团队中出现矛盾和分歧的情况,她面试陈述时突出讲述了在团队管理方面的实际经验和体会,给考官留下了较好印象。

近年来,到国际组织实习的中国同学表现都很优秀,他们不仅通过实习开阔了视野,增长了知识,建立了人脉,而且还在实习期间开展调查研究,为其他同学日后到国际组织实习收集到很多有益的信息。

【案例二】 JW 是国内某重点大学外语学院在读硕士研究生,2017年9月至2018年3月在《世界卫生组织烟草控制框架公约》秘书处管理与国际合作团队（Team of Governance and International Cooperation, Secretariat of the WHO Framework Convention on Tobacco Control）实习。她对世卫组织实习生的情况做了一番调研,她所报告的情况,值得思考,可供参考。

实习生来自欧美的居多,亚洲的相对较少。她发现申请渠道也与原来想象的大不一样。通过世卫官网投递申请获得实习机会的人相对较少，大部分人（包括 JW 本人）是通过导师或所在学校推荐获得实习机会的，如导师在世卫组织有同事或熟人。此外，不少实习生所在大学与世卫组织有合作，如她遇到了来自剑桥大学、悉尼大学、日内瓦大学等学校的实习生，他们所在学校均与世卫组织有合作。但是，靠这个捷径也并非易事。有的实习生，为争取教授推荐，特意选修该教授的课程，平时让教授看到自己的努力和学术成果，最后选恰当的时机请教授推荐。中国实习生很多有较长的留学经历，是通过留学期间的渠道争取到实习机会的。通过"非常规途径"获得实习岗位的实习生比例不小，这让通过官网申请的实习生感到惊讶，认为 it's all about networking（这都是通过关系），有失公允。2018 年 2 月，世卫组织邀请国际劳工组织 Fair Internship Initiative 项目牵头人介绍实习生招收情况，指出中低收入国家的代表性不足，要提高这些国家实习生的录取比例。世卫组织今后可能采取集中招募制度（centralized system），统一申请时间，按申请人实习意向纳入后备人才库，供用人单位从中挑选。

她说，不论来自哪个国家，不管通过什么渠道，实习生共同的体会是：申请时一定要仔细研读实习生职责描述（post description），发掘自己的优势；撰写申请和个人陈述时要有针对性地凸显自己的长处，说服对方自己就是最适合该岗位的人选。到国际组织实习，要全方位锻炼自己，不光要关注自己的专业领域，还要利用这个机会提高交际沟通能力，为日后的职业生涯发展着想，建立必要的人脉。世卫组织实习生委员会（WHO Intern Board）也为实习生提供了一个很好的平台，每周五晚上组织聊天活动（Unwined），加上每天午餐时的随机交谈，为实习生提供了结交朋友、交流信息的好机会。不同部门的实习生，日常所做的工作差异很大。世卫组织总部的实习岗位，不一定都要求实习生具备公共卫生专业背景。JW 所在团队的工作大多是事务性任务，需要阅读大量资料，负责起草文件。而那些具有公共卫生或医学专业背景的实习生，则带着他们各自的研究项目来实习，他们的研究工作与其实习部门的工作领域契合度很高。图 4-7 是 2018 年世卫组织总干事与各国实习生的合影。总之，到国际组织实习实际是双赢的过程。申请实习时，既要考虑自身职业生涯发展的需要，也要考虑实习单位的具体业务需求，实习岗位力求对口，才能取得令双方满意的效果。

图 4-7　2018 年世卫组织总干事谭德塞(中)与各国实习生合影

做实习生是逐梦国际组织的青年接触了解国际组织的捷径之一,也可能成为叩开国际组织大门的敲门砖。

【案例三】　KN 会计专业本科毕业,在某会计师事务所工作两年,担任外部审计师。这是世界四大知名会计师事务所的北京办事处,业界声誉高。她在高标准、快节奏、大强度的工作中得到了很大锻炼,然而她还有更大的抱负——做国际公务员,并为此走了一条迂回的道路。申请到联合国实习,必须是当年的本科毕业生或在读的硕士、博士。于是,她到美国纽约的一所大学读研。她认为,联合国急于录用实习生时,会优先考虑在美国特别是在纽约的学生,因为他们没有签证和住房问题。她利用在纽约读研的优势,通过联合国官网提交了几个实习岗位的申请。申报者中不乏优秀学生,她在著名会计师事务所的工作经历受到青睐,竟然未经面试就得到了对方的录用通知。这个没有薪酬的岗位,成为她踏进联合国的第一步。她在联合国总部管理部门财务总管办公室实习,协助主管审阅审计报告(见图 4-8)。她接触的国际公务员国别不同、肤色不同,英语口音也不同,这让她加深了对跨文化氛围中包容态度与平等原则重要性的认识;在收集图片资料时,她看到维和人员为维护和平奉献生命,更深刻体会到国际公务员的敬业奉献精神,这使她更加坚定了到联合国工作、为世界奉献的决心。

实习生不能转为正式员工,但她努力做好实习生的本职工作,受到了同事好评。后经中外同事指点,她决定申报助理职位,作为国际职业生涯发展的起点。她不断申请与财务相关的职位,通过了 GGST 考试(参阅第二章)和面试,签订了短期合同,现已转为正式 G 类员工,负责辅助计算并发放联合国雇员的养老金。KN 总结这段经历时说:"在联合国这样庞大的组织,有许多潜在的不同类别的工作机遇,每一步都有更高要求,必须一步一步踏实走好。只要不轻言放弃,终会有通向无限舞台的机会。"

图 4-8　KN 在联合国实习

　　上面这个案例说明,实习可以成为加入国际组织的敲门砖。到国际组织实习还有另一个作用,就是帮助实习生看清自己是不是真正喜欢并适合在国际组织任职。其实,在世界多元化、经济全球化、社会信息化、文化多样化的新时代,参与全球治理并不一定非要到国际组织工作。无论在什么单位,做什么工作,都需要坚定理想信念、拓展国际视野、提升精神境界、夯实综合素质。到国际组织实习,是一种全方位的学习,涉及的绝不仅是专业知识与技能。实习后发觉自己不适合或不喜欢到这类机构工作,也完全可以理解。在国际组织里实习时学到的本领同样适用于其他单位,包括非政府组织。

　　【案例四】　JY 是某大学大四学生,2017 年同时有两个单位通知接受她的实习申请。一个是知名广告公司奥美(Ogilvy & Mather),另一个是联合国的海陆丝绸之路城市联盟(United Nations Maritime-Continental Silk Road Cities Alliance)。经过思考她选择了后者,因为此前她已经有过在私立机构的实习经历(如国内某创业公司、美国某大学社会科学研究中心实验室等)。她同年 10 月去报到,进入这个项目的智慧城市与新兴产业委员会(Smart City and New Industry Committee),在项目发展岗位实习了半年。通过这次实习,她得到了很大的锻炼,然而和过去在私立机构实习相比,她感觉政府间国际组织的工作氛围里繁文缛节的味道更浓,不像在私立机构中更能找到活力。她认为在扁平化的合作团队工作更符合个人职业诉求,更容易找到自己的使命感、归属感,因为私立机构的上下层级关系似乎没有那么烦冗。因此对于今后是到政府间国际组织还是到非政府组织工作,她感到相当纠结。恰巧这时候学校组织一个沙龙活动,她遇到了在国际组织工作过的一位资深外交官。和这位国际公务员对话,她受到了很大启发,认识到:一个人的职业选择首先应符合自己的兴趣和特长,只有这样才能找到实现自我的最佳途径。有的人在政府间组织里找到,有的人则在上下层级关系较简单的私立机构找到。她决定重新思考自己的职业规划。因为,到非政府部门或私立机构工作,同样可以为全球治理做出自己的贡献,而且在政府间国际组织里学习到的东西,同样可以发挥作用。

实习有益日后发展

实习是了解认识国际组织的第一步,走进国际组织有可能还要走更长、更远的路。但也有年轻人实习之后选择做顾问,由此进入国际组织,也有工作经历较长的申请者,直接从国内工作岗位申请或被推送到国际组织担任顾问,下面的案例可供参考。需要说明一点:国际组织的实习生不能直接转为顾问或者正式国际公务员。但是,他们的实习经历对日后加入国际组织具有加分作用,因为他们有在国际组织工作的经历,对之有较深了解。

【案例一】 2017年3月,HP通过联合国公开招聘成为联合国环境规划署亚太地区办公室顾问,现在合同期满又被继续延长。工作期间,她克服各种各样的困难,取得了良好的工作业绩,同时加深了多元文化意识,极大提高了交流沟通、组织协调、研究分析能力和英文写作水平。她还积极参与2018年联合国的中文日活动(见图4-9)。更可嘉的是,她不但完成了本职工作,还非常关心年轻同事的成长,关注国家对国际组织人才的培养推送工作。2017年,她向有关部门提交了题为"关于加强中国国际公务员队伍建设动员工作的思考"的报告并辅导3位青年成功申请到联合国的实习机会。她认为国际公务员队伍建设可以从鼓励申请顾问工作入手。截至2018年3月,环境规划署亚太地区办公室职员共有73人,其中正式职员52人(P级以上26人,JPO 3人,泰国G级23人),顾问21人,顾问约占P级以上专业技术人员的80%,国际组织对顾问的需求基本常年保持着这个规模。

图 4-9　HP 在联合国 2018 年中文日活动上发言

申请顾问工作是一个很好的突破口,很多项目的具体执行需要通过以合同方式聘用顾问完成。顾问的合同期为 1 个月到 2 年不等,通过联合国网站公开招聘。与正式国际公务员相比,顾问的机会相对较多、合同方式灵活,成为顾问也是熟悉国际组织非常好的渠道。尽管有些岗位是为他人量身定做的,已有内定人选,但多数需要公开招聘。这比 JPO 和借调更灵活、可行,而且不用政府花钱,国内有关单位可以鼓励员工申请。另外,实习生在完成实习后,由于结识项目主管并熟悉相关业务,遇到项目需要人手时,也有机会转成顾问。对顾问的认识,国内有人可能存在误解,以为顾问这个岗位的要求很高。其实,联合国系统职员有限,很多事都靠聘用顾问完成,顾问分五个档次,资历要求不同。很多业务并不需要很高资历,如筹备会议、管理项目、研究报告等,对于年轻人来说,机会是很多的。联合国在全球聘用顾问,他们的待遇详见表 4-3。

表 4-3　联合国聘用顾问的工资待遇

单位:美元

顾问等级		日薪	月薪
A	下限	180	3867
	上限	240	5012

(续)

顾问等级		日薪	月薪
B	下限	240	4939
	上限	380	7870
C	下限	390	7328
	上限	560	10572
D	下限	620	10754
	上限	750	13040
E	下限	860	14339
	上限	980	15779

下面是一个成功从实习生转为顾问的案例。

【案例二】 CHJ是联合国环境规划署亚太地区办公室空气质量顾问。他就读于国内三线城市一所地方师范大学政治学与行政学专业,2013年毕业后赴美国东北部一所州立大学读社会科学硕士研究生。2015年,他在华盛顿参加美国外交政策学术论坛,与来自其他城市以及在联合国工作的职员和实习生广泛接触,获得了很多关于国际组织招聘实习生的信息。暑假回国,他第一次参加联合国驻华代表处活动,从而萌生了到国际组织实习的想法,研二时便在美国申请。在学校职业中心、写作中心的帮助下,他完成了简历和求职信,然后广泛"撒网"申请。最终,联合国接受了他的实习申请。他体会到,虽然他在小城市生活和学习,国际组织信息相对闭塞,他的教育背景也不出色,但只要善于和背景强、信息多的人士沟通交流,抓住适当机会,勇于尝试、敢于坚持、不懈努力,总能实现自己的梦想。走进联合国,可以先参加国际组织的相关活动,借此了解国际组织,然后利用实习机会从内部更深入地了解、认识国际组织。"广泛撒网、广种薄收"也是他成功申请实习机会的感受,他向不同地区、不同组织的总部和地区办公室、联络办公室、国家办公室都递交过实习申请。他从做实习生开始接触联合国,实习半年后转成顾问,目前已在泰国工作两年。

实习对刚毕业的同学来说,无疑是全面学习锻炼的过程。这里再介绍一个实习后通过竞聘成为正式国际公务员的案例。

【案例三】　ZTH 在联合国总部的秘书长办公室做助理,她是唯一一位通过竞聘入职秘书长办公室的中国职员。秘书长办公室的工作节奏相当紧张,每天早上 8 点开始陆续接收前方的 4 批密函和各国信件,需分门别类派送有关官员,完成《每日秘书长内参》。作为助理,既要政治敏锐、守口如瓶,又要反应迅速、忙而不乱。她还负责秘书长每天会议的安排,协调处理行政事务。她是怎样竞聘到这个岗位的呢? 2011 年她到联合国实习,先后在新闻部外联司(联合国学术影响办公室、联合国年鉴组、联合国非政府组织关系办公室)、政治事务部、安理会、人道主义事务协调厅工作,高强度、快节奏的任务使她得到极大锻炼。她把入职晋升的"公式"归纳为 4C——Competency、Connection、Compassion、Chance,最后获得第 5 个 C,即 Chosen。新毕业的本科生和研究生,要通过国际青年项目官员选拔考试,既要符合学历要求,又要有过硬能力,还要善于沟通交流。联合国秘书处有"20 杯咖啡一份工作"的说法:职员利用喝咖啡的时间与同事"闲聊",倾听他们的意见建议,同时让他们了解自己,使他们能在出现潜在机会时想到你。她认为:我们缺乏的不是能力本身,而是主动与同事交流的勇气。联合国要处理世界上最复杂的问题,在那里工作的国际公务员更需要拓展国际视野、树立包容情怀、富于奉献精神、善于抓住机会。有人认为在秘书长办公室工作很风光,离联合国的最高领导如此之近,几乎每天都会遇见各国元首。但是,这背后的艰辛与付出外人并不了解。她为有机会与"有理想有情怀的前辈一起工作见证历史进程、谋求人类福祉"感到自豪。联合国设立人道主义援助应急后备人才库,一旦世界任何地方发生重大灾害或战乱,国际公务员要尽快抵达现场进行人道主义救援。她报名并入选人才库,出现紧急情况时可能在 48 小时内被派往第一线。虽然这可能给她带来生命危险,但她说,这既是挑战又是机会,她愿在重大紧急关头,考验自己锻炼自己,更好地履行联合国的崇高使命。

她不仅完成自己的本职工作,而且早在 2011 年完成实习之后,就和其他 3 位实习生一起建立联合国中国圈。这个圈成为中国实习生和国际公务员交流的平台,为新入职的实习生和中国职员提供生活和职业指南。纽约总会现在有 500 人,每月组织午餐聚会,请 4 位已经通过不同途径进入联合国的同事与新职员分享经验,也让不同部门的同事了解其他部门的工作。江浙沪分会和北京分会各有 100 余人。他们每季度聚会一次,给在国内发展的联合国原实习生和职员提供信息交流平台。

政府借调直接入职

联合国及其专门机构有一类国际公务员属于政府借调人员,第二章已有介绍。借调人员有两种情况,其中一种由会员国政府推荐,但和其他应聘人员一样,需按规定经过国际组织考核,其薪酬待遇由国际组织提供,不需推荐国支付。国际组织积极保护借调人员的合法权益,程度超乎我们的想象。

【案例一】 YF 于 1994 年从中国卫生部借调到世卫组织任职。他是世卫组织总干事亲自点将、经卫生部同意借调的。卫生部发出推荐函后,对方的人事司司长致函卫生部部长,提出以下条件:

1. 借调为期两年,借调结束后借调人有权回原岗位或同等级别岗位;

2. 借调期间和借调结束后,中国保留其晋升、退休等各方面的权利;

3. 借调结束,如卫生组织延长其任期且本人同意,中国应予同意;若不同意,请告知理由,并再次确认其上述权利。

4. 如同意以上条件,请在本信函上签字,返给世卫组织。

卫生部签字同意后,世卫组织人事司主管招聘的处长致函 YF,并附上卫生部部长签字的信函,称:中国政府同意以上条件,如果你愿意借调,请签字确认,世卫组织将与你签署聘用合同。对方要求 YF 在当年 5 月召开世界卫生大会前报到,合同在他 4 月抵达日内瓦才正式签署。后来他了解到有上百位来自不同国家的人竞聘这个岗位,还要经过一定审批程序。竞聘者首先填写统一印发的个人简历表格,用人单位审阅后择优选出 3 人纳入短名单送请高级职位遴选委员会(Selection Board)审定。委员会由一位助理总干事主持,由人事部门、职工协会、业务部门、用人单位负责人等代表组成。委员会对短名单的 3 名候选人进行讨论,确定一名最佳人选,报请总干事审查批准。然后由主管该职位所在部门的助理总干事进行考核。由于 YF 有 26 年国际合作经历,又担任过世卫组织执委会委员,掌握联合国 3 种官方语言,包括母语汉语和世卫组织工作语言英语、法语,因此被列在短名单的第一位。当时考核没有笔试,仅是通过电话"面试"。用英语简单询问 YF 的工作经历后,对方转用法语。助理总干事是英国人,听 YF 用法语回答后,说,"你的法语比我好,明天遴选委员会开会,我支持你"。实际上,从

YF获悉总干事"点将"到赴日内瓦任职,前后不到半年时间。

　　YF总共被借调14年,共签订了4个合同(头2个均为期2年,后2个分别为期5年,到62岁退休),每次签订合同,世卫组织都书面征得中国政府同意。到国际组织任职并不在他之前的职业生涯规划中,被借调纯属机遇。谈到入职感受,他感谢国家对他的培养培育,感谢已故陈敏章、顾英奇等老领导对他的关心关怀,感激已故总干事中岛宏对他的知遇之恩。他说:其实他只是平时听从组织和领导安排,尽心尽力做好本职工作而已。他在世卫组织的首份工作是筹集资金(resource mobilization),他是第一个也是唯一一个发展中国家的国际公务员,其他人均为发达国家外交官。总干事之所以钦点,是因为他有20多年卫生外事工作经历,包括争取外国对中国卫生事业的资助。当时的总干事是日本人,知道他参与过中日友好医院的筹建、主持谈判笹川医学奖学金的设立情况,也看到了他在世卫组织执行委员会的表现。正所谓苍天不负有心人,机遇总会青睐有准备的人。

　　借调人员中还有另一类:由推荐国政府提供资助,即本国政府向国际组织提供经费,国际组织根据岗位和级别按统一标准发给借调人薪酬和福利待遇。笔者宋允孚在世卫组织工作时,看到日本等发达国家通过不同形式资助本国卫生系统官员到世卫组织总部任职,便在1994年以后多次利用业余时间向国内有关方面反映这些国家的做法,提出加速培养国际组织人才的建议。可能当时国内各方面不具备相应条件,这些建议未见下文。2003年暴发非典,如何处理传染病疫情引起了国内外高度重视。那年,刚好世卫组织总干事改选,中国政府也任命吴仪副总理兼任卫生部部长。卫生部国际合作司新任司长尹力同志主动征求在日内瓦任职的中国国际公务员的意见,笔者向他汇报了个人思考,并得到了首肯。2004年卫生部常务副部长高强和世卫组织总干事李钟郁签署了我国与世卫组织新的合作备忘录,中国支持世卫组织对全球卫生工作的领导地位,世卫组织将加强与中国的合作。其后,卫生部通过捐款推送优秀中青年到世卫组织任职。这是我国首次采取捐款形式,从国内推送借调人员到国际组织任职。卫生部选拔推送到联合国卫生系统10人,其中有省卫生厅副厅长、省疾病控制中心负责人、国家食品药品监督管理总局技术人员等。他们在日内瓦总部工作一年,收获很大。其中一位借调人员直接转为正式国际公务员,一直留在世卫组织总部工作。图 4-10 为合作备忘录签字情况。后排(右起)分别为卫生部国际合作司司长尹力(现四川省省长)、中国驻联合国日内瓦代表团沙祖康大使、世卫组织西太平洋地区主任尾身茂、世卫组织总部对外关系司司长普劳斯特;前排(右起)分别为卫生部国际合作司亓庆东处长、卫生部常务副部长高强、世卫组织总干事李钟郁、世卫组织对外关系司主管官员宋允孚。

图 4-10 2004 年中华人民共和国与世界卫生组织签署新的合作备忘录

近年来,我国通过借调途径,推送优秀人才到国际组织任职,并实施了"旋转门"政策。根据最新规定,借调到国际组织任职期间,他们的国内工资照发,保留在原单位的编制,借调结束后可回原单位工作。国家出台这样好的政策,对于推动国际组织的人才培养、改变我国在国际组织代表性不足的现状,无疑将发挥积极作用。国家卫生健康委员会(简称"卫健委")近年在全国选拔全球卫生人才,从数千位报名的申请者中挑选近 200 位优秀人才,既有资深专家、教授、研究员,也有中青年业务骨干、管理人员、外事干部。2018 年上半年,这些优秀人才分两批短期培训后,现已陆续借调至世卫组织总部或地区办事处、联合国艾滋病规划署(UNAIDS)等国际组织任职。

【案例二】 WY 是卫健委所属单位的一位研究员、硕士生导师。她于 2017 年申报并入选国际组织后备人才库,将赴亚洲某国任职。参加选拔的条件包括:拥护党的领导、热爱祖国、政治可靠,作风正派;具有国际交流沟通能力和国际视野,熟悉国际合作规范;熟练掌握英语;一年以上的国外学习或工作经历、1年以上卫健委国际司或国际组织驻华办事处的工作经历。P5级岗位需要有正处级或事业五级以上级别,或正高专业资格;P4级岗位要有副处级或事业六级以上级别,或副高专业资格;P3级岗位要有正科级或事业七级以上级别,或副科级与事业八级3年以上经历或中级专业资格。她是通过个人报名、单位推荐、资格审查(本单位人事部门的审查、专家组的初审)、面试,最后进入推送名单的。考试涉及语言能力、专业能力、交流沟通能力等。不少人认为笔试考题难度较高,但她认为对她这样资历的申请者来讲,面试并不难。卫健委将主要从后备库人才中选择合格人员,根据岗位要求推送。

卫健委的做法或可供有关部委参考借鉴。这项工作起步不久,如何扩大候选人范围,改进遴选工作,有关部门将进一步研究。简言之,政府部门推送借调人员,可谓"近水楼台先得月"。他们当中很多人具有较长工龄和丰富的国际工作经验,起步岗位相对较高(P5级别以上)。国内高年资高级别人员应聘P4/P5级别岗位,入职级别可以和国际组织人事部门探讨。例如以下两位申请者的不同经历。

【案例三】 20世纪90年代,某部国际合作司一位副司长应聘到国际劳工组织P5级岗位,对方认为他是中国的高级官员,可跳过Step 1至Step 6,直接从P5的Step 7做起。卫生部外事司一位正司长应聘到世卫组织,同是P5级岗位却从Step 1做起。这一方面是因为国内当时可能不了解相关规定,另一方面是世卫组织人事部门也未提示。这看上去似乎只是个人待遇问题,实际涉及中国国际公务员的声誉和他们的职业生涯发展。

笔者认为,在条件允许的情况下,国内有关单位在推荐人选时,对入职岗级应适当予以关注并据理力争。当然,各个国际组织的做法不尽相同,我们也不可因小失大,毕竟把适当人选成功推送到适合岗位是最为重要的。

民间途径亦可受聘

借调人员一般具有在国家机构或其所属单位工作的经历。但是,在联合国任职的国际公务员,并不一定都需要有政府部门的工作经历,有的甚至是从非政府组织直接招聘的。例如,在联合国南南合作办公室(UNOSSC)的LCH就属于这种情况。他不属于借调人员,而是联合国直接招聘的。他是怎样从非政府组织入职联合国的呢？

【案例一】 LCH在北京大学获得硕士学位，2006年在某跨国环境咨询公司（这是一个私立机构）从事环境健康安全符合性审核与法律法规咨询工作。后来，他又进入国际非政府组织世界自然基金会，专注国际气候制度的谈判及国内低碳发展政策。他入职联合国可以说是机缘巧合。2014年，国务院副总理张高丽作为国家主席习近平特使出席联合国气候峰会，表示中国支持联合国秘书长推动应对气候变化南南合作。2015年习近平主席参加巴黎峰会，宣布出资200亿元人民币设立"中国气候变化南南合作基金"。在中国政府的支持下，联合国秘书长办公厅气候变化团队扩展南南气候合作职能，设立了一个职位。LCH被引荐担任顾问，他参与的"应对气候变化南南合作项目"现设在联合国南南合作办公室，是联合国开发计划署下的实体机构。LCH能入职联合国，既受惠于中国与联合国的合作，也得益于他过去丰富的工作经历。他说：在非政府组织工作，他提升了自己的技术专长，加深了对气候变化议题的战略认识，扩大了自己在国内外气候领域的朋友圈。所有这些都为他最终获得这个职位发挥了一定作用。他认为，联合国作为政府间国际组织与非政府国际组织不同。前者是会员国政府共商共建全球性议程，例如通过并推行2030可持续发展目标；而非政府国际组织可能有更多创新性手段，运用大规模宣传活动连接公民社会，推动社会公众的积极参与。但是，无论在什么国际组织工作，都可以为全球治理和人类社会发展做出自己的贡献。

竞聘高职凭借实力

这里的高职（高级职位）不是第二章所说的"高级职务官员"。联合国及其专门机构的首席行政官通过会员国选举产生，其他高级官员一般由国际组织首席行政官任命产生，如联合国副秘书长、助理秘书长、副总干事、助理总干事。本节所说的高职指D级人员。这类官员通常负责一个部门的工作，或主管一个领域的业务，有一定的决策权或决策建议权，国际组织内部对这类职位的角逐十分激烈，各国政府也非常关注这些职位。D级官员除了通过国际组织内部晋升或跨部门平调外，一般需要通过全球招聘以体现公开公平公正。这样做一方面可以尽可能在全球范围吸收最优秀的人才，另一方面也可激励在职员工努力提高自身水平,促进职业生涯发展。联合国及其专门机构均为政府间组织,这些职位人选的最终任命,有时也不得不兼顾政治层面的考量。无论如何,此类职位的竞争相当激烈,我国在国际组织中担任 D 级职位的人员数量,与我们的大国地位还很不相称。因此,鼓励、支持有条件的人员竞聘这些岗位应当纳入有关部门的议事日程。

【案例一】 LJ 是 1995 年从国家机关副处级岗位竞聘到联合国某专门机构的业务官员,任语言司中文科 P4 级别译审。2002 年,他晋升至 P5 级并被任命为中文翻译科科长。2011 年语言司司长退休后,这个职位空缺,其间由语言司 6 个语种 7 位 P5 级官员轮流代行司长职责。代司长除需继续负责本科语种的所有工作,还要负责全司行政工作,负责开展对全司的所有相关项目。在此期间 LJ 也曾代理过司长的工作,从而受到了更大的锻炼和考验。一年半后,该国际组织向全球公开竞聘司长,LJ 决定参加竞聘。由于他平时工作业绩突出,特别是在轮流代行司长职责期间表现出色,在经过评估中心考评和遴选委员会面试和集体评审后,从众多的竞争者中脱颖而出,于2013 年被正式任命为语言司司长,晋升为 D 级官员。

LJ 是联合国系统各专门机构中,第一位全面负责 6 个语种口译和笔译全部翻译工作的 D 级中国职员。这不仅是他个人努力的结果,也是中国人的骄傲。LJ 表示:他的这次突破,实际反映出中国国际地位的提升和话语权的扩大,也说明中文和中国职员在国际组织中的地位和作用越来越重要。他认为,在新时代,竞聘者自身必须有国际视野、家国情怀,具备国际公务员的基本素质,包括联合国提出的核心价值与核心能力。只有这样才能充分利用中国不断上升的国际地位和不断提高的话语权,为提高国家在联合国等国际组织中的代表性和发挥中国职员在这些机构的作用做出自己的贡献。

本章重点介绍了联合国及其专门机构对国际公务员核心价值与核心能力方面的要求和应聘攻略与技巧。作为本章的结束语,笔者有几点思考,愿与大家分享。首先要认识到,学习核心能力和应聘攻略固然重要,但更为重要的是理想信念。习近平主席说过:青年一代的理想信念、精神状态、综合素质,是一个国家发展活力的重要体现,也是一个国家核心竞争力的重要因素。当代青年要树立与这个时代主题同心同向的理想信念,勇于担当这个时代赋予的历史责任,励志勤学、刻苦磨炼,在激情奋斗中绽放青春光芒、健康成长进步。[1] 其次,无论实习或任职,都要深入了解相关国际组织的宗旨、使命,同时要对联合国系统有较全面的认识,特别是要对联合国《2030 年可持续发展议程》(The 2030 Agenda for Sustainable Development)(简称《2030 议程》)的重要意义有所了解。2013 年至 2015 年,联合国各个机构从始至终地参与该议程的制订。2015 年 9 月召开第七十届联合国大会,习近平主席也出席此会。大会一致通过该议程后,联合国系统各机构随即调整工作重点,以适应实现该议程各项目标的需要。如今,当我们在浏览各机构的网站时,会发现与该议程相关的信息和该机构为实现相关目标的工作都放在首页的突出位置。联合国的各个机构已经把该议程作为本机构双年度或三年度规划与预算的重点。在聘用国际公务员时,各机构已把候选人对该议程的理解和认知作为考察和遴选的重要标准,在招聘国际公务员时自然会在笔试和面试中提出有关该议程的问题。很难设想一个没有该议程基本知识或相关工作经验的候选人能够顺利通过遴选程序,入职联合国及其他国际组织。我们希望,有志为国际组织工作的读者在阅读本章之后能认真学习《2030 议程》的全部内容,谙熟与竞聘组织相关的可持续发展目标和该组织为实现目标所做的工作。

---

[1] 立德树人德法兼修抓好法治人才培养 励志勤学刻苦磨炼促进青年成才进步.人民日报,2017-05-04(001).

补充阅读材料

国际公务员行为标准（中文）

国际公务员行为标准（英文）

《联合国宪章》（中文）

《联合国宪章》（英文）

《联合国工作人员条例和细则》（中文）

《联合国工作人员条例和细则》（英文）

后 记

在各方面的热情支持下,经过三位作者一年的共同努力,本书即将付梓与读者见面了。在这里,我说几句发自内心的感恩之言。

感恩祖国培养了我们。20世纪六七十年代,我们或公派出国留学或考取大学攻读外语专业,毕业后加入国家公务员队伍,最后都到国际组织任职。没有国家的培养,就不会有我们到国际组织的任职经历,编写本书也就无从谈起。

感谢中共中央组织部、外交部、人力资源和社会保障部、国家卫生健康委员会、教育部等部委及国家留学基金管理委员会、中国联合国协会、有关高校,他们邀请我们参与国际公务员后备人员培训班的授课、参加选拔国际组织实习生的评审工作、与师生分享国际组织任职经验、参加国际培养推送工作研讨,使我们了解最新动态,保持与时俱进,感受到青年对这项事业的热切关注。正是他们立志参与全球治理的强烈愿望,开启了我们编写此书的冲动与热情。

感谢陈健大使、胡庆澧教授、何昌垂教授联袂推荐。他们曾任联合国副秘书长、世界卫生组织副总干事、联合国粮农组织副总干事,对国际工作有深刻理解。胡教授年近九旬,仍活跃在世界生命伦理学第一线,陈大使和何教授仍在关心关注着国际公务员的工作。

感谢浙江大学副校长何莲珍教授大力支持国际组织人才培养,并为本书作序。我们相信在浙大师生的共同努力下,该校国际组织人才培养将会取得更大的成绩。

感谢在国际组织相识的王正发、樊立君等老朋友,以及在国际组织工作或实习的新朋友(恕不便一一列姓名),他们提供宝贵资料、信息、素材,使本书的内容更加充实、生动,更能为年轻朋友提供参考借鉴。

感谢浙江大学外语学院副院长李媛教授、浙江大学出版社张琛副总编辑和董唯编辑,她们为此书的编辑出版,花费了很多时间和精力。没有她们的宝贵建议和辛勤付出,此书不可能在短时间内顺利出版发行。

感谢亚男、纪元同志参加本书的编写。我们在培训、评审、讲座中相遇相识相知。他们在国际组织任职期间参与国际职员考核遴选,积累了比较丰富的相关经验。

我们三位作者,两人年近古稀,一人已进入"70后"。我们深感培养推送优秀人才到国际组织,是时代的召唤、国家的需要。落红不是无情物,化作春泥更护花。老牛自知黄昏晚,不用扬鞭自奋蹄。愿此书对年轻朋友有所助益。限于能力水平,加之时间仓促,疏漏之处在所难免,敬请读者和同事批评指正。

宋允孚

2019 年 6 月于北京景园小区